新版 地域政策入門

地域創造の時代に

家中 茂／藤井 正／小野達也／山下博樹　編著

ミネルヴァ書房

新版 地域政策入門
―地域創造の時代に―

【もくじ】

序　地域創造の視座　1

第Ⅰ部　地域とはなにか

1　「地域」という考え方　6
2　地域の人口問題　10
3　暮らしのなかの権利と公共の福祉　14

第Ⅱ部　地域のなりたち

4　国土計画の変遷と地域の変化　20
5　地域に関わる文化政策の展開　24
6　産業構造の移り変わり　28
7　都市の成長と衰退　32
8　高度経済成長と農山村の変化　36
9　住民組織と地域生活　40
10　NPOの誕生　44

第Ⅲ部　地域のしくみ

11　国家の機構と中央地方関係　50
12　地方自治のしくみと変遷　54
13　自治体行政と公共政策　58
14　国家財政と地方財政　62
15　財政調整制度の変質　66
16　人々の暮らしと社会保障　70
17　市場の機能と限界　74
18　地域産業の形成と地域再投資　78

第Ⅳ部　地域のガバナンス

19　ガバナンスとはなにか　84
20　地方分権の行く末　88
21　政策評価の理論と実際　92
22　政策選択の哲学的基礎　96
23　政策選択における効率の観点　100

- 24 民意をめぐる諸問題　104
- 25 二元代表制の理念と実態　108
- 26 選挙制度改革に伴う変化と課題　112
- 27 地方財政危機と自治体再編　116
- 28 地域福祉の考え方とあゆみ　120
- 29 自治体における福祉政策の展開　124
- 30 マイノリティと法制度　128

第Ⅴ部　都市と農山漁村の持続可能性

- 31 ポスト生産主義と多自然居住地域　134
- 32 田園回帰と都市-農山村関係　138
- 33 地域創造と社会資本　142
- 34 消費空間としての都市の変容　146
- 35 ネットスーパーと高齢者　150
- 36 まちづくり制度の変遷とその影響　154
- 37 都市ビジョンの変遷　158
- 38 創造都市論の発展　162
- 39 復興が生み出す社会問題　166

第Ⅵ部　コミュニティの持続可能性

- 40 コミュニティを支える生活規範　172
- 41 暮らしのなかの生活保障　176
- 42 町内会の公共性　180
- 43 家族のいま　184
- 44 ワークライフバランスの推進　188
- 45 住民参加でつくる地域の支えあい　192
- 46 持続可能な福祉システムの構築　196
- 47 多民族・多文化社会の想像力　200
- 48 地域づくりのための中間支援組織　204

第Ⅶ部　地域の活性化

- 49 地域に根ざした企業の戦略　210

- 50 地域に活かすマーケティング　214
- 51 ソーシャルマーケティングの展開　218
- 52 官民連携と地域公共会社　222
- 53 中心市街地の役割の変化　226
- 54 農山村での継業と社会連帯経済　230
- 55 農山漁村の新たな担い手　234
- 56 観光の多様化と新たな観光戦略　238
- 57 スポーツと地域づくり　242

第Ⅷ部　地域と資源

- 58 社会関係と資源　248
- 59 地域づくりと食の流通　252
- 60 国際認証とローカル認証　256
- 61 国際制度を活用した地域づくり　260
- 62 空き家・空き地問題とその利活用　264
- 63 景観・歴史を活かしたまちづくり　268
- 64 アートを活かした地域創造　272

　終　地域創造への展望　277

法令略語一覧　281

関連項目一覧表　282

索引　284

序　地域創造の視座

家中　茂

<u>新版の構想</u>　私たちが2008年『地域政策 入門――未来に向けた地域づくり』を世に問うてから，10年以上が経過した。この間，東日本大震災，二度の政権交代，リーマンショックという時代を画する出来事が起きている。それらが象徴しているのは，社会，政治，経済の各領域で，地域社会に大きな変化が押し寄せているということである。人口減少や少子高齢化，農林漁業の不振や産業の空洞化，頻発する自然災害など，地域社会はこれまでに経験したことがなかった現象にみまわれている。グローバル化やリスク社会化の進展とあいまって，第2次世界大戦後の日本社会を支えた制度や発想では対応困難なことが誰の目にも明らかになってきた10年といえるだろう。

　このように既存の枠組では対応しきれない地域社会の課題へのアプローチを考えるために，本書では次のような論点を設定した。①20世紀後半までに形成された日本の地域社会がどのように変化して現在に至っているのか。すなわち歴史的経緯と政策・制度の変遷という論点。②これからの地域社会を支え創造していくうえで手がかりとなり得る，新たな動きや発想がどのように生まれてきているのか。すなわち地域政策の動向と担い手の変化という論点。この2つを確認したうえで，③新たな社会的仕組みの創出に向けて，いまある資源や制度を使いこなす知識生産や社会関係の組み換えをいかに引き起こすのかという論点である。そのプロセスを「地域創造」と捉えて，来たるべき時代の地域政策を構想する視座を提示しようというのが，新版での意図である。

<u>地域政策とは</u>　『地域政策 入門』において小野達也は，地域政策とは「地域を対象とする公共政策」であると定義したうえで，次のような考察を加えている。

地域政策をつくって実行するのは誰であろうか。国が行う地域政策もあれば自治体政府がつくる地域政策もある。さらに，地域政策は政府と自治体政府だけのものではない。これからの日本の地域において，市民やNPO，民間企業などが一定の役割を担うべきであることは明らかであろう。したがって上記の定義では，政策を立案・実行する主体を国や自治体政府などの公共部門に限定していない。(p. 21)

　地域政策がもつべき多様性と多面性は，人口減少，グローバル化，リスク社会化が顕わになってきている現代において，よりいっそう重要になっている。すなわち「地域政策とは，公共性を有する地域の課題に対応するための目的・目標を実現するための手段として，各種の資源を組み合わせて実行しようとする活動のまとまりであり，案の段階からその実施を通じて地域に効果を及ぼす過程までを含む」(pp. 23-24)のであって，現在，そのあらゆる過程で多様な主体による多面的なかかわりが求められている。

超学際としての地域学

　現代社会では，量的な拡大や物質的成長およびその達成のための効率が追求されるよりも，質的な豊かさおよびそれを生み出す関係性の豊かさへの指向が重視されるようになっている。地域社会はその相克の真っ只中にあるといってよいだろう。さらに，質的な豊かさといっても誰にとってのどのような豊かさなのかが問われる。このように複雑で不確実性に満ちた地域社会の課題にアプローチするとき，かつてのように画一的に数値目標を設定し，その達成に向けて人と資源を動員して事足れりとはできない。細分化された専門性を乗り越え，多様で多面的なかかわりを統合的・包括的に組み合わせて，新たな地域価値の創造へと結びつけていくアプローチが求められる。

　これまで大学による地域課題解決は，専門研究者が優れた技術（オンリーワン技術）を開発して地域社会に提供するというアプローチが一般的であった。そこでは，知識生産や技術開発は大学など研究機関の専門研究者の役割であって，地域社会はその利用者として受け身的に位置づけられている。それに対して，本書がよって立つのは，知識生産や技術開発は，専門研究者だけでなく，地域社会のさまざまな領域における多様な主体（農林漁業者，地域企業，自治体，NPO，住民組織など）によっても担われており，そのような知識・技術や経験を引き出し組み合わせながら，地域課題を解決するというアプローチである。

このようなアプローチは，近年，「超学際（transdisciplinary）」と呼ばれる。従来唱えられてきた「学際（interdisciplinary）」が学問領域間の連携・協働にとどまっていたのに対して，学際を超えて地域のさまざまな主体との連携・協働に及ぶことを指し，研究開発のデザインや問題解決のための社会実装を，他人任せにしない地域の当事者の立場から構想するのである。これこそ鳥取大学地域学部が2004年の学部創設以来，目指してきたものにほかならない。換言すれば，地域学の実践とは「地域のなかで，地域とともに」超学際の拠点を創り出すことであり，その立場から地域課題にアプローチできる人材を育成することなのである。

本書の構成と使い方　本書は8部・64項目で構成されている。第Ⅰ部では地域の基本的な枠組と認識について，第Ⅱ部および第Ⅲ部では地域の成り立ち（歴史）としくみ（メカニズム）について，第Ⅳ部では地域政策を支えるガバナンスについて，第Ⅴ部および第Ⅵ部では人口減少および低成長・縮小社会における都市・農山漁村とコミュニティの持続可能性について，第Ⅶ部および第Ⅷ部では地域の活性化とそれをもたらす広義の資源の創生についてとりあげている。執筆は，鳥取大学地域学部地域学科地域創造コース教員による。その専門は，地理学，社会学，地域福祉学，地域経済学，経営学，財政学，法学，政治学，公共政策学，文化政策学など多岐にわたるが，しかし，本書はたんに専門的知識を寄せ集めたものではない。

本書の最もユニークな特徴は，1項目あたり見開き4ページのなかで，①地域社会の現状を把握するうえで必要とされる基礎的な事項と，②今後の地域社会を構想するうえで手がかりとなる地域政策の動向や地域創造の展望をわかりやすく説明し，そのうえで，③「関連項目」を示すことによって，各項目を相互に結びつけてその内的連関を示しつつ，超学際的な展開に向けて学問領域の境界を越えよう（beyond the boundary）としている点である（図1参照）。これにより，読者はその問題関心や課題解決の必要に応じて，さまざまな領域におけるトピックを選択的に組み合わせて読み進めることができる。

地域とのかかわりのなかに自分たちの幸せや生きることの意味を見出そうとする人々にとって，「地域創造」の視座から，地域を構成するさまざまな領域にわたる知識を使いこなし，超学際的な活動を展開していくうえでの一助となることが，本書出版の願いである。

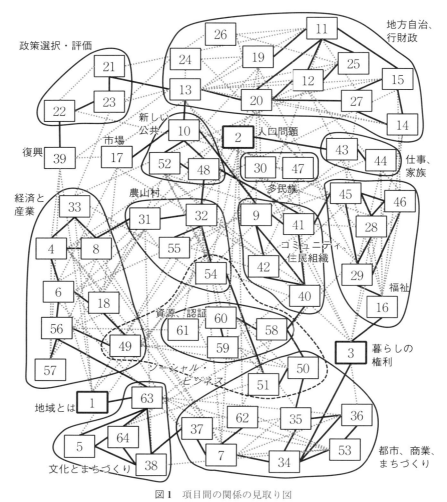

図1　項目間の関係の見取り図

注：上の図は，各項目が挙げる5個以内の「関連項目」によって結ばれる関係を図示したものである。項目番号の書かれた四角を結ぶ太い実線は，相互に関連項目として指定し合う「双方向の関係」である。また項目番号の間を結ぶ細い点線は，関連項目として指定するか指定されるかのどちらかである「一方向の関係」である。
　　細い実線で囲んだ領域は，双方向の関係に基づき，一方向の関係も部分的にふまえながらグルーピングし，キーワードを添えたものである。また細い破線で囲んだのは，他の領域と重なるが一定のまとまりを示す領域である。なお，各項目が挙げる関連項目の一覧表を巻末に掲載しているので参照されたい。
出所：小野達也作成。

I

地域とはなにか

地域とは,「人々が生活している空間の広がりと,そこにおける社会関係を示すもの」と定義できる。

人口減少を理由に私たちの生活基盤・生存基盤がさまざまな点で揺らぎ始めている。

1 「地域」という考え方

藤井　正

地域とは　「地域」という言葉は日常でも使われるが，地域づくりのさまざまな活動や地域の個性をいかした創造というとき，どのような意味で理解すればよいのであろうか。ここではまず，その整理をしてみたい。

地域とは，「人々が生活している空間の広がりと，そこにおける社会関係を示すもの」と定義できる。具体的にはコミュニティや校区，市町村，通勤圏や経済圏，さらには国家や文化圏などが挙げられる。一言でいえば地域とは物理的・社会的な空間のまとまりを示す言葉である。したがって「地域」とは，例えば鳥取県など特定の場所を指す言葉ではない。住宅や職場，さまざまな施設，そこへの交通手段などがつくる物理的な空間構成であったり，あるいは社会的・経済的な結合関係を通して人々の生活の基礎となる空間的な構造にアプローチする枠組みなのである。そして多様な要素からなる地域のある課題について学際的に分析・考察するのが地域学であり，コミュニティから文化圏に及ぶさまざまな地域の範囲（空間スケール）をズームイン・ズームアウトしながら重層的に考察を進める分野なのである。

地域の構成要素と地域学　地理学では，地域の構成要素を次のように整理する。地域の構成要素には，自然環境の要素と人間活動の要素があり，これら多様な要素間の関係が地域の構造となり地域特性をつくる。自然環境の要素とは気候や地形，植生や生態系などであり，人間活動の要素とは人口構成，都市や農村の諸施設，つまりオフィスや工場，住宅，水田や里山，交通施設や産業などである。これは例えば経済学において示される，環境・施設・制度によって構成される社会的共通資本などとも共通する視角である。

こうした諸要素の関係が生み出す地域の個性（地域特性）は，図1のように，

1 「地域」という考え方

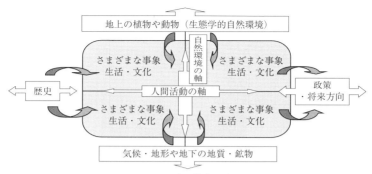

図1　地域の構成要素
出所：光多（2011），柳原他（2008：374）を一部修正。

人間活動の要素については将来ビジョンまで見通した歴史軸で，自然環境の要素は無機的な地形などから生態系などに至る軸でさらに整理できる。現在の個々の地域の特性は縦軸と横軸の交わる原点として，その地域が持つ自然環境の特性を土台に，これまで地域が歩んできた歴史性をふまえて把握される。さらにこうした特性をふまえて地域の将来ビジョンが描かれることとなる。

空間のまとめ方　このような地域特性をふまえて地域課題にアプローチするため，いわば空間のまとめ方（地域概念）として，いくつかのタイプが地理学において示されている。ここでいう地域概念とは地域構造をつくる地域の構成要素に関する空間的なまとめ方で，「実質地域」「認知地域」「活動地域」の3つにまず大別される。

「実質地域」は既存の物理的・客観的な空間単位であり，従来からの地理学における地域概念にあたる。沖積平野や洪積台地，丘陵などの地形，あるいは水田地域や畑作地域，住宅地や工業地域などの土地利用，エスニックグループの社会地区のまとまりなどは，それぞれの特徴に関して内部が均質な空間的まとまりを持つものとして「等質地域」と呼ばれる。これが最も古典的な地域概念といえよう。

地理学には「実質地域」にもうひとつの類型がある。「結節地域」ないし「機能地域」として定義される，通勤や経済関係などの結合関係の空間的なまとまりである。近代社会になり人や物のモビリティが高まるとともに，地域の把握に際しても等質地域よりも結節地域や機能地域の重要性が増してきた。なお，厳密には機能地域は単に機能的結合による空間のまとまりを意味するのに

対し,「結節地域」とは中心地と周辺地区の結合関係であり,中心地は一般に階層的な構成をつくる。

　これらのいわば客観的で既存の構造を対象とする「実質地域」に加え,さらにふたつの地域概念が示されている。ひとつは自宅や職場という拠点(アンカー)を中心とした生活行動が生み出すメンタルマップ(イメージマップ)のような地域の捉え方である。地域アイデンティティや地域観を含め,空間的イメージにみられる個人や社会集団の主観的な地域の構造的まとまりを「認知地域」として把握する。さらに社会が空間を,都市の計画的整備や市場開拓のために何らかのまとまりを有する地域として組織化する側面に関しては,「活動地域」という概念も示されている。この「活動地域」における空間的まとまりは,まだ組織化途上のものだという点で,既存の構造を対象とする先の「実質地域」とは異なる。

　またこれら3地域概念は,社会が地域の空間的な構造をつくり,その地域構造が再び社会的な行動に制約を加えるという,社会と空間の相互規定関係に迫ろうとする枠組み(社会＝空間弁証法)でもある。例えば,現代に至る都市圏形成の社会的・空間的プロセスをこの3地域概念の枠組みで整理すると次のようになる。近代都市社会が郊外という都市ビジョン(認知地域)を背景に,自治体の都市計画事業や電鉄会社などの沿線開発(活動地域)によって都市整備や開発事業の展開をはかる。その結果,市街地の拡大や通勤圏としての,つまり実質地域の都市圏が形成されることとなる。そしてこういった施設配置や土地利用などの物理的な地域構造に規定された生活行動の展開のなかで,郊外の自宅と都心にアンカーを持ったメンタルマップ(認知地域)が形成されることとなる。

　　学際的な地域学　　このように多様な要素と関連する地域の諸問題を考察するには,いろいろな専門分野にまたがる学際的な視野が必要となる。そこで地域学では,専門分化し限定された研究対象に特化した近代科学を地域に即して再編する。例えば生態系の空間的な最小単位であるエコトープという考え方は,かつて解剖され分断されて扱われてきた生物や自然における関係やまとまりを捉え直した。同様に地域学はいわば人々の生活全般に対しても地域から逆照射する分野であり,明確な専門的方法論の修得とともに関連する隣接専門分野の幅広い視野や専門知識を得ることにより,地域課題の解決を目指す総合的分野といえる(図2)。

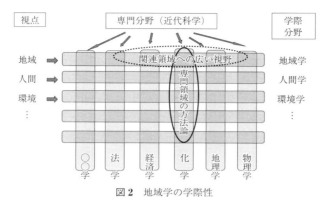

図2 地域学の学際性

出所:光多(2011:39)を一部修正。

地域学は,地域づくりと関連して次の4つの側面によって特徴づけられる。①関わる主体の多様性,②対象とアプローチの多様性,③地域観の確立と共有,④地域づくりの実践という4つである。まず第1の側面についてだが,地域づくりはもはや自治体だけによるものではなく,地域住民,企業,NPOなどの多様な主体の連携なくしては考えられない。そして学術研究でも地域などの関係者(ステークホルダー)が関わる以外に,住民の持っている生活の知(家中 2011)などの再評価も含めた「超学際研究」が求められている。②の側面である対象とアプローチの多様性に関しては,上述した通りである。

残るふたつの側面は,地域づくりの実践に直接関わるプロセスといえよう。地域づくりを進めるためには,それに関わる人たちの地域観の共有が欠かせないステップであり,地域アイデンティティの分析と共有化が求められる。そして地域づくりの実践という点では,具体的な地域政策や組織づくり,方法論などが焦点となるのである。

文献 ▷ 藤井正,2008,「『地域』という考え方」藤井正他編『地域政策 入門』ミネルヴァ書房。
　　　光多長温,2011,「地域主義の系譜と地域学」柳原邦光他編『地域学 入門』ミネルヴァ書房。
　　　家中茂,2011,「生活のなかから生まれる学問」柳原邦光他編『地域学 入門』ミネルヴァ書房。
　　　柳原邦光他,2008,「『地域学』を創る」『地域学論集』4(3)。

関連項目 ▷ 4, 20, 33, 63

2　地域の人口問題

小野達也

人口減少と少子高齢化　「人口減少元年」については諸説あるが，日本の人口は2005〜07年に減少に転じたと考えられる。月次の人口について，季節性があることから前年同月と比べてみると，日本在住の外国人を含む総人口は2005年5月にいったん減少に転じ，その後2007年10月までほぼ横ばいで推移，11月に再び減少に転じている。また日本人人口は2005年3月にすでに減少に転じている。なお，以下で「人口」は総人口を指すが，そのうち外国人が占める割合は約2％である。

　人口減少の最大の要因は少子化，つまり生まれる子ども数の減少である。1973年以降減少が続いた年間の出生数は2005年と2007年以降は継続的に死亡数を下回り，自然増減はマイナスである。また総人口1億2000万人超に対し，日本人・外国人の短期滞在を除く出入国（社会増減）は年間1万人程度であり，人口増減を大きく左右することはない。

　各年の出生数は合計特殊出生率と子どもを産む年齢層の女性の数で決まる。合計特殊出生率とはひとりの女性が生涯に産む子ども数に相当する指標（各年における母親の年齢別の出生率の合計）で，少子化の状況を端的に示す指標である。1970年代後半に長期的に続くと人口がちょうど維持できる水準である人口置換水準の2.07を割り込んで以来2005年の1.26まで低下傾向が続き，その後は若干回復して2010年代にはおおむね1.4台前半で推移している。もしこの水準が長期にわたって続けば一世代ごとに人口が3分の2になる計算である。合計特殊出生率低下の最大の要因は，晩婚化（結婚年齢が遅くなること）と非婚化（生涯結婚しないこと）である。いくつかの研究によれば，合計特殊出生率低下の6〜9割は晩婚化・非婚化で説明できるという。

減少に転じた日本の人口は，出生率が大幅に回復しない限り，減少を続ける。推計によれば，出生率の3通りの仮定のうち真ん中の中位推計でみると2015年に1億2709万人であった人口は，2065年には8808万人まで減少すると見込まれる。少子化による人口減少は年齢構成の変化を伴う。これが少子高齢化である。主として経済活動を担う15〜64歳の生産年齢人口は，すでに1995年をピークに減少に転じていた。いわゆる現役世代と引退後世代の比におおむね相当する，65歳以上の高齢人口1人当たりの生産年齢人口は1960年代の10人から2008年には3人に減少し，2023年には2人を下回る見込みである。

自然増減と社会増減　地域の人口は国全体の人口とは異なり，自然増減に加えて転入と転出の差である社会増減が大きく影響する。例えば都道府県別の2010〜15年（以下「直近5年間」とする）の自然増減と社会増減の量（絶対値の全国計）を比べると，1.15対1である。

　第1回国勢調査が実施された1920年から2015年調査までの都道府県別人口の推移をみると，大都市圏への移動が100年近く一貫して続き，近年はさらに限られた地域（直近5年間は9都府県，なかでも東京都への移動が突出）に流入が集中する傾向が目立つ。一方，自然増減については1990年代前半に減少県が登場してからはその数が急増し，直近5年間は42道府県に上る。このような社会増減と自然増減により，直近5年間で人口が増加したのは7都県のみ，37道府県は自然増減・社会増減ともにマイナスである。人口移動のかなりの部分は若い世代の進学・就職によるもので，社会増減は自然増減に大きな影響を及ぼす。

　人口の増減を市町村単位でみると格差はさらに大きくなる。直近5年間の人口減少率は最も大きい県で5％台なのに対し市町村では全体の13％が10％以上減少した。人口が増加した市町村は17％にとどまる。

　推計によれば，2030年以降は全都道府県で人口が減少するという。2045年までの30年間に全国で7割以上の市区町村の人口が2割以上，4割以上の市区町村の人口が4割以上減少する。東京都の人口も減少に転じるが，全国に占める割合は2015年の11％から45年には13％に増大するなど東京都と周辺県が占める割合は上昇が続く。また全国の高齢化率が2015年の27％から45年には37％に高まり，50％超の県が登場，3割近くの市区町村で50％以上となる。市町村より小さな地域単位では，全国を1km^{2}に分割した，人が居住している地点のうち約3分の2で2010年からの40年間に人口が半数以下になるという推計もある。

　このように地域の将来人口は出生率に加えて社会増減の影響が大きい。2014

年に注目を集めた「消滅可能性都市」に関する推計は，前述の将来推計が想定した人口移動の収束があまり進まない場合の試算であった。

人口減少がもたらす問題

人口の減少と高齢化が進む地域では何が起こるのだろうか。自治体行政においては財政収支の逼迫が避けられない。人口の減少・高齢化が進めば1人当たりの税収が減少する一方，1人当たりの歳出は増加する。地域経済においては，労働力と消費の両面における縮小が地域の経済成長を抑え，産業の活力を奪うことにつながる。また，人口減少の進行は市町村内の小地域間で差が大きいだろう。とりわけ人口密度の低下が進む集落・地域において公共サービス提供や共同体維持の困難，空き家や耕作放棄地の増大が考えられ，さらには集落消滅や無居住化の可能性もある。

自治体の人口問題への対策は多岐にわたるが，自然減や社会減という人口減少・高齢化の原因に取り組む政策と，人口減少・高齢化の結果に対応する政策とに大別できる。自然減への対策は，合計特殊出生率の回復（晩婚化・非婚化の抑制・反転が最も必要である）と若年層の流出抑制・流入促進が鍵となる。後者は社会減への対策でもある。流出抑制・流入促進の効果は同じでも，若年層には将来の自然減対策としての効果が期待できる。子育て支援サービスなどの居住環境整備も重要だが，より決定的なのは雇用の量と質の確保であろう。

ただし，現在多くの地域が直面する自然減・社会減は国の構造的問題にほかならず，自治体の政策に期待できる効果には限りがある。若い世代の希望通りに結婚や出産が実現する希望出生率を達成すれば合計特殊出生率は1.75～1.8に回復するという試算があるが，人口置換水準をかなり下回るし，そもそもこのような環境整備は自治体では至難の業である。若年層を中心とする人口移動は，国の長年の開発計画や経済政策の帰結という側面があり，少数の勝者の誕生はあり得ても自治体間の人口獲得競争で解決できないことは自明である。

人口減少・高齢化の結果への対応は，ほぼすべての政策分野で必要となる。拡大志向から脱却し，サービス対象者が減ればそれに見合うだけ費用も削減する必要があり，年齢構成や人口密度分布の変化に応じて資源配分も適時に変えなければならない。しかし，サービス縮小や施設の統廃合，さらには住民に一定の負担を求めるなどの取り組みは難しい仕事である。しかも政策や資源配分を最適化するためには，合理的・客観的な分析と意思決定が必要となる。

人口統計の読み方

人口に関する最も基本的な統計は総務省統計局による国勢調査と総務省自治行政局による住民基本台帳人口のふたつ

である。ここで言及した人口統計は，国勢調査およびそれに基づく2種の推計である。国勢調査は5年ごとに日本に住むすべての人と世帯を対象に常住人口（実際に住んでいる場所の人口）を調査する。国籍・性別・出生年月・家族構成などの基本情報に加えて就業や通勤・通学の状況なども調査し各種行政施策のための基礎資料となっている。しかし近年は過剰なプライバシー意識などのため調査環境が悪化している。

住民基本台帳人口は住民票に記載されている人・世帯を総数・地域別・年齢別に集計したもので，自治体では月単位，全国計は年に1度発表される。自治体の人口は，一定数の単身赴任者や大学生などが常住地で住民登録しないことから，2つの基本的人口統計の数字には差がある。また全国計についても国勢調査には調査漏れや未回答，住民基本台帳人口には行政の職権による記載・消除などがある。人口を正確に数えることは至難の業である。

国勢調査は5年に1回だが，それを基準に自然増減と社会増減を加える「人口推計」が総務省によって毎月行われる。全国人口の社会増減は「入国者数−出国者数」であり，都道府県人口は「転入者数−転出者数」も加算される。冒頭で述べた月次の人口はこの推計人口である。なお，各回の国勢調査の結果が確定した段階で，5年前まで遡って補間補正が行われることに注意が必要である（実質の時系列比較は同じ基準人口に基づく補間補正前の計数同士のみ可能）。

将来の人口については，国立社会保障人口問題研究所がおおむね5年間隔で国勢調査の各回の結果に基づく全国・都道府県・市区町村別の推計を行う。年金制度設計などはこの推計をふまえている。ここで参照したのもこの推計である。全国人口の将来を大きく左右するのは合計特殊出生率，地域人口はそれに加えて地域間の移動率であるが，将来の出生や人口移動の動向は不確実であり，推計は諸条件に仮定をおくシミュレーションであることに注意が必要である。

人口は地域に関する最も基本的な情報である。例えば自治体ですらHPに掲載された人口がどちらによるとも書かれていない場合があるが，国勢調査人口と住民基本台帳人口の区別はもちろん，人口統計には上述の通り，固有の事情があることに留意してほしい。なお，人口の基本的単位でもある世帯とは住居と生計を同じくする人の集まりであるが，いわゆる「世帯分離」の急増によって「世帯数」が実態と乖離しつつあることに注意喚起しておく。

関連項目▷4, 7, 20, 32, 43

3 暮らしのなかの権利と公共の福祉

丸 祐一・山下博樹

憲法が保障する人権　私たちは，暮らしのなかでさまざまな自由や権利を保障されながら生活を送っている。日本国憲法は国民の義務として教育の義務・勤労の義務・納税の義務を課す一方で，国民に基本的人権を保障することで，自由主義社会を実現している。憲法が保障する基本的人権にはどのようなものがあるだろうか。大きく分けると3つに分類することができる。第1は，思想・良心の自由，表現の自由，職業選択の自由，財産権などの自由権である。国家を自由の侵害者と捉えて国家が干渉しないことを求める点で「国家からの自由」といわれる。第2は，生存権，教育を受ける権利，裁判を受ける権利などの国務請求権である。国家にそれを実現する行為を求める点で「国家による自由」と呼ばれる。第3は，選挙権や国民投票権などの参政権である。国家の意思形成に参画することを求める権利であり「国家への自由」といわれる。このほかに，憲法には明示的に規定されていないが，時代の変化に応じて保護するに値すると考えられるようになった権利として，プライバシー権や自己決定権，環境権などの「新しい人権」がある。

　これらの人権は「侵すことのできない永久の権利」（第11条・第97条）だとされるが，人が社会のなかで共同生活を送る以上，ある人の権利は別の人の権利と衝突する可能性がある。そこで人権は，権利の衝突を調整するのに必要な限度で制約を受ける。それが「公共の福祉」による制約である。

公共の福祉　公共の福祉は人権を制約する根拠だと考えられているが，ここでいう公共の福祉とは何であろうか。公共の福祉を単純に社会全体の利益と捉えてしまうと，全体の利益のためならば個々の人権が侵害されてもよい，という全体主義的な帰結を招いてしまうことになる。多数派の利益

に抗してでも保障されねばならないのが人権なのだから、このような公共の利益の捉え方は不適切である。公共の福祉とは人権と人権が矛盾・衝突したときに調整する原理のことであり、どうやって調整するか、すなわち公共の福祉の具体的内容は、衝突する人権の性質の違いにより変わりうる、と理解するのが通説となっている。要するに、他者の人権の保護という理由以外では、人権は制約できないということである。

　しかしながらこの説には、人権の制限が必要となるのは人権同士が衝突する場合に限られるのだろうか、という疑問が寄せられている。すなわち、「ある個人の人権を制限することにより、多数の個人の、人権とはいえないにしても重要な利益が、実現されるというような場合（例えば街の美観を保護するために看板の規制を行う場合を考えよ）、ある程度までは人権制限が認められてもよい」（高橋 2017：122）のではないか、という疑問である。もちろん、ここでいう「重要な利益」が個人を超えた「全体」の利益であってはならず、「人権を制限される個人も他者と同様の利益を受ける必要があるし、そうでない場合、あるいは、そうだとしても犠牲が大きすぎるという場合には、代償の与えられることが必要」（高橋 2017：122）だとされる。

　このように最近の議論は、特定個人を犠牲にしてはならないと釘を刺しつつ、社会全体の利益（公共の福祉）のために人権が制約される余地を認め、「その公益がどの程度重要な公益であり、それを理由にどこまで人権の制約が可能かを、具体的に考えるべき」だとしている。以下でみていくように、人権と公共の福祉をこのように捉えることは、私たちが地域で暮らしていくにあたって必要な政策を考えるために有用であることがわかるであろう。では、私たちは地域で安心して日常生活を送る上で、どのような権利を持ち合わせているだろうか。

生存権の一部としての移動権

現代社会において多くの人々は、他者と関わりながら日常生活を送っている。例えば、日常生活上「移動」は不可欠な行為となっているが、必ずしもその環境は平等とはいえない。特に日本では、高齢化の進展により自動車を自由に使えない高齢者世帯の買い物難民化は深刻で、とりわけ公共交通が脆弱な地方圏では移動販売などの対処療法で凌ぐ地域が増えている。このような状況に至った背景として、日本では公共交通をインフラではなく、事業者の営利事業と捉えている点が大きい。しかし、多くの国々では日本とは異なり、公共交通はインフラとして維持されているのである。

Ⅰ 地域とはなにか

　例えば，フランスは移動する権利を生存権の一部とみなし，1982年に「国内交通基本法」を制定した。これにより，自治体はマイカー所有の有無に左右されず誰でも安心して移動できる公共交通の整備が責務となり，フランス全土で公共交通の復権が進められた。各地で路面電車やバスなどによる利便性の高い公共交通網が整備され，多くの市民に活用されるようになった。便利な公共交通網の整備は，日本では東京や大阪などの一部の大都市圏に限られるが，フランスでは人口10万人規模の都市でもさまざまな工夫により充実した公共交通網を保持している。

　日本においても生存権を根拠とした「新しい人権」として「移動権」を保障すべきだという議論がある。日本国憲法は「健康で文化的な最低限度の生活を営む権利」＝「生存権」(第25条)を保障することで，人々が自律的・主体的に人生を営むことを可能にするよう国家が積極的に支援することを求めている。このように国家が積極的に支援しなければならないのは，単に人々に自由を認めているだけでは，人が自分の人生をどう生きるかについて自律的・主体的に考え，それを実現しようとする営みは実現できないからである。今は健康で財産が充分にあったとしても，いつ事故や病気などで働けなくなるかわからない。生存権保障の趣旨をこのように捉えるならば，移動権を「新しい人権」として位置づけることができるかもしれない。しかしながら現時点では，移動権を憲法上の権利として認めた判例は日本に存在しないし，2013年に制定された交通政策基本法の制定過程では「移動権の保障」を規定すべきとの提案がなされたが，これもすべての国民に公共交通サービスを提供するための財源を確保するのは困難であるなどの理由から見送られている。

　イギリスはかつて「ゆりかごから墓場まで」といわれる充実した福祉制度を有していたが，現在でも自家用車を所有できない貧困世帯の最低限度の日常生活を保障するために，市街の各地にローカルセンターを整備している。ローカルセンターはどこに住んでいても徒歩10分以内で利用できる小規模な中心地で，簡単な食料品を入手できる食料品店，給与などの受け取りに便利な郵便局，病気になった際に処方せんがなくても薬を処方してくれる薬局などが，いずれのローカルセンターにも用意され，最低限の文化的な生活を保障するセーフティネットとなっている。

　こうした，すべての人にとって最低限の安心や利便性を保障する制度や取り組みが実施されている国があるのに対し，日本では人口減少などを理由に公共

サービスの低下が著しい。とりわけ公共交通は事業者の営利活動として考えられているため、自治体から事業者への一部補助はされているものの、その衰退は顕著である。なかでも地方圏では JR や民間バス事業者の撤退が相次いでいる。こうした鉄道やバスの路線は、最低限の公共交通手段を確保するために自治体が運営するコミュニティバスや、予約が入った場合にのみ運行するデマンド型交通などに置き換えられていくことになる。しかし、コミュニティバスでさえ1日に数往復の便しか運行されていないことが多いため、利用者は少ないのが現状である。

　日本でも公共交通の利用促進を目的としたパーク＆ライドなどの社会実験が各地で実施されてきたが、個人の利便性を優先する考え方が一般的であり、公共の福祉のために自分の日常生活における利便性低下を引き受けてまで協力しようとする人は多くない。行政においても日本では公共の福祉よりも個人の権利が優先されることが多い。自動車社会のアメリカやイギリスでも、公共交通の利用促進や都心部での交通渋滞緩和のために都心部の駐車場に税を課し、駐車料金を高く設定させることで都心部への自動車の流入を抑制している都市が多くある。ところが日本では、特定の地域の土地を所有する事業者にだけより高い税負担を求めることは、その事業者の権利を阻害することになるという考えから、特定の地域の駐車場にだけ課税する例はない。

　これらの事例からもわかる通り、現在の日本では格差拡大などにより生活に困窮する人口が増えると同時に、人口減少を理由に私たちの生活基盤・生存基盤がさまざまな点で揺らぎ始めている。こうした現状に対して、国の制度や行政による支援あるいは民間・地域のネットワークなどを活用した相互扶助のしくみなどまで使いながら、すべての人が安心して暮らせる生活基盤を再構築することが喫緊の課題となっている。

文献 ▷安部誠治, 2012,「交通権の意義とその必要性」『国際交通安全学会会誌』37(3)。
　　　　高橋和之, 2017,『立憲主義と日本国憲法［第4版］』有斐閣。
　　　　長谷部恭男, 2018,『憲法［第7版］』新世社。

関連項目 ▷**16, 28, 34, 36, 41**

I　地域とはなにか

> 📖 **発展的学習・研究のためのブックガイド**
>
> 1　中村和郎・手塚章・石井英也，1991，『地理学講座4　地域と景観』古今書院。
>   　藤井正・光多長温・小野達也・家中茂編著，2008，『地域政策 入門』ミネルヴァ書房。
>   　藤井正・神谷浩夫編著，2014，『よくわかる都市地理学』ミネルヴァ書房。
>   　柳原邦光・光多長温・家中茂・仲野誠編著，2011，『地域学 入門』ミネルヴァ書房。
> 2　NHKスペシャル取材班，2017，『縮小ニッポンの衝撃』講談社。
>   　佐藤龍三郎・金子隆一編著，2016，『ポスト人口転換期の日本』原書房。
>   　白波瀬佐和子編，2019，『東大塾　これからの日本の人口と社会』東京大学出版会。
>   　森田朗監修，国立社会保障・人口問題研究所編，2017，『日本の人口動向とこれからの社会：人口潮流が帰る日本と世界』東京大学出版会。
> 3　阿部彩・鈴木大介，2018，『貧困を救えない国　日本』PHP研究社。
>   　金菱清・大澤史伸，2014，『反福祉論――新時代のセーフティネットを求めて』筑摩書房。
>   　土居靖範・柴田悦子・森田優己・鮎野仁子，2006，『交通論を学ぶ』法律文化社。

II

地域のなりたち

これまでは魅力に欠け人口流出が顕著であった小さな都市のなかにも，地域固有の資源を大切にした個性豊かなまちづくりを進め，スローシティとして成功した例がある。

地域には，そこで暮らす人々の生活や風土，価値観を反映した文化がある。

4 国土計画の変遷と地域の変化

藤井　正

全国総合開発計画の系譜

日本の国土政策は古代の中央集権的国土システムの構築まで遡れるが，近代では富国強兵を進めるため明治政府が展開した国土全体に関わる諸政策（例えば官営工場や砲兵工廠など軍需工場，枢要港湾の建設や帝国大学・旧制高等学校の開設）の一部として始まる。そして産業革命の進展，とりわけ重工業化とともに日本の近代産業は，太平洋・瀬戸内海側の京浜，中京，阪神の3大工業地帯を中心に発展してきた。

第2次世界大戦後，これに北九州工業地帯を加えた4大工業地帯を中心とする「過密」と地方の「過疎」という地域格差の問題が深刻化する。これに対し，市場原理による産業立地ではなく健全な国土構造を構築するため，1962年にはじめての国土計画である「全国総合開発計画」（全総）が制定された。それ以降，1998年の「21世紀の国土のグランドデザイン」（五全総）まで，5回にわたり全総が制定された。これら全総の多くにおいても国家による地域政策（地域開発）が先行し，日本の諸地域では市場原理による変化とともに時々の経済社会情勢を反映した国土政策の下での地域政策が実施されてきた。

1962年の全総では，「新産業都市」の整備による産業と人口の地方への誘導が図られた（図1）。具体的には，北九州市のような工業による経済発展を想定し，臨海工業地帯や工業港の開発，工業用水取水のためのダム建設などの総合開発を行う新産業都市の開発である。しかし，成長産業であった製鉄や石油コンビナートなど装置型産業の雇用効果は充分ではなく，産業部門の偏った立地計画は競合のため進まなかった。さらに，当初は新産業都市10ヶ所程度の指定を想定したが，着想から制定，地区選定の過程で関係省庁間の調整や全国からの陳情への政治的な配慮から大都市圏周辺にも工業整備特別地域が開発され

4　国土計画の変遷と地域の変化

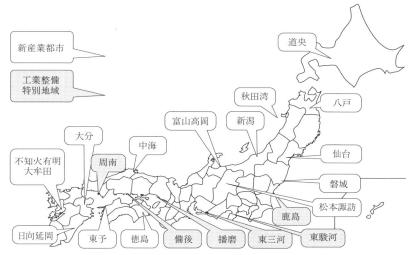

図1　新産業都市と工業整備特別地域

出所：光多（2008：37）

ることとなった。新産業都市も21ヶ所に倍増された。地方「分散」に向けた産業立地誘導といっても，結果的には4大工業地帯から太平洋ベルトへという工業地帯の「拡大」にとどまった。そして雇用を伴う経済成長部門は，製造業のオートメーション化とともにオフィス活動など第3次産業に重心を移し，サービス経済へとシフトしていた。

新全総から三全総へ　全総に続く新全総は1969年に制定され，やはり工業の大規模開発をベースに，それらの産業構造を支える全国ネットワーク建設を推進した。物流は鉄道からトラック中心の時代となり，産業立地を支える物流網となる高速道路網の建設が全国で進んだ。また，産業開発に直結しない新幹線建設は政治問題化した。高速道路ネットワークは，その後の電気電子や機械工業など労働集約型の工場による内陸工業団地建設を支え，地方農村での兼業化も促進することとなる。

　1970年代に入り，オイルショックなどの経済情勢の激変により高度経済成長は終わる。これに対応するため低成長・安定成長期における新しい国土像を描こうとしたのが1977年制定の第3次全国総合開発計画（三全総）であり，地方への定住などの構想が示された。この時期には全都道府県のうちで東京都だけが人口減少するなど，はじめて「人口Uターン」という動きが指摘され，「地

21

方の時代」が提唱された。産業革命以来継続してきた都市集中という人口移動パターンの転換は、国際的にも「反都市化」として論じられた。さらに地方に100万都市、政令指定都市が次々と生まれたが、これら地方の100万都市の実態は地方の自立化を示すものではなかった。札幌、仙台、広島、福岡に代表されるこれらの100万都市、政令指定都市は、実際には大企業などの東京集中を支える「支店経済」の都市であり、80年代後半には、東京の世界都市化とともにバブル経済、東京一極集中の時代にうつることとなる。

東京一極集中と四全総　東京一極集中の是非が策定過程で盛んに論じられたのが、バブル経済に向かいつつある1987年制定の第4次全国総合開発計画（四全総）であった。1980年代後半には、プラザ合意後に経済のグローバル化が急激に展開し、東京が19世紀末のロンドン、第1次・2次世界大戦の戦間期のニューヨークに続き、3番目の世界都市となってゆく。そして多国籍企業のオフィスの東京進出などによる東京都心部のオフィス需要の爆発的拡大をきっかけに顕在化していったのがバブル経済である。

　これに対し、日本の国際競争力を高めるため東京の世界都市化を促進するのか、それとも国土の均衡ある発展のために東京の成長を抑制するのかという議論が四全総では争われた。結局四全総の基本目標は「多極分散型の国土」とされ、国会など政治機能を地方に移転し、東京を経済中心とする首都移転の国会決議や候補地選定、あるいは首都圏の業務機能多核化（業務核都市としての横浜のみなとみらい21、さいたま新都心、千葉の幕張新都心などの開発）といった分散化が図られたが、実態としては東京一極集中が進み続けることとなる。

国土計画の転換と国土形成計画　高度経済成長が終焉を迎えた1970年代後半から、しだいに地域主体の地域政策の動きがみられるようになってくる。20世紀末には国土計画も国土の将来を考える指針に変容し、地域レベルにおいて地域政策を立案・実行することが求められるようになる（光多2008）。1950年制定の国土総合開発法による最後の全国総合開発計画（第5次全国総合開発計画）は1998年に制定され、これは「21世紀の国土のグランドデザイン」と呼ばれ、総合開発のための国土計画から持続可能な社会を支える国土のビジョン的な計画へという転換を示すものとなった。20世紀末には、経済成長・開発の時代が終わり、地方分権や住民参加が問われ、それまで日本の経済発展のための社会資本整備を進めてきた法律も転換の時期を迎えたのであった。

　21世紀に入ると、国土計画は持続可能な社会をつくることを目的とすること

となり，国土総合開発法は2005年に国土形成計画法に改正された。全国総合開発計画もまた「国土形成計画」と名称をあらため，多様な広域ブロック（地方圏）が自立的に発展し暮らしやすい国土を形成することを目指した新たな国土計画として2008年に制定された。この計画の策定途上では，「二層の広域圏」（2004年中間報告）という考え方で「地方圏」と都市圏にあたる「生活圏域」という二層の地域構造が提示された。そして，それまでの全国画一的な計画とは異なり，全国計画とともに広域地方計画が各地方におかれた国土交通省の地域整備局を中心に検討され策定されることとなった。生活圏域については，各地の中心都市と一体的な生活圏となる51の都市圏が1時間通勤圏などから設定され，その外にひろがる「自然共生地域」と区分されている。

　そして，2015年に閣議決定した第2次の国土形成計画は，前年に策定された「国土のグランドデザイン2050」をふまえ，おおむね10年間の国土づくりの方向性を定めた。そこでは，急激な人口の減少・少子化と地域的な偏在の加速，「異次元」の高齢化の進展の時代を迎え，また巨大災害への対応，社会資本の老朽化，空き地・空き家の増加などの課題を背景に，田園回帰など価値観の多様化もみすえる。そして国土の基本構想として，それぞれの地域が個性を磨き，異なる個性を持つ各地域が連携することによりイノベーションの創出を促す「対流促進型国土」（「コンパクト＋ネットワーク」からなる国土構造）の形成が図られる。具体的には農村における「小さな拠点」づくりを含めたコンパクトなまちづくりとネットワーク化，国土づくりを支える参画と連携，地域の担い手育成，共助社会づくりなどが提唱されている。

　このように国土計画は時代の社会経済的な動向のもとに変遷をとげてきており，さまざまな地域政策もまた時代とともに，国土計画などの国レベルの政策に従属したり，自立したり，ときには対立したりと，その関係を変えてきているのである。そして地域も，このような両政策のあり方や背景となる社会経済の動向とともに変化をしてきたといえよう。

文献 ▷ 作野広和，2016，「人口減少社会における国土形成計画が果たす役割」『土地総合研究』2016春号．
　　　　光多長温，2008，「地域政策の歴史と展望」藤井正他編『地域政策 入門』ミネルヴァ書房．

関連項目 ▷ 6，7，8，31，33

5 地域に関わる文化政策の展開

竹内 潔

地域の文化と政策　地域には，そこで暮らす人々の生活や風土，価値観を反映した文化がある。このように文化という概念は非常に広いため，人々の生活に関わるものすべてが「文化政策」の対象となり得る（広義の文化政策）。ただし，現実の文化政策は，まず文化財の保護や芸術文化の振興といった領域が主として扱われ（狭義の文化政策），そこから次第に広義の文化政策へと展開している。ここでは，文化政策の対象領域の変遷をたどることで，地域に関わる文化政策の展開をみていくこととしたい。

文化財保護制度の発展　現在に通じる近代的な文化財保護制度が成立する以前から，人々は芸術的価値や歴史的価値などを認めた美術品や建造物，芸能などを保護し，後世に引き継いできた。明治期以降，それが国の制度として整備され，現在では，文化財が都市や農村の暮らしのなかに息づくことで，地域に価値をもたらすと認識されるようになっている。

　明治維新の際，文明開化・欧化主義の反動で伝統的なものが軽視されるようになり，政府の神仏分離令を契機に貴重な寺社や仏像の破壊に及ぶ廃仏毀釈運動が起こった。この危機に対応するため，明治政府は1871年の太政官布告「古器旧物保存方」をはじめとし，古墳，古社寺，重要美術品，史蹟名勝天然紀念物などを個別の法令で保護する制度を整備していった。

　現行の文化財保護法は，第2次世界大戦後の1950年に，その前年の法隆寺金堂壁画の火災焼失事件を受けて制定された。同法では，戦前に個別の法令で処理されていた対象を「文化財」として総合的に扱うこととし，無形文化財や民俗資料・埋蔵文化財も保護対象に加えられた。また，文化財保護委員会の設置や地方公共団体の関与の明確化など，体制の強化も図られた。

高度経済成長の時代に入ると，都市への人口流入が進み，大規模な開発でまちなみが大きく変貌していく。そうしたなか，京都や鎌倉における宅地造成への反対運動が契機となり，1966年に「古都における歴史的風土の保存に関する特別措置法（古都保存法）」が制定された。同法がいう「歴史的風土」とは，「歴史上意義を有する建造物，遺跡等が周囲の自然的環境と一体をなして古都における伝統と文化を具現し，及び形成している土地の状況」と定義され，一定の広がりを持つ地域が対象となっている。また，この法律は都市計画法制上の特別法として制定され，対象となった京都，鎌倉，奈良などの古都においては都市開発に制限が課され，歴史的まちなみの保存に効果を発揮した。ただし，保存の対象は寺社仏閣など外形的・物質的に歴史的価値が認識できるものが中心であり，対象地域の画定プロセスもトップダウン方式であった。

　古都保存法の対象とならなかった地域では，自治体が条例を制定するなどして，独自に歴史的まちなみを保存する取り組みが進められた。1968年に「金沢市伝統環境保存条例」を制定した金沢市はその代表である。その後，1975年の文化財保護法改正で，文化財の類型のひとつとして「伝統的建造物群」が設けられ，古都以外の地域でも歴史的なまちなみを文化財として捉える枠組みが整った。この法律では，まず市町村が住民との合意を形成しながら保護すべき地区を定めてから，国が重要伝統的建造物群保存地区を選定するボトムアップ方式がとられた。選定を受けた地区は城下町，宿場町，門前町などであり，古い建物を残すだけでなく，生活やまちの機能まで含んだ歴史性が重視されるようになった点においても画期的であった。

　文化財保護法における「保護」には，「保存」と「活用」が含まれているが，法制定以降長らく「保存」に重きが置かれる傾向があった。それが，1996年の法改正で，重要文化財の「指定」に至らないが一定の価値があると認められる文化財を「登録」する制度が設けられると，外観を維持し，内部をリノベーションしてカフェにするなどの「活用」事例がみられるようになった。

　このような，特定の価値や機能の重視から多面的な価値に配慮した政策への転換は，同時代の流れとして，文化政策以外の分野でも進んだ。例えば，1997年の河川法改正では，自然環境や歴史的・文化的景観を含む河川環境の保全が無視できなくなり，それまでの治水・利水中心の河川管理の考え方が修正された。また，2003年の農業基本法改正（「食料・農業・農村基本法」に名称変更）では，農業の近代化・効率化を進めるばかりでなく，農業の多面的機能として良

好な景観の形成や文化の伝承などにも配慮せざるを得なかった。

　さらに，歴史的なまちなみに限らず「良好な景観」を広く保護する動きが全国的に広まり，2004年に「景観法」が制定された。これにあわせて文化財保護法も改正され，文化財の類型に「文化的景観」が追加された。「文化的景観」は「地域における人々の生活又は生業および当該地域の風土により形成された景観地で我が国民の生活又は生業の理解のために欠くことのできないもの」と定義され，典型例として棚田や里山，水郷が挙げられる。従来の制度で鑑賞上の価値のある「名勝」に棚田が指定された例はあるが，「文化的景観」では，生活や生業との関わりが重視され，時間による変容，有形・無形の構成要素の有機的関係なども視野に入れて保護する点に特徴がある。

　2008年に文部科学省（文化庁），農林水産省，国土交通省が共同で所管する法律として制定された「地域における歴史的風致の維持及び向上に関する法律（歴史まちづくり法）」では，指定文化財などを核としつつ，それと一体をなして形成されている良好な景観の市街地を「歴史的風致」と呼んで整備を図り，地域の魅力を高める取り組みを推進している。ここで核となる文化財には，有形のモノだけでなく，祭や伝統芸能などの無形のモノ・コトも含まれ，そうしたコトが催される場・空間としてのまちの保護や整備が図られている。

　以上みてきたように，文化財保護制度は，寺社仏閣のようなある種権威的なモノだけをトップダウンで保護する形から，人々の生活，生業，祭のようなコトも価値あるものとしてボトムアップで価値づけられるように変遷してきた。その過程で，農林水産省や国土交通省など大きな予算と権限を持つ省庁の関与も強まり，既存の政策分野を横断する総合的な視点が必要になっている。

| 芸術文化の振興 |

　次に，狭義の文化政策のもうひとつの柱である芸術文化の振興政策についてみていこう。日本では，明治時代の欧化政策以来，西洋美術と西洋音楽が学校教育体系のなかに位置づけられ，組織的な洋画・洋楽教育が進められてきたことが現在の芸術文化政策の基盤となっている。また，現在の日本芸術院制度，芸術家の顕彰制度による芸術の奨励なども，紆余曲折を経つつ，明治期から引き継がれてきたものである。

　戦後の経済成長に伴い，国や自治体が財政的に豊かになってくると，芸術文化活動に対する積極的な支援策が求められるようになった。この時期に，芸術家・芸術団体への助成や地方巡回公演の支援，文化施設（劇場・美術館）の建設などが増え，地方でも芸術に触れられる環境が整えられていった。また，

1970〜80年代には，広義の文化の視点で政策全般を見直そうという「行政の文化化」を標榜する自治体も現れた。それらの自治体では，教育委員会が扱っていた芸術文化振興が首長部局に移管され，予算も拡充されていった。「文化政策の総合化」ともいわれるこれらの動きは，その後全国に広まっていった。

ところが，バブル崩壊以降，国・自治体の財政が逼迫すると，文化財保護制度のように法的裏付けがなかった芸術文化振興政策は予算の削減を余儀なくされ，集客力のある招聘型の公演などの開催が困難になった。そのようななか，2001年に「文化芸術振興基本法」が制定されて文化芸術振興全般の基本方針が定められ，さらに2013年に「劇場，音楽堂等の活性化に関する法律（劇場法）」が整備されて鑑賞・消費型から参加・創造型の施設運営への転換が図られている。

近年では，遊休施設を利用して芸術家に滞在制作してもらうアーティスト・イン・レジデンス（AIR）事業や公共空間を利用した芸術祭などを自治体主導で行う例も増えてきている。それらの事業は，地域の活性化や住民同士のつながりの醸成，社会的弱者の包摂など，さまざまな地域課題の解決策としても期待されている。

2017年の文化芸術振興基本法改正（「文化芸術基本法」に名称変更）では，文化芸術に関する施策は「観光，まちづくり，国際交流，福祉，教育，産業その他の各関連分野における施策との有機的な連携が図られるよう配慮されなければならない」と明記された。これらのうち，福祉分野との連携では，2018年に「障害者による文化芸術活動の推進に関する法律」が制定されている。これらの取り組みは，文化芸術の創造性を活かした地域づくり（創造都市論）とも連動し，新しい形の「文化政策の総合化」が目指されている。

以上のように，文化財保護や芸術文化振興にみられる文化の多面的な価値・機能への注目と期待の高まりは，地域創造時代の一側面といえよう。

文献▷垣内恵美子，2011，『文化財の価値を評価する』水曜社。
　　　根木昭他，2016，『文化政策学要説』水曜社。
　　　野田邦弘，2014，『文化政策の展開』学芸出版社。
関連項目▷38, 63, 64

6 産業構造の移り変わり

多田憲一郎

産業構造の高度化　国民経済は，発展プロセスのなかで，産業構造を徐々に変化させていく。しかも，その変化を観察すると，一定の法則性がある。例えば，経済の発展に伴い経済規模が拡大してくると迂回生産が多くなり，資本財産業の比重が消費財産業に対して相対的に上昇する。また，製造業の中身をみても，経済発展につれて，軽工業の比重が減少して重工業のそれが増加する。このような経済発展に伴うさまざまな変化のなかでも，全産業を俯瞰して普遍的に観察されている変化が「産業構造の高度化」である。これは，国家の経済発展に伴い，就業構造の比重が，第1次産業から第2次産業へ，さらに第3次産業へ移行していくという産業構造の変化を示している。

第1次産業に続いて第2次産業の就業者の割合も減少し，第3次産業のそれのみが上昇する段階に入った経済を，D.ベルは「脱工業社会」と呼んでいる。ベルはそのような社会を，サービス産業が基軸になってさらに高度に経済発展する社会と考えた。「脱工業社会」のように，産業構造においてサービス産業の比率が高くなっていくことを「サービス経済化」と呼ぶ。

日本の産業構造は，高度経済成長が終結した1970年代後半から「サービス経済化」の流れのなかで大きく変化した。その変化の軸は，製造業の構成変化とサービス産業の進展である。製造業では，1970年代後半以降，鉄鋼産業などの「重厚長大型」（重工業・素材型）から自動車産業などの「軽薄短小型」（重工業・加工型）への転換が起こる。その後，1980年代前半にかけて重工業・加工型産業の比較優位が確立し，輸出が著しく拡大した。重工業・加工型産業はこの時期に高度加工型産業と呼ばれた。エレクトロニクスが一般機械・電気機械・輸送機械・精密機械などに幅広く活用されて，従来の機械工業のイメージが変

わったからである。高度加工型産業の比較優位確立の背景には，エレクトロニクスをはじめ技術革新が進展したことに加えて，「日本型経営」が効率的な生産方法を実現したことも大きい。

サービス産業とは何か　サービス産業とは第3次産業だとされることがあり，この場合は，第1次産業および第2次産業以外の産業を指す。第3次産業は，多様な産業から構成されているが，サービス生産を行っているという点において共通性を有している。一方で，サービス業の内容を特定して，その総体としてサービス産業を定義する場合もある。前者の場合，「広義のサービス産業」は，卸売・小売業や金融・保険業を含めた非製造業全体を指す。後者の「狭義のサービス産業」の場合，卸売・小売業や金融・保険業は除かれ，具体的な内容は，「公共サービス」「対事業所サービス」「対個人サービス」の3つに分類される。「公共サービス」には，教育，研究，医療・保健，介護などのサービスが含まれる。「対事業所サービス」は，広告業，業務用物品賃貸業，自動車・機械修理などにより構成される。そして「対個人サービス」には，娯楽業，飲食店，旅館・その他の宿泊所，洗濯・理容・美容・浴場業などが該当する。ここでは，「狭義のサービス産業」を対象に，それぞれのサービス業の現状を確認する。

　まず「公共サービス」であるが，産業として民間主体が供給する事業は，その多くが，医療・保健，介護サービスである。高齢化が進むなか，今後も増大が予想され，技術革新を通じたコストの削減や，同じコストで生み出すことのできるサービスの質の向上が求められる。次に，「対事業所サービス」は，企業のアウトソーシングの流れが強まっていることを背景に高い伸びを示している。具体的には，労働者派遣サービス，法務・財務・会計サービス，建物サービス，情報サービスなどの売り上げが伸びている。最後に，「対個人サービス」は，共働き世帯の増加で保育や家事支援などのサービスが伸びているほか，訪日観光客の急増で飲食店，旅館・その他の宿泊所サービスも伸びている。

サービス経済化と地域　サービス経済化は，地域経済のレベルでみると何を意味しているのだろうか。第3次産業はサービス産業としての特性を持つが，サービスの生産は時間と空間の特定性に規定される。その結果，サービスそのものは在庫も輸送もできないから，これらの産業の立地や活動は需要が集積する都市に時間的・空間的に集中する傾向にある。そのためにサービス産業が中心になる経済では，雇用も人口も都市に集積・集中する傾向があ

る。つまり、サービス経済化は都市の発展、都市化そのもののプロセスにほかならない。都市はサービス産業のゆりかごでもある。新しいサービス産業が大都市で生まれ、しだいにサービス需要が普及し利用頻度が高まるにつれて、その産業は成熟して地方都市にも事業所が立地するようになる。さらには、利用頻度は少ないが質の高い高次サービスは、市場がある程度まとまった大都市にしか立地できないので、サービス産業の立地パターンには階層構造も強く現れる。例えば医療サービスでみれば、初期治療にあたる診療所などは全国各地にきめ細かく配置されているが、難病治療などの高度な医療サービスを提供できる病院は大都市に多い。

このようなサービス経済化の動きは、特に東京圏において顕著に観察できる。東京都には中枢管理機能を軸として多様なサービス機能が集積され、なかでも情報機能の集積が著しく、国内的にも国際的にも強力な情報拠点となっている。東京都では多様な情報が創造されるので、情報を求めて多くの人々が集まってくる。このため、東京都の機能が周辺3県にオーバーフローする。例えば、大企業の本社機能は分散したが、地方圏に流出したのではなく、ほとんどが神奈川県、千葉県、埼玉県の周辺3県にとどまっている。

サービス経済化の展開 日本経済においてサービス経済化が急速に進むのは、1980年代後半からである。先進7ヶ国がドル高是正で足並みを揃えた「プラザ合意」が成立した1985年は、日本経済の分岐点である。この合意以降、円は1985年初めの1ドル240円から1988年には120円台にまで上昇し、急激な円高となる。そのため、日本の輸出産業は地方の地場企業を中心に大きな打撃を受け、「円高不況」と呼ばれた。製造業は、この苦境を打開するため、生産機能の海外移転を進めた。このような製造業の海外への工場移転は、「産業の空洞化」と呼ばれ、その後の地方の製造業に深刻な危機をもたらす。

当時の状況を製造業の業種別で確認すると、衣服・その他の業種を除けば、従業者数も事業所数もともに増加した業種はひとつもない。繊維、木材・木製品、ゴム、皮革などの生活関連型、鉄鋼、非鉄・金属、金属製品などの素材型、さらに強いといわれていた精密機械、電気機械、一般機械などの高度組立型などいずれの製造業においても解体が進行している。これは、日本の製造業を支えてきた下請けを中心とする分業体系や基盤技術が崩壊の危機に立たされているということである。

日本経済の急激な変化のなかで、政府は1986年に「前川レポート」を発表し

て，外需主導から内需主導の経済成長へ軸足を移す経済政策を進める。しかし，内需を刺激するためにとられた低金利政策による巨額の資金供給や，サービス経済化などを背景とした東京のオフィス需要の増大などにより，東京圏をはじめとする地価，そして株価が急激に上昇した。いわゆる「バブル経済」である。「バブル経済」は東京圏などの大都市圏に資金を集中させた一方で，農業や地場産業といった製造業に基盤を置く地方経済は，産業のスクラップのみが進行して就業機会を喪失し，人口を減少させる地域が増加した。

　この「バブル経済」も1991年初めには終焉し，その反動による「平成の大不況」が日本経済を襲うことになる。この「バブル経済」および「平成の大不況」と続く大きな経済変動のなかで産業構造も大きく変わる。すなわち，1990年時点で就業者数が最も多かった製造業が就業者数を大きく減らし，代わりにサービス産業が製造業を追い越して就業者数で最大となった。その内容を確認すると，医療・保健・福祉系のサービス業や情報系サービス業において特に就業者数を増やしている。他方で，農林水産業のそれは大きく減少した。

　「サービス経済化」は，東京圏などの大都市圏で進行する。サービス産業の革新のためには高度な知識やスキルが必要であり，それらを求めて人々が集まり，議論し，新たな情報が創造されていく。このような創造プロセスから新しい高付加価値産業が生まれ，その活動拠点として東京がクローズアップされる。しかし，すべてのサービス業がこのような高度な知識やスキルを求められ，高賃金を提供しているわけではない。小売店や飲食店，旅館など，低賃金で不安定な雇用環境のもとで働くサービス労働者も多く存在する。「サービス経済化」のもたらす地域間格差や所得格差などの課題にも私たちは目を向けなくてはならない。

文献▷岡田知弘，2005，『地域づくりの経済学入門』自治体研究社。
　　　鶴田俊正・伊藤元重，2001，『日本産業構造論』NTT出版。
　　　橋本介三・小林伸生・中川幾郎，2000，『日本産業の構造変革』大阪大学出版会。
関連項目▷4, 8, 18, 49, 56

7 都市の成長と衰退

山下博樹

都市の発生とその特性　私たち人間が農耕などによる定住生活を始め，住居群を形成してきた場所は古来より集落と呼ばれてきた。その集落にさまざまな機能が付与され拡大・発展したものを都市と呼ぶようになり，それ以外を村落と呼んで区別するようになった。都市と村落の大きな違いは，人口規模や中心となる産業などであることが多い。今日でも都市の主要な産業は小売業・サービス業などの第3次産業であるように，都市を特徴づける機能には交易（のちの商業）の中心，交通の要衝などがある。こうした中心性を得た場所に政治や経済といったより広域的な機能が付与されることで，村落とは異なる都市としての独自性が発展することになる。

　都市は一定規模の人口が集住する地域で，日本では市町村制の市が都市と考えられる。日本における自治体の市制施行の要件として地方自治法第8条には，①国勢調査による法定人口5万人以上，②中心の市街地に全戸数の6割以上，③商工業その他の都市的産業の従事者とその同一世帯の人口が全人口の6割以上とあるが，合併特例などで人口3万人以上で市と認められた。またいったん市制を施行すれば，その後人口が減少しても市であり続けるため，今日の日本には2万～3万人程度の人口規模の都市も少なくない。人口100万以上の都市は，2020年の国勢調査では東京区部，横浜市，大阪市など12都市を数えた。

　こうした都市の人口規模は，基本的にはその都市の有する中心性と密接に関連していると考えることができる。ただし，ここでいう都市を行政界で区切られた単位で単純に比較すると，大都市郊外でベッドタウンとしての機能に特化した都市は，人口規模こそ中規模レベルであっても，中心性はそれほど高くない。現在の日本の都市を人口の多い順番にならべると，東京や大阪などの大都

市に続くのは,これらの大都市近郊に位置する都市群になる。行政区域を超えた広域まで中心都市の勢力圏が拡がるこうした大都市圏は,全体でまとまりのある地域として考える必要がある。

中心性とアクセシビリティ　都市と村落との本質的な違いを中心性に求めることができるのは先述した通りだが,その中心性を測る指標として一般的には昼夜間人口比率や就業人口などが用いられる。例えば昼夜間人口比率とは,その都市に常住している夜間人口と,通勤・通学で昼間だけ来街している人口を含む総数を比較することで,その都市の中心性を示す。先にベッドタウンとしての機能の強い都市は中心性が高くないことを指摘したが,こうした都市の人口の一定数は昼間には中心都市へと通勤・通学してしまうため,日常生活の消費の一部なども流出してしまうことが背景にある。

中心都市に立地するオフィスやデパートなどの高次商業施設,あるいは飲食店をはじめとしたサービス業といった多様な機能が維持・存続できるのは,都市内の住民による利用だけでなく,このような周辺地域(補完地域ともいう)からの来街者の利用が不可欠である。そのため,中心都市への移動手段の確保や移動のしやすさなどアクセシビリティ(近接性)が重要となる。例えば,高度経済成長期の東京への人口集中による郊外の拡大に伴って,新宿駅は東京西郊だけでなく,埼玉,神奈川とも結ばれた多くの鉄道路線のターミナルとして発達し,今日では1日の乗降客数が350万人を超え,ギネスブックに乗降客数世界一の駅と認定された。

これだけの乗客が新宿駅周辺に立地する東京都庁やオフィス,デパートが立ちならぶ商業地や繁華街,あるいは大学をはじめとする教育機関を訪れていることになる。それだけ多くの人々が訪れる地域であっても,駅から数kmも離れた場所ではアクセシビリティが低下してしまうので,駅周辺に超高層ビルや地下街が発達することになる。こうした立体的な空間利用の拡大は,オフィスや店舗を駅周辺により多く立地させることを可能にし,優れた利便性による高い地価の負担を軽減させている。このように周辺からの結節性に優れた地域は不特定多数の来街者にとってもアクセスしやすいため,地域の持つ魅力や場所の持つチカラはさらに高まり,両者の相乗効果で持続的な発展が可能になるのである。

都市の人口と雇用　現実の都市が,成長し続けたり大きな変化なく持続し続けたりすることは容易でなく,都市の持続性の検討が必要と

なる。つまり、都市の本質は多くの人々が暮らす場ということにあるとすれば、それらの住民が生活に必要な収入を得るために、何らかの産業の集積が不可欠となる。高度経済成長期以後の日本の歴史をみても、科学技術の発展などによりつねに新しい産業が誕生し、それに対応できた企業と対応に遅れた企業とで盛衰が繰り返されてきた。多くの人が就業可能な雇用力のある産業の集積が、都市人口の維持には不可欠なのである。例えば、高度経済成長期以後、国土の均衡ある発展を目指して地方都市での産業集積が進められ、現在でも地方自治体は企業誘致に熱心に取り組んでいる。しかし、今日ではこうして地方に分散立地した工場の一部が、日本の労働者の高い賃金を嫌い、アジア諸国の低廉な労働力を求めて海外に流出した。その結果、地方都市の労働市場は縮小し、若年層の大都市への流出を加速させることとなったのである。こうした社会経済環境の変化は、とりわけ今日のグローバル化時代にはその影響が顕著に現れるようである。

都市の持続性からみた盛衰の歴史は現代に限った話ではない。例えば、石炭の産地として日本の工業化に大きく貢献した北海道の夕張市は1990年に最後の炭田が閉鎖すると急速な人口減少と財政難に喘ぐようになり、2007年には財政再建団体に指定された。また往時は北九州工業地帯の中核として発展した北九州市八幡地区は、現在では工業の規模を大幅に縮小し、脱公害の環境都市へと生まれ変わった。このように多くの人々が暮らす場として都市が機能する上で、その存立基盤となる産業の立地はきわめて重要な条件となる。

では、多くの人々を雇用する産業が立地すれば、都市は人口を維持・発展させることが可能になるのだろうか。あるいは魅力的な就業機会が少ない都市は衰退の途をたどることになるのであろうか。これまでの研究では、上述したように雇用環境が好条件であればより多くの労働者を集めることが可能になり、人口は増加し都市は成長すると考えられてきた。例えばクリスタラーの中心地理論によれば、いわゆる大都市間の交通幹線上の好立地条件に位置する都市は発展しやすいといわれてきた。大都市の労働者の賃金が総じて地方圏よりも高い賃金格差の問題などは前者の例といえるし、東京・大阪間のいわゆる太平洋ベルトに工業都市が断続的に発展し、今日まで人口を増加させてきたのは後者の理論を裏付ける好例であろう。

21世紀のまちづくり　20世紀に大きな発展を遂げた日本の都市は、近年さまざまな点で新たな課題を突きつけられている。2000年代に

入り人口減少・少子高齢化の影響で，これまでのさまざまな社会システムの維持が困難になりはじめ，また高度経済成長期に整備されたインフラの老朽化やたび重なる自然災害への対応が必要となるなど，喫緊の課題は目白押しとなっている。国連が2015年のサミットで採択した「持続可能な開発のための2030アジェンダ（SDGs）」の目標11には「住み続けられるまちづくりを」とある。ここでは，地球温暖化に結びつくさまざまな原因への対応や，貧困などによる劣悪な居住環境の改善といったグローバルな課題への長期的な取り組みのほか，日本固有の課題として各種の自然災害のリスクにも強い，安全かつ強靱（レジリエント）な都市の実現も求められている。

人口減少期に突入した日本において，今後人口増加が見込める地域は限られている。そのため都市の優劣の基準を人口に求めてもあまり意味を持たない。これまでの成長・拡大型のまちづくりの時代から，質の高い生活環境を提供できる都市が求められる時代へと変わりつつある。持続可能で誰にとっても住みよい都市はリバブルシティと呼ばれ，海外では高い関心を集める。またこれまでは魅力に欠け人口流出が顕著であった小さな都市のなかにも，地域固有の資源を大切にした個性豊かなまちづくりを進め，スローシティとして成功した例がある。

日本ではどこの都市に行ってもまちなかはコンクリートジャングルで，全国チェーンのコンビニ・飲食店・ショッピングセンターが立ち並び，クローン化が著しい。時間短縮など利便性を追求したライフスタイルが幅を利かせるなか，超高齢社会にも対応可能な，従来とは異なる価値基準を持つ都市づくりが認められるようになったとき，日本にも国際的に高く評価されるリバブルシティが出現するのだろう。21世紀が，日本の都市にとってそのような転換期となることを期待して止まない。

文献▷島村菜津，2013，『スローシティ』光文社。
　　　富田和暁，2006，『地域と産業』原書房。
　　　山下博樹，2016，「英国ノリッジにおける中心市街地再生政策」戸所隆編著『歩いて暮らせるコンパクトなまちづくり』古今書院。
関連項目▷8，34，37

8 高度経済成長と農山村の変化

筒井一伸

農林業への戦後需要と衰退

　高度経済成長期から21世紀初頭までの日本の農山村の実態は「過疎」の2文字で表現できた。ここでは過疎の背景とそれへの対応を図1を参照しつつ一気通貫に理解していこう。

　国土の荒廃をもたらした太平洋戦争が終わり、都市では活発な戦災復興が行われた。昭和20年代の戦後復興期の農山村では、都市における旺盛な食糧、建築用材、燃料（薪炭）の需要に対応すべく、緊急開拓事業（1945年）や強行造林5ヶ年計画（1946年）などを通して、農業・林業は増産傾向にあった。

　1956年の『経済白書』で「もはや戦後ではない」とうたわれ高度経済成長期に突入すると農山村は燃料革命の影響に直面する。1950年代後半からの原油の大量輸入は調理器具や暖房器具の発達・近代化を推し進め、それまでの薪炭から電気・ガス・石油へと家庭燃料の主役を交代させた。この燃料革命に伴い薪炭材産地の中国山地などでは世帯全員で村を離れて都市へ出て行く挙家離村が頻発した。一方で建築用材などの木材供給源は依然として国内農山村であり、また食糧供給を担う農山村の役割も大きかった。

　農業については、1961年に制定された農業基本法に基づき、需要に応じた農産物の選択的生産拡大と、生産性の高い自立経営を目指す農業の構造改善とを柱とする基本法農政の展開が強化された。1970年代になるとこの展開に農業経営基盤のインフラを強化する公共事業（農業構造改善事業など）が組み合わされた総合農政として圃場整備や近代農業経営のための施設導入が行われた。しかしながら1960年代後半から徐々に拡大されてきた食糧輸入の影響や、パン食など食生活の多様化により米の減反政策などが行われ、農業においても衰退基調が顕著となった。また木材の輸入拡大が進んだ結果、1970年には建築用材の外材

8 高度経済成長と農山村の変化

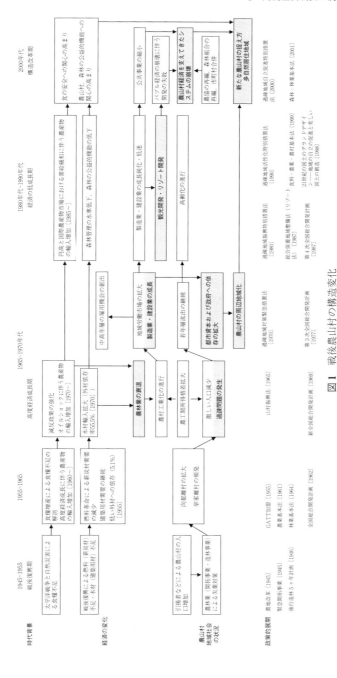

図1 戦後農山村の構造変化

出所：岡庸 (2004：114) を参考に筆者作成。

依存率が50%を突破し、価格競争にさらされた国内産地は不振に陥った。

一方、都市での工業の発達は労働力需要を生み、農林業の衰退による農工間所得格差拡大を目の当たりにした人々のさらなる向都離村志向と激しい人口流出をもたらした。その結果、地域社会維持の困難という課題が顕在化し、農山村の問題は産業としての農林業問題から地域社会全体の問題へと変容した。

地域問題としての「過疎」 農林業の問題から地域社会の問題へとして顕在化したのが過疎である。もともと「過疎」という言葉が存在したわけではなく、農山村から都市への人口流入がもたらした「過密」に対応する語としてマスコミ中心に使われ始めた。学術的には過疎は次のような悪循環過程として捉えられる。まず人口流出だけではなく挙家離村に伴う農家戸数の急減により放棄される田畑や山林が増加し、農林業を中心とする産業が衰退する。同時に地域社会の生活諸機能が失われ、そうした状況下でも地域に残った住民の意識が次第にネガティヴとなる。これがさらなる人口流出と戸数の減少を生み出し、産業と生活諸機能の衰退を繰り返し、相互作用的にからみ合いながら地域社会の崩壊、最終的には集落の消滅に向かっていく（安達 1970）。

政策的には、過疎という捉え方が登場したことにより農山村政策は大きく転換する。例えば、全国総合開発計画（1962年）では産業的視点から農林業の生産性向上によって農山村問題の克服を目指したのに対して、新全国総合開発計画（1969年）では都市の過密との対比で地域問題としての過疎を取り上げ、1970年には議員立法により過疎法（過疎地域対策緊急措置法）が制定された。この過疎法は時限立法ではあるが、10年ごとに新しい過疎法の制定と延長が繰り返され、現在に至るまで地域問題としての農山村問題に総合的な対策が行われる政策的基盤となっている。同法における「過疎地域」には、人口減少率、高齢者比率、若年者比率を基準とする人口の要件および財政力指数を基準とする財政力の要件を満たした市町村が指定され、それらの市町村では公共施設整備に際しての国庫補助率のかさ上げや過疎対策事業債の発行など財政上の優遇措置を通して過疎に付随するさまざまな問題への対処を推進してきた。

過疎対策と周辺地域化 では再び図1に戻り、過疎が顕在化したのちの農山村の変化をみてみよう。当初、過疎対策として活発に行われたのが工場誘致による農村工業化と、生活基盤の改善を目指した公共事業である。このことが農山村において製造業と建設業を成長させ、農村での雇用の場の創出、すなわち地域労働市場の拡大をもたらすことに成功した。しかしながらそ

の主たる対象は中高年労働力や主婦などの女性労働力であって，若い世代の人口流出は止められず高齢化は加速していった。

しかも農山村に誘致された工場の多くは，都市が拠点の企業の関連工場であり，都市を頂点とする製造業の地域間分業システムの末端に農山村が位置づけられた。また建設業も，発注の多くは中央政府からの補助金に依存するものであり，製造業・建設業を基盤とする農山村経済の自律性は失われていった。

このような農山村経済の構造変化は中心－周辺論における周辺地域化のプロセスで説明できる。中心－周辺論とは地域間で生じる不平等を理解する概念であり，一市町村内というミクロレベルから，都市圏，一国そして世界というマクロレベルまで，さまざまなレベルに適応可能である。これになぞらえると，農山村で展開された製造業は本社が所在する都市資本に，公共事業に依存する製造業は国家資本にそれぞれ依存を高めた結果，地域としての主体性を失っていった農山村は，都市や政府という中心へ依存する周辺地域化したと理解される。

しかし昭和50年代後半に顕著になった経済の低成長期に入ると農村工業化によって進出が進んだ製造業に荒波が押し寄せる。80年代半ば以降，円高不況のなか都市に所在する本社の意向で海外生産へとシフトする傾向が強まり，低賃金労働を求めて農山村に立地してきた工場の多くが縮小ないし撤退に追い込まれていった（岡橋 1997）。これに対して1987年の総合保養地域整備法（リゾート法）制定が衰退した製造業の穴をリゾート開発で埋めるかにみえたがバブル経済崩壊に伴い，農山村の期待を集めたリゾート開発の多くは失敗に終わった。

さらに20世紀末から21世紀初頭にまたがる構造改革期には，政府の財政再建方針の下で農山村では公共事業が縮小したため「基幹産業」でもあった建設業も衰退し，雇用機会は大幅に削減された。こうして，都市の資本，国家の資本に依存して周辺地域化した農山村を支えてきた経済的なシステムは崩壊した。しかしながら「**32**」で詳述する，21世紀型の新しい農山村の捉え方の萌芽がみられはじめたのもこの時期のことである。

文献▷安達生恒，1970，「過疎の実態」『ジュリスト』455．
　　　岡橋秀典，1997，『周辺地域の存立構造』大明堂．
　　　岡橋秀典，2004，「過疎山村の変貌」中俣均編『国土空間と地域社会』朝倉書店．
関連項目▷2, 4, 15, 31, 33

9 住民組織と地域生活

村田周祐

いまなぜ住民組織なのか　いま再び、住民組織への関心が高まっている。というのも、頻発する自然災害、超高齢化などの近年の地域課題に、行政やその補完を期待されたNPOでは対応しきれないからである。さらに深刻化する財政問題も絡み合い、地域を日常生活の場とする人々のつながりである住民組織に相互扶助や自治組織としての期待が高まっている。行政が主導する「まちづくり協議会」や「地域運営組織」も、その期待の具体的な現れである。ところで住民組織への期待の高まりは、近年に限ったものではない。そこでまず、住民組織のコミュニティ政策における位置づけの変遷を振り返りつつ、現代における住民組織の役割について確認してみよう。

　戦後の民主化においては、GHQによる町内会廃止処置に代表されるように、住民組織は全体主義を支えた前近代的な封建遺制として解体すべき対象であった。ところが1960～70年代に入ると、孤独死の登場や新旧住民の対立など、都市化や郊外化に伴う地域問題が浮上した。その対応として自治省（現総務省）や地方自治体が推進したのが、住民組織を基盤としたコミュニティづくりであった。1991年には共有財産の管理主体を明確にすべく地方自治法が改正され、地縁団体として町内会の法人化が推し進められている。

　一方、1998年に特定非営利活動促進法（通称NPO法）が施行され、地域課題解決の新たな担い手としてNPOが登場した。NPOは、人々を地縁という束縛から解放し、特定の目的のために「自由意思」で結集することを「善」とする社会像に基づいた有志の集まりである。そのためNPOは、特定の地域に根を下ろした共同管理や行政対応において住民の総意を体現することができない。今後の地域社会を考えるとき、地縁組織（コミュニティ）としての住民組織と

ボランタリー・ネットワーク組織（アソシエーション）としてのNPOの協働や棲み分けが大きな課題といえる。

　たしかに現在では，NPOや企業による地域づくりの事例は珍しくない。しかし忘れてならないのは，災害避難時の速やかな避難，公園や道路の日常的管理，地域文化の象徴である祭礼や神事といった土地に根ざした住民活動の土台は，間違いなく住民組織だという事実である。この事実から考えるならば，私たちは家や家族と同様の基礎的な生活単位として住民組織を理解しておく必要がある。つまり，人が生存するため，より豊かに毎日を営むために不可欠な生活単位として住民組織は存在しているのである。

　しかしながら，住民組織は地域や時代に応じて多様な形態がある。そこで，日本の地域社会の基本的な構成原理である「家」と，家を背景にもつ「個人」を単位とした住民組織の類型化を通じて理解を深めていきたい。

家単位で制度化した関係　家単位で制度化した住民組織には，居住に基づくもの，家創設の由来に基づくものがある。住民組織として，まず思い浮かぶのは居住に基づいた住民組織の代表である「地域自治会」であろう。地域自治会は，農山漁村では「部落会」，都市では「町内会」と呼ばれ，20～30戸程度の「組」や10～15戸程度の「班」から構成されている場合が多い。地域自治会は，江戸期からの生活上の単位だったムラや町組を基礎とする場合が多く，明治期・大正期にも基本的に国家制度とは関係の薄い私的な組織であった。しかし，昭和15（1940）年の内務省訓令「部落会町内会等整備要領」により，行政団体として公認された歴史がある。そのため，後付けされた自治会の範囲が旧来の町内会や部落会の範囲とズレる場合も少なくない。

　賛否両論ありつつも，地域自治会は結果的に現在まで存続している。その理由は，住民がその土地を利用し続けている事実（本源的所有論）にある。そのため，NPO法人などよりも，その土地に対する発言力や代表性を有しており，政策の上で無視できない存在となっている。

　地域自治会の特徴に「行政の末端機構」がある（「**42**」参照）。それは住民と行政の緊張関係でもある。ひとつが，行政側が決定権を握った上で，消防・教育・福祉などの役割分担が両者間を揺れ動く「フリコの関係」である。もうひとつが，行政が役割分担を引き受けない場合や行政から役割分担を強制された場合，オヤである地域自治会の下部にコとして機能集団が新設される「オヤコの関係」である。そのため，自治会が後援，自治会役員が兼任する形で地域自

Ⅱ　地域のなりたち

治会の下部に公民館や自警団など行政に関わる機能集団が多く存在しているのである。

次に，家の創設の由来に基づく住民組織には，本家から分家した系譜や奉公人などが別家した系譜を互いに認知し合った「同族」や「本家分家」と呼ばれる家の関係がある。これらは，地域によって「マキ」や「イッケ」など呼び名も異なり，結びつき方も横並びや親子関係など多様である。

<u>個人単位で制度化した関係</u>　個人単位で制度化した住民組織には「年序集団」と「講」がある。年序集団は，「性」と「年齢」で区分された老人会，婦人会，青年団，子ども会などが一般的であるが，名称や機能は地域ごとに異なる。例えば若い男性集団の場合，名称は消防団や自警団など行政の末端組織となっているが，危険な仕事や力仕事を広く担うなど，その役割は名称を超える場合が多い。年序集団は個人単位の組織であるため任意参加にみえるが，かつては「一戸一人」が厳守された組織であった。なぜなら，住民にとって行政の末端機構や全戸加入の組織である地域自治会よりも使い勝手がよいからである。そのため現在でも，年序集団は祭礼や災害に関わる担い手である場合が多く，地域生活に安心と潤いを与える住民組織となっている。

「講」という個人の自由意思に基づく住民組織がある。講には目的に応じた呼び名が多く，集落単位や有志単位など多様な形態が存在している。「お大師講」や「庚申講（お日待ち講）」などの宗教講，「伊勢講」や「金比羅講」などの特定の神社仏閣に参拝する講が有名である。また，かつては民間金融の役割を担っていた「頼母子講」や「無尽講」といった経済的な講は，地域によっては現在でも盛んである。「神様ごとだから」「タノモシだから」という大義名分をもって旅行や会食に集う自由な時空間として，講は地域に生き続けている。

<u>家単位で非制度な関係</u>　地域生活の日常的な相互扶助に用いられる関係として「トナリ関係」や「親族」がある。トナリ関係とは，近接した家と家の個別な関係であり，家の構成員の変化に応じて流動する。また，家と家の個別の関係には，婚姻や養子によって結びついた個人的な血縁に基づく親族がある。親族は世代や時間の経過に応じて流動的に変化する関係であるため，個々の家関係を超えた関係となることは少ない。

<u>個人単位で非制度な関係</u>　地域には「仲間集団」や「茶飲み仲間」と呼ばれる集団や関係が数多くある。地域内の他の住民組織が機能弱体化するなどして地域生活に問題が生じた場合，仲間集団が地域活動の担い手

として登場することがある。仲間集団は気の合う者同士の関係であるため，機動力の高い住民組織である。そのため，突発的で臨機応変な地域活動の担い手や地域密着型のNPO活動の母体に仲間集団があることは少なくない。

住民組織による生活再編　上述した住民組織のすべてが全国各地でみられるわけではない。なぜなら住民組織は，その地域でよりよく暮らし続けるために再編され続けられているからである。

まず，地形や気候などの自然条件と政治政策や災害などの歴史条件が住民組織のありようを基礎づけている。例えば，大火を経験した地域では消防団・自警団や火・かまどにまつわる講が盛んである。消防団は青年団が兼任する地域がほとんどだが，漁業を生業とする地域では，海で働く漁師は火事場に急行できないため，消防団は陸上で働く人のための組織である場合が多い。

地域社会とそれを取り巻く全体社会は常に変化している。内からも外からも変化し続ける生活条件に，私たちは対応しなければならない。その対応の具体的な現れのひとつが住民組織なのである。私たちは，住民組織を新設したり，再編成したり，種々の住民組織を組み合わせたりして，刻々と変化する生活条件に対応している。その結果として，地域生活は再編されていくのである。

ただし，臨機応変にみえる住民組織をめぐる営みにも，方向性はみられる。それは，その都度ごとに住民組織を新設するよりも，既存組織の役割機能を拡張させたり，既存組織の下部に機能集団を加えたりする場合が多いということである。例えば，行政から防災や健康などに関する自治活動が強要された際，若い男性の年序組織に防災機能を付加したり，地域自治会の役員が健康部長を兼任して対応してきた。そのため同じ名称でも地域ごとに役割機能が異なるのである。その地域の個別具体的な生活条件に対応する歴史的変遷のなかで，住民組織の形態や役割機能は創造されていくのである。さらに述べるならば，どのような住民組織がどのようにして設立してきたのかを知ることは，その地域の歴史や個性を知るひとつの切り口にもなる。

文献 ▷竹内利美，1990，『村落社会と協同慣行』名著出版。
　　　　鳥越皓之，1983，「地域生活の再編と再生」松本道晴編『地域生活の社会学』世界思想社。
　　　　鳥越皓之，1994，『地域自治会の研究』ミネルヴァ書房。

関連項目 ▷10, 40, 41, 42, 45

10　NPOの誕生

東根ちよ

NPOとは　NPOとは Non-Profit Organization の略称であり，民間の非営利組織を意味する。2000年代以降よく見聞きするようになったが，もともとはアメリカで使われだした言葉であり，必ずしも世界共通の定義があるわけではない。一般的には，NPOに関する先進諸国の調査研究（ジョンズ・ホプキンス大学非営利セクター国際比較プロジェクト）による次の定義が広く知られている。同調査研究ではNPOの要件として，①非営利（利潤を構成員に分配しないこと），②非政府（政府から独立していること），③フォーマル（組織としての体裁を備えていること），④自立性（独立して組織を運営していること），⑤自発性（自発的に組織されていること）の5つを挙げている。

日本では，NPOという包括的概念に，労働組合，生活協同組合，社団法人，財団法人なども含むことがある。しかし，ここでは，上記の用件を満たす狭義のNPOである特定非営利活動法人が誕生するに至った経緯と社会的な意義について確認しよう。

市民活動の台頭　現代のように地縁・血縁が弱体化し，産業が高度化した社会のなかでは，私たちは協力や支え合いといった行為が社会を根底で支えていることを忘れてしまいがちである。特に都市化が進行した地域では，よりいっそう協力や支え合いの機会が減少している。一方，日々の生活のなかで生じる課題には，個人の力だけでは解決できないものが少なくない。そうしたとき，私たちはどうすればよいのだろうか。

歴史を振り返れば，日々生じる課題に対して，人は地縁・血縁とは異なる形でも協力し合い，ときにはより強く団結しながら対応してきたことがわかる。例えば，労働者の地位向上を目指し，団結して企業や政府に賃金上昇や労働環

境の改善を求めた労働運動はその典型である。使用者に対して圧倒的に弱い立場に置かれる労働者は，団結し束になって交渉することで対抗した。また，それは単なる労働運動という枠組みにとどまらず，労働者が不当に搾取される資本主義への対抗という政治的イデオロギーとしての側面も有していた。

　一方，1970年代以降には，それまでの運動論では説明できない新しい活動があらわれた。消費者運動，公害反対運動，自然保護・景観保全運動，フェミニズム運動，障がい者の当事者運動，家事・ケアの支え合い運動など，よりよい生活を目指す草の根の活動である。こうした活動に参加していた人は自分たちのことを，社会をともに創り上げる主体を意識して「市民」と呼び，これらの活動は「市民活動」として定着するようになった。市民活動は，それ以前の労働運動とは異なり，経済的あるいは政治的要求を掲げて企業や政府と対立するのではなく，代替案や新しいサービスを自ら創り出すスタイルをとった。

　当時の市民活動について社会学者の天野正子は，それ以前の運動とは異なる特徴を次のように指摘する。ひとつ目が担い手である。市民活動の担い手となったのは，労働者ではなく女性や青年，マイノリティなど，それまで産業社会の周辺に位置づけられてきた人々であった。ふたつ目が争点である。取り扱われる争点が，労働運動にみられるような生産の問題ではなく，人権や環境，平和など，生きる上での全体性に関わる課題であった。そして最後が，組織のあり方である。活動組織が一部のリーダー層により統率されるヒエラルキー型ではなく，ひとりひとりが責任を負える範囲で行動する個人間ネットワーク型をとっていた（天野 1996）。

　市民活動の台頭は，日本のみならず当時の先進資本主義諸国に共通の現象であり，フランスの社会学者アラン・トゥレーヌにより「新しい社会運動」と名づけられた。このような新たな潮流は，まぎれもなく日本におけるNPOの萌芽となっている。

　　市民活動の意義　　市民活動は，産業社会の周辺の当事者間でしか把握されていない新しい問題を顕在化させ，社会に対して積極的に働きかけることを可能とする。そして，活動を通じて社会のしくみや制度を形成し，ときにはそれらを変革する役割をも担う。このような社会への働きかけや政策提案は「アドボカシー（advocacy）」と呼ばれ，市民活動の最も重要な機能といってもよい。アドボカシーには，マイノリティの権利擁護や代弁，その社会的な権利主張，そして社会の利益を代表する制度の改革や政策決定を促進

することまで広く含まれる。

　例えば、介護の社会化を実現するため2000年に創設された介護保険制度の実現を後押ししたのは、介護を家族の問題にとどめるのではなく、社会全体の課題として受け止める必要性を提起した市民活動である。高齢化に対する社会的な意識は1970年代から高まりを見せたものの、介護保険制度の創設は2000年まで待たなければならなかった。この間、市民活動はアドボカシーの役割を担いながら、同時に、住民参加型在宅福祉サービスという新たな社会サービスを創り出し、介護保険制度創設以前の介護問題を支え続けた。

　このような動きは介護の問題にとどまらない。特に、福祉、医療、教育などの対人サービスの領域では、社会的に認知されづらいニーズを市民活動が社会に訴えながら、同時に企業や政府による対応が行き届かないところの支援を担い続けている。このように、社会のしくみや制度に対する変革は、つねに社会の周辺から生じる。そのダイナミズムはひとつひとつが注目に値する。

市民活動からNPOへ

　このような市民活動の存在がインパクトをもって日本の社会に立ち現れた出来事が、1995年1月に発生した阪神・淡路大震災である。阪神・淡路大震災では発生直後より全国から多くのボランティアが神戸のまちにかけつけた。企業や政府による支援が行き届かないなか、延べ百数十万人ともいわれるボランティアが、避難所の運営、救援物資の搬入、炊き出し、仮設住宅への訪問、外出支援、清掃などさまざまな役割を担い、その様子は連日全国に報道された。阪神・淡路大震災でのボランティア活動は、市民活動が企業や政府とならんで重要な役割を果たすこと、都市化が進行して地縁・血縁が弱体化した日本社会にとって不可欠であることを強く印象づけた。

　阪神・淡路大震災での市民活動は、同時に、ボランタリー活動を取り巻く日本社会の課題を浮き彫りにもした。当時、市民活動を行うグループの多くは個人の集まりで、法人格を持たなかった。そのため、活動に際しては活動する個人にリスクが集中し、社会的な信用が得られにくいなどの課題が表面化した。それに対して、すでにアメリカでは市民活動を行う団体はNPOとしての法人格を持ち、税制上の優遇措置を受けながら企業や政府と対等な立場で活動を実践していたのである。

　このような状況をうけ、急遽1995年2月には18関連省庁によるボランティア問題に関する連絡会議が設置され、ボランタリーな活動の基盤整備に向けた動

きが加速し，1998年の「特定非営利活動促進法（NPO法）」施行に至った。同法の目的には「ボランティア活動をはじめとする市民が行う自由な社会貢献活動としての特定非営利活動の健全な発展を促進し，もって公益の増進に寄与すること」（第1条）が掲げられ，日本の法律ではじめて「市民」という言葉が使用された。そして，アメリカと同様に，日本においても市民活動を行う任意団体がNPO法人としての法人格を有することができるようになった。NPO法は，1970年代以降，日本社会に新たな潮流として芽生えた数々の市民活動が結実した法律といえる。

NPOの新たな展開 これまで資本主義社会は，政府と企業という主としてふたつのセクターにより機能してきた。そして，互いに「政府の失敗」「市場の失敗」を経験しながら社会を形成してきたといえる。一方，近年ではこうした2大セクターとは別に，先進諸国における資本主義社会の進展過程で立ち現れた協働組合，市民団体，NPOなど，官でも民でもない第3の社会的経済領域は「ボランタリーセクター」と呼ばれ存在感が増している。ボランタリーセクターは，政府も市場も充足することが困難な社会的需要に対応しながら，社会のしくみや制度に対する変革を担う領域である。

日本においても，市民活動から発展する形で誕生したNPOは，NPO法の施行から20年を経たいま，政府や企業とともに社会を積極的に形づくるボランタリーセクターとして認知され，もはや不可欠な担い手となっている。このように，NPOが政府，企業とともに機能しそれぞれのセクターが相互に補完し合いながら社会を構成することで，少子高齢化，格差社会の進行，個人の孤立，ワーキングプアの増大など，現代社会が抱える数々の課題に対応していかなければならない。ただし，ボランタリーセクターには，慢性的な資金や人材不足などの課題もある。このような課題やそれを克服するための取り組みについては，「**48**」で確認してほしい。

文献▷天野正子，1996，『「生活者」とはだれか』中公新書。
　　　川口清史他編，2011，『よくわかるNPO・ボランティア』ミネルヴァ書房。
　　　坪郷實他編，2011，『新しい公共と市民活動・労働運動』明石書店。
関連項目▷9, 13, 17, 48, 52

Ⅱ　地域のなりたち

📖 発展的学習・研究のためのブックガイド

4　北原貞輔・矢田俊文編，1986，『地域経済システムの研究』九州大学出版会。
　　下河辺淳，1994，『戦後国土計画への証言』日本経済評論社。
　　中俣均編，2004，『国土空間と地域社会』朝倉書店。
　　藤山浩，2015，『田園回帰１％戦略——地元に人と仕事を取り戻す』農山漁村文化協会。

5　小林真理編，2018，『文化政策の現在１——文化政策の思想』東京大学出版会。
　　小林真理編，2018，『文化政策の現在２——拡張する文化政策』東京大学出版会。
　　小林真理編，2018，『文化政策の現在３——文化政策の展望』東京大学出版会。

6　小宮隆太郎・奥野正寛・鈴木興太郎編，1984，『日本の産業政策』東京大学出版会。
　　篠原三代平，1976，『産業構造論』筑摩書房。
　　関満博，1993，『フルセット型産業構造を超えて——東アジア新時代のなかの日本産業』中央公論新社。

7　ジェイコブズ，J., 2012，『発展する地域　衰退する地域——地域が自立するための経済学』中村達也訳，筑摩書房。
　　矢作弘，2014，『縮小都市の挑戦』岩波書店。

8　小田切徳美編，2013，『農山村再生に挑む——理論から実践まで』岩波書店。
　　藤田佳久，1993，『日本の山村』地人書房。

9　鳥越皓之，1993，『家と村の社会学』世界思想社。
　　中野卓，1996，『鰤網の村の四〇〇年——能登灘浦の社会学的研究』刀水書房。
　　細谷昂，2012，『家と村の社会学——東北水稲作地方の事例研究』御茶の水書房。

10　天野正子，2012，『現代「生活者」論——つながる力を育てる社会へ』有志舎。
　　坂本治也編，2017，『市民社会論——理論と実証の最前線』法律文化社。

III

地域のしくみ

市場は必ずしも万能ではない。市場の機能と限界を理解した上で，政府やNPOの役割や存在意義について考えてみよう。

地域の社会や経済，人々の暮らしを支える基盤となっているのは，どのような制度や組織だろうか。

11 国家の機構と中央地方関係

小野達也・佐藤 匡

地域ガバナンスと国家統治　地域の社会や経済，人々の暮らしを支える基盤となっているのは，どのような制度や組織だろうか。答えは地域の行政であり，政治も含めた地方自治である。これらのしくみは統治機構と総称されるが，近年，特に地域に関しては権力に基づく統治というニュアンスを避け，構成員の主体的な参加と自己決定を強調する意味で，しばしばガバナンス（「19」参照）とも呼ばれる。ここでは，地域のガバナンス・統治はどのような制度から構成されるのかについて，国家の構造まで遡り，行政の機能と制度を中心に中央と地方の関係を鳥瞰してみよう。また，中央地方関係について，明示的な制度とは別の現実にも言及する。

国家の統治機構　領土とそこに住む人々からなる共同体が国家であるためには，権力をもって統治する機構がなければならない。近現代の立憲主義国家における憲法は，そのような統治機構の基本を定めるだけでなく，国家権力が基本的人権を侵すことがないように権力を抑制する。日本国憲法も，国家の権力を立法・行政・司法という独立した3部門に分担させ，互いの均衡・抑制を図っている（三権分立）。

ところで，役所や種々の行政サービスは立法（国会や地方議会）や司法（裁判所）と比べると，私たちの日々の暮らしにおいて身近に感じられるが，行政とは何かと問われると誰しも一言で表すのは難しく思うだろう。憲法学においても，国家の作用から立法と司法を除いた残りすべての作用が行政である（控除説という）とする説明が有力なのである。

一方，行政と政治（立法）の関係も重層的である。行政の役割は政治の決定の具体的な遂行だとする考え方（政治・行政二分論）と，行政も政策形成を行う

ことで政治過程のひとつを担うとする考え方（政治・行政融合論）があるが，日本の現実は両方の混合であろう。また国民の代表である国会（立法）が内閣（行政）に優越するとする民主主義重視の立場と，国会と内閣は互いに均衡・抑制の関係にあるとする権力分立重視の立場との議論も尽きることがない。

さて，先の定義のように多種多様な役割を担う行政の組織は，どのように編成されているのだろうか。憲法が定める通り，内閣が行政全体を統括するが，実際の仕事の多くは府・省などの行政機関が担当する。府・省の長は大臣であり，大臣は内閣の構成メンバーでもある。また各省には大臣を補佐する副大臣と大臣政務官が置かれる。これらは政治任用ポストであり，多くの場合国会議員から選ばれる。そしてその下で，試験を経て採用された公務員の集団（そのうち政策決定に関与する地位にある者が官僚と呼ばれる）が多くの実務を担う。

現代国家の多くでは，国民福祉増進のための政策やサービスの多様化によって行政を中心とした政府の規模が拡大し「大きな政府」となった。このような状況は行政国家化とも呼ばれるが，日本も例外ではない。とりわけ，政府活動が複雑化し専門性が求められる過程で行政実務を担う官僚機構の役割が強化され，行政権が議会に対して優位に立って政治の機能を分担することとなった。こうした行政の政治化に対して，官僚機構の不祥事や財政運営の行き詰まり（「**14**」参照）なども契機となり，90年代後半あたりから政治主導などと称される政治からの巻き返しが続いている。

さらにもうひとつの理由で，行政を中心とする政府は「大きな政府」からの大転換を迫られている。多くの先進国の財政悪化の原因は肥大化して非効率となった政府にあるとされ，「市場の失敗」になぞらえて「政府の失敗」と指摘された。世界の多くの国に広まった政府の役割や行動原則から問い直そうという改革はニューパブリックマネジメントと呼ばれている。この改革の潮流（代表的な手法のひとつが「**21**」の政策評価である）は90年代半ばには日本にも達し，地方を含むさまざまなレベルで，効率化と競争を促す改革が今日まで続く。

なお，立法・行政・司法というときの行政は内閣を含むのに対し，政治・行政というときの行政には内閣・大臣などを含まないことに注意されたい。また政府という語は狭義（「政府・与党」という場合など）には内閣とその下の行政機関を指すが，広義には立法・司法を含む国家統治機構を指す。ここでは後者の意味で使っており「行政を中心とする政府」などの表現を用いている。

Ⅲ　地域のしくみ

> 中央地方関係の制度

　三権分立とならんで、政府権力を分割するしくみが中央－地方という政府体系であり、現代では多くの民主制国家の憲法がこの体系に基づく地方自治制度を保障している。また、福祉国家として多種多様な行政サービスを国民に提供する上で、地方政府は不可欠な存在である。

　日本国憲法は、地方自治制度の基本原則を「組織及び運営に関する事項は、地方自治の本旨に基づいて、法律でこれを定める」とする（第92条）。地方自治の本旨とは、地域住民の自律的な意思と参加によって地域の統治が行われる「住民自治」（地方自治の民主主義的側面）と、国から独立した団体が国の干渉を受けずに自主的にその地域を統治する「団体自治」（地方自治の分権的側面）というふたつの内容を含むと理解されている。

　ここで「統治」という語は、今日的な文脈ではガバナンスと言い換えることができるだろう。また団体自治を担う「団体」とは都道府県や市町村のことであり、憲法や各種法律では「地方公共団体」と呼ぶが、一般には「地方自治体」という語が広く使われる。ただし、中央の出先としての地方というニュアンスを避け、自立性や主体性を強調する意味で（地方自治体の略語としてではなく）「自治体」と呼ぶことも増えている。ここでも、以下では自治体を使う。

　自治体の組織を定める基本的法律である地方自治法によれば、私たちが通常イメージする自治体には、「基礎的な地方公共団体」である市町村と、「市町村を包括する広域の地方公共団体」である都道府県がある。両者は対等な立場にあって上下関係はなく、住民に身近な仕事はまず市町村が行い、都道府県はそれを補完するのが原則である。

　都道府県や市町村には議決機関（地方議会）と執行機関（首長および各種の委員会・委員）が置かれる。行政を担う執行機関の中心は首長（都道府県知事や市町村長）である。国と比べた自治体政府の最大の特色は、議会と首長がともに住民から直接選ばれた対等な代表機関であることにある（二元代表制）。首長（執行機関）の下には国と同様、補助機関として内部部局（局・部・課など）が設置され、行政実務を担う。

　国と自治体の役割分担について地方自治法は、国は国家が本来果たすべき役割を重点的に担い、住民に身近な行政はできる限り自治体に委ねることを基本とし、適切に役割を分担することとする。しかし、さまざまな政策の実行や行政サービスの提供にあたって、分立・独立だからといって国と自治体が別々に

仕事をするわけではない。多くの政策分野の具体的な分担については，例えば学校教育法，生活保護法，道路法などの法律が，自治体の行うべき仕事を定める。

ただし，地域の行政をすべて自治体が担うわけではない。全国各地で国が直轄する公共事業など直接に事業を実施するために，全地域ブロック・全都道府県などには各府省の「地方支分部局」（いわゆる出先機関）が置かれている。行政職の国家公務員のうち約7割が地方で勤務する。

また，中央地方関係の実質において重要なのが，地方財政と国家財政の関係である（「**14**」「**15**」参照）。自治体の収入格差を小さくするために国税の一部を自治体に配分し使途を制限しない地方交付税交付金と，国が自治体に対して特定の事業を促進する目的で交付する国庫支出金という2種類の財政移転に，大多数の自治体は大きく依存している。

中央地方関係の現実　日本国憲法と地方自治法によって，法律上は地方への「分権」がなされたはずであった。しかし現実の行政においては，国が多くの権限・財源を留保する中央集権の状態が続き，自治体との間に上下・主従の関係が色濃く残っていた。1990年代になってようやく地方分権改革が進むこととなり，475本もの法律が改正された1999年の第1次地方分権改革では，悪名高き機関委任事務制度が廃止されるなどの成果が得られたが，その後の進展は必ずしも順調ではない（「**20**」参照）。財政事情が好転せず人口が減少に転じたいま，地方分権の先行きは不透明である。自治体独自の自主的取り組みを一斉かつ一律に求め，それを国が財政的に支援する地方創生も，集権の色彩を帯びる。

必ずしも制度化されていない関係もさまざまある。例えば2018年10月時点で47都道府県知事のうち27人は国の官僚からの転身である。このような状態は長く続いている。典型的なのは，国の官僚として出身地などの自治体に出向して経験を積むと同時に関係を築き，後に地元で担がれて首長に転身するという経路である。国の官僚が占める都道府県庁の重要ポストは相当数に上るだろう。このことは一概に是非や適否を論ずるような事柄ではないが，中央地方関係のある側面を如実に物語っているといえよう。

文献 ▷田村明，2000，『自治体学入門』岩波書店。
　　　　中村英樹，2008，「行政と議会」藤井正他編『地域政策　入門』ミネルヴァ書房。
　　　　西尾勝，2001，『行政学［新版］』有斐閣。

関連項目 ▷12, 15, 19, 20, 25

12　地方自治のしくみと変遷

塩沢健一

<u>地方自治とは</u>　「地方自治」は，私たちの日々の生活と大きく関わるものである。ゴミ処理や上下水道などの行政サービスを享受できるのも，図書館や公民館などの公共施設を利用できるのも，地方自治という基盤があるからである。地域住民に対するいろいろな行政サービスを提供するのは主として，都道府県や市町村など「地方自治体（法律上の呼称は地方公共団体）」であるが，地方自治がどの程度まで機能しているかを捉える際には，自治体と住民，自治体と国（中央）の関係性からいくつかの見方ができる。ここでは主に「集権－分権」という軸に着目して，地方自治のしくみとその変遷について説明していく。

<u>地方自治のさまざまな側面</u>　現代における地方自治は，「団体自治」と「住民自治」のふたつの要素からなるといわれる。すなわち，各自治体が国家による干渉を受けることなく，独立した地位に基づき地域社会を統治するとともに（団体自治），地域住民が自らの責任のもと，地域の事柄について自己決定を行うこと（住民自治）を基本原則とする。これらの原則が徹底されれば，自治体も住民も自律的に意思決定を行い，自律的に地域社会を運営していけると考えられる。「自律的」とは，自分たち自身に関わることを自らの権限と責任によってコントロールできる状態を指す。ただ現実には，地方自治の制約要因もさまざまな形で存在するので，それについては後述する。

　さて，地方自治に関わる主体や，制度・組織など地方自治の存立基盤に着目すると，多様な側面から地方自治を理解することができる。

　まずひとつ目は，地域住民が民主的な選挙によって首長（知事や市町村長）や議会の議員を選び出し，住民から委任された首長や議会が政策・予算などを決

定するといった，地方自治の政治的側面である。住民（有権者）は，直接請求や住民投票などの手段によって首長や議会を統制する権利を有している。また，政策の決定過程においては首長と議会の間で協調関係が築かれたり，対立関係が生じたりするが，日本の地方自治制度は議会に比べて首長に大きな権限を与える首長優位（首長主義）のシステムといわれる。

続いては，決定された内容に沿って政策などを実施に移し，地域社会や住民にとって必要な公共サービスを提供するといった，地方自治の行政的側面である。これらは自治体内部の活動に大きく関わり，行政活動を円滑に実施するための組織編成のあり方や，指揮命令系統の明確化などにも留意しなければならない。また，異なる自治体同士，あるいは自治体と国との連絡調整などを通じて，相互の役割分担なども明確にしながら，与えられた行政資源（権限，財源，情報，人員）の範囲内で，効率的な行政運営を行うことが求められる。

もうひとつは，政策の立案や実施に際して，法令などに適合しているかどうかを確認したり，自治体のルールたる条例や規則などを制定するなど，地方自治の法的側面である。自治体は法の定めによって，他の団体と対等の「自治体」として存立しうる。また憲法第94条により，自治体は法律の範囲内で条例を制定できるが，地方分権改革以降は自治体の条例制定の余地も拡大し，自治体の政策法務の重要性も増している。

「集権－分権」　以上のほかにも，地方自治は多くの側面から成り立っているが，先述の「団体自治」と「住民自治」との関連でいえば，前者は法的意味における地方自治を，後者は政治的意味における地方自治を，それぞれ指すといわれる。行政的意味における地方自治は，「団体自治」「住民自治」の双方とも不可分のものといえるだろう。

団体自治と住民自治は，地方自治にとって車の両輪ともいわれる。しかしながら，規模の大小や地理的条件にかかわらず，どの自治体も国の一部である以上，国（中央）との関係を抜きにして地方自治を論じることはできない。その際，「中央－地方関係」のあり方がどのようなものであるかが問題となる。

中央－地方関係の最も明快な捉え方は，「集権－分権」の程度に着目したものだが，国家としてどの程度まで集権的であるか，またはどの程度まで分権的であるか——それは権限や責任，財源の所在・配分などによって決定づけられる。つまり，集権的な国家であればあるほど，権限や責任が中央に集中し，財源も国家が掌握することになるのに対し，分権的な国家であればあるほど，権

Ⅲ　地域のしくみ

限や責任は地方に委ねられ，自治体が独自に固有財源を有することになる。

戦後改革と再集権化　戦前の地方行政制度においては，地方行財政から警察，選挙，土木や公衆衛生まで幅広い事務を包括的に所管していた内務省が，地方に対して強力な監督権限を有していたところに大きな特徴があった。戦前の府県知事は内務省から送り込まれた「官選知事」であり，とりわけ府県が地方行政機構として有していた自治権は限定的であった。知事をはじめとした職員の派遣を通じて中央が地方を支配する，中央集権的な色彩がきわめて強い制度であったといえる。

　敗戦後のGHQによる地方自治制度改革は，日本の非軍事化を目指す占領政策の方向性に資するものとして，民主化・分権化を志向するものであった。日本国憲法における地方自治の保障と地方自治法の制定，巨大官庁として君臨していた内務省の解体，シャウプ勧告に基づく地方税財政制度の改革など内容は多岐にわたるが，なかでもGHQの強い意向によって導入された知事公選制の持つ意味は大きかった。住民の選挙により直接選出される知事・市町村長は，日本の地方自治，ひいては日本政治の主役のひとつとなっていく。

　ただ他方で，これらの戦後改革を経てもなお，中央集権的なしくみは多くの部分で温存される結果となった。その最たるものは，明治期に原型が作られた「機関委任事務」制度で，国政選挙の執行やパスポートの発行など，国の事務の一部を知事や市町村長に委任するしくみのことをいう。機関委任事務は戦後長い間，自治体の仕事の多くを占め，その数はとりわけ高度経済成長期に急増した。都市計画や環境行政など住民生活に深く関わる事務まで機関委任事務に含まれ，自治体が独自の責任と権限により行うことのできる「自治事務」の範囲は限られていた。また，占領政策が終了し日本が独立を回復すると，戦後改革を見直す「逆コース」と呼ばれる動きが強まり，いったんは大幅に分権化された警察と教育の制度は定着せず，再集権化に至った。

　加えて，戦後の社会経済情勢の変化もまた，地方自治のあり方に影響をもたらした。高度経済成長に伴い，農村から都市へ人口の社会移動が急速に進むと，都市と農村の自治体間において行財政能力の格差が拡大した。一方で，福祉国家化の進展により自治体の役割も増大し，自治体は「ナショナル・ミニマム」の保持のため，全国的に均一化された行政サービスを提供することを迫られる。多くの自治体は財政面で中央依存を強めざるを得ず，「新中央集権化」が進む結果となった。

以上のような経過のなか，1950年代後半から1980年代にかけては抜本的な地方自治制度改革は見送られてきたが，地方自治の政治的側面に着目すると，限定的ながら活発な動きも展開されてきた。その点については，「**25**」を参照されたい。

<u>種々の分権改革と実態</u>　1990年代に入ると，国内外における社会情勢の大きな変化とも相まって，地方分権改革を求める動きが本格化し始める。2000年4月から施行された地方分権一括法によって，地方自治法は大幅に改正されたが，その最大の成果が機関委任事務制度の廃止であった。これにより，自治体が自己決定できる範囲は大きく拡大したといえる。また，国から自治体への関与の仕方が見直されたことも大きく，従来，自治体の事務を拘束してきた省令・通達・通知など，国からのさまざまな関与についても是正が図られた。このほかにも重要な成果として，自治体の人事や組織編成に制約を課してきた必置規制の緩和・廃止，中央の関与に地方が疑義を持つ場合に審査の申し出を行うことができる国地方係争処理委員会の設置などが挙げられる。

　上記の一連の改革は，団体自治の拡充に資するものといわれる。これにより，自治体にとっての自由度はたしかに増大し，独自のまちづくりを促す契機となったといえるだろう。無党派知事の台頭や各地の住民投票をめぐる動きなど，住民意識の変化が目立ち始めたのも，分権改革推進の時期と重なり合う。しかし一方では，制度面の変更に現場の実態が追いつかない側面もある。地方分権一括法施行から10年近くが経った時期に自治体職員を対象として実施された意識調査によれば，同法施行後の行政運営について「特に変化はない」との回答が最多となるなど，現場レベルにおける変化の乏しさがうかがえる（小林・塩沢 2010）。また国地方係争処理委員会にしても，設置から20年近くの間に自治体からの審査の申し出は数件にとどまっており，「開店休業状態」（西尾 2007）である。

文献▷小林良彰・塩沢健一，2010，「全国ガバナンス市民意識調査結果③」『地方財務』669。
　　　曽我謙悟，2013，『行政学』有斐閣。
　　　西尾勝，2007，『地方分権改革』東京大学出版会。
　　　原田尚彦，2005，『〈新版〉地方自治の法としくみ［改訂版］』学陽書房。

関連項目▷**11，13，20，25**

13 自治体行政と公共政策

小野達也

自治体行政のしくみ ここでは，住民の暮らしやまちづくりを支える自治体行政のしくみと改革の動き，民間などとの協働についてみていく。なお，ここではいわゆる施策・事務事業・サービスなどを含め「政策」と総称する。

自治体の組織ならびに仕事の根拠は，すべて法令（法律や条例，規則など）によって定められているが，その根拠に基づいて，政策の立案・実施や行政サービスの提供は，予算，計画，機構・人事という3つのしくみによって動く。

どのような仕事も経費がかかることから予算は行政運営の骨格である。各部局からの次年度必要経費の要求，財政当局による査定，歳入予測と歳出の総額が見合う予算案の編成，議会での議決，当該年度における各部局の予算執行，年度途中で当初の予算に追加・変更をする補正予算の議決と執行，年度の出納の完結後の決算（歳入・歳出を確定する計算）という予算サイクルが毎年度繰り返される。このように行政の1年間のサイクルは予算を軸に回る。

計画とは，ある目標を達成するために一定期間に行うべき政策を体系化したものである。ふつう自治体は最上位の総合計画をはじめ政策分野ごとの個別計画など多くの計画を策定する。各計画の期間はさまざまで，守備範囲が重なる部分もあり，計画のジャングルとも称される。中長期的課題には計画に基づいて取り組むのが基本である。

行政の仕事を行うのは人であり，人で構成される機構である。自治体の典型的な機構は，首長，副知事・副市長のもと，管理部門と事業執行部門の分野別に局・部・課・係という階層構造を持つ。指揮命令系統は明確だが，政策の企画立案の典型は，組織の下位階層の検討・提案から上位階層による決定まで，

関係部局を交え順次協議を繰り返しながら練り上げていく方式である。また日々の行政サービス提供は、担当部局の所掌事務として経常的に執行される。

これら3つのしくみの連動が自治体行政の中核だが、そこへ影響力を行使するのが、中央の府省、地方議会、市民・住民（ここでは主体的な関心・行動を強調する場合に「市民」と呼び、「住民」と区別する）である。中央の制度や計画とそれに基づく指示・助言や財政移転、職員の出向など府省との関係は多岐にわたる（「11」参照）。地方議会は重要事項に関する意思決定によって行政の一翼を担うが、なかでも予算案の議決とそこに至る審議は、首長部局からみた最重要事項である（「25」参照）。市民は行政にとって協働のパートナーであり、住民は公共サービスの顧客である。その声や意思を行政に反映させるため、広報・広聴や参加・協働の制度が広く用意されている（「24」参照）。

行政の改革

現在と比べればはるかに健全な状態とはいえ、1970年代後半に国が財政難に直面すると、自治体財政も税収が歳出増に追いつかず、債務残高が年々増大するなど、従来通りの行財政運営に綻びが目立つ事態となった。1980年代に入ると国の審議会（「第2次臨時行政調査会（臨調）」および「第1次臨時行政改革推進審議会（行革審）」）が立て続けに公的部門の縮小（小さな政府）を志向する答申を出し、国・地方をあげて簡素化・減量・合理化などを目指す行政改革が始まった。

旧自治省は1985年に自治体に対して「行政改革大綱」の策定を要請し、全国の自治体はこの通達に従った。総務省（旧自治省）は2006年まで計5回、行政改革の方針・指針を示したが、全国の自治体がその度に大綱を策定し、多くは改訂・更新も行ったが、国から示された重点事項に取り組むという方式の行政改革は、2014年時点で全都道府県および市区町村の83％に達し、今日まで続く。

1997年までの3度の通達・通知で繰り返し重点事項とされたものに、事務事業や組織・機構、定員管理・給与の見直しがある。事務事業の必要性を個々に点検することも行われたが、多く実行されたのは各部局の予算要求に前年度比何％減など一律の上限を設けるシーリングや新規要求には既存事業の廃止を必要とするスクラップ・アンド・ビルドなど予算をスリム化する手法である。組織・機構の見直しは風通しをよくするため階層を減らすフラット化などの一方、各部で1課廃止といった一律の手法もとられた。定員と給与も、給与・手当を国家公務員の水準まで引き下げた初期段階を除き、何が適正か明らかでないまま、ほぼ一律の削減という「適正化」が続く。一律に減量化を進める「減分主

義」的な手法は即効性が高い反面，ある段階を過ぎれば資源配分の歪みや非効率につながりかねず，過剰な負担が現場の疲弊をもたらす危険もある。

自治体の経営と経営改革　1980年代以降の財政難は欧米諸国にも共通の課題であり，後にニューパブリックマネジメント（NPM）と呼ばれることになる公共部門の抜本的改革の試みが登場し，瞬く間に多くの国へ波及した。NPMでは公共部門と民間部門を別物とは考えず，効率や市場での競争という概念を重視して組織形態を見直し，民間の経営手法の導入を志向する。

　NPMの思潮や手法がようやく日本に到達したのは，バブル景気の狂騒から覚め，経済の現状と先行きの深刻さが広く認知されるに至った1990年代半ばである。NPMの代表的手法である行政評価・政策評価（「21」参照）は，1996年にはじめて本格導入する自治体が現れ，国では2001年に制度化された。

　自治体経営や行政経営という語が盛んに使われるのは，2000年前後からである。多くの自治体がNPMの情報や先行事例に注目し，それまでの行革とは一線を画す自主的な改革を模索するようになった時期にあたる。総務省が2005年に策定した行革の指針も，NPM型の手法の導入を要請している。

　行政評価に基づくPDCAサイクルは「経営」の中核として自治体行政に大きな変革を迫った。予算は各事業の評価結果をふまえて編成しスリム化する。それは予算確保や年度内の使い切り（単年度主義）にばかり腐心するのではなく，政策の実行結果を重視することになる。総合計画などの計画も，策定作業への注力より，開始後の進捗状況や終了後の結果を問う。そのため明確な目標設定と達成度評価が求められる。また，サービス改善のためには顧客満足度調査が必要である。ほかにも，国の法律制定や法改正によって指定管理者制度やPFI，地方独立行政法人制度などがNPM型の手法として導入され，普及した。

　NPMとは別に近年多くの自治体に改革を促したのが，夕張市の財政破綻の直後の2007年に制定された自治体財政健全化法である。これにより全国一律の指標を用いて国が財政状況を監視する。また，2014年には総務省から公共施設の総合管理計画の策定が全国の自治体に要請された。合併した自治体など，域内の公共施設の状態を把握できていないところが少なくなかったからである。

　このように自治体行政の改革は長きにわたって続いてきたが，人口減少・高齢化が進む今後も，行財政効率化への改革は続くだろう。自主的に取り組むか国から促されるかにかかわらず，実のある改革には目的意識が欠かせない。改革のための業務は自覚が薄れれば，制度化した通常業務のひとつと化してしまう。

| 政策の公共性について |

自治体の政策は公共政策である。この「公共」という語は、かつては国や自治体という公共部門が担うこととの理解が多かったが、今日では一般に公共的な課題に取り組むことを指す。公共的課題とは、個人による解決が困難で社会が対応すべき課題のことである。

近年は、NPOなどの民間部門が地域の公共サービスの提供を担い、また行政と協働することがさまざまな領域で増えている。かつて公共政策をほぼ独占的に担った公共部門は次のような経緯でその一部を多様な主体へ委ねるに至った。

まず、第1次地方分権改革（2000年、「**20**」参照）の後、「自己決定・自己責任の原理に基づく分権型社会」に向けて、住民が行政依存を脱し、行政がコミュニティやNPO、住民と協働する「新しい公共」という理念が唱道され、国や自治体の政策に反映された。その一方で行政が維持できない部分を新しい公共が代行すべく、財政難と人口減少に直面する自治体では行政サービスの肩代わりを予算付きで住民組織に求める動きが進み、国も支援を強化している。さらに社会保障分野では高齢者人口の継続的増大により全国で自治体行政以外の主体の役割が着実に増えている一方、NPM型の改革では効率向上という観点からさまざまなサービスの提供段階を民間企業やNPOなどに委ねている。

このような動向に呼応して、地域における役割が期待されるNPOや民間企業、地域自治組織などさまざまな主体の準備が整ってきたといえよう。

ところで、近年の公共哲学は「公−私」の二分論を廃し、「公−公共−私」という三分論をとる。「公共」領域の概念や意義、公（行政）や私との関係をめぐっては議論があるが、地域において公共サービスを担う自治体以外の主体がこの「公共」にあてはまるといえる。そして、この三分法の議論でしばしば強調されるのが、領域間の協力とコミュニケーションの重要性である。自治体行政はもはや公共サービスを占有しないが、政策の企画・立案をはじめとして重要な役割を担い続けることは間違いない。領域間の協力とコミュニケーションを主導することも、自治体行政の役割のひとつであろう。

文献 ▷稲継裕昭、2011、『地方自治入門』有斐閣。
小野達也、2008、「自治体経営と政策評価」藤井正他編『地域政策 入門』ミネルヴァ書房。
西尾勝他編、2004、『自治から考える公共性』東京大学出版会。

関連項目 ▷9, 10, 11, 20, 21

14 国家財政と地方財政

多田憲一郎

財政の役割と その肥大化

政府（国や地方自治体など公権力を持つ組織）は，課税や起債などを通して財源を調達して，企業の経済活動や地域住民の生活を支えるための財やサービスなどを供給し，さらに投資や融資を行うといった経済活動を営む。こうした政府の経済活動の総体を財政と呼ぶ。

現代の財政は国民経済のなかで大きな比重を占めており，保育や教育から年金・福祉までの国民の生活と深い関わりを持つ。また財政は，産業振興や公共投資，雇用対策のために民間企業の経済活動などにも強い影響を持ち，私たちの生活や経済に必要不可欠なものとなっている。このような財政の現状について，アメリカの財政学者 A. ハンセンは「現代の経済は公私混合の二重経済である」と指摘した。

「混合経済」や「二重経済」と表現されるほどの国民経済における「財政の肥大化」は，経済の発展過程のなかで求められた政府の機能（役割）の拡大から生じている。これは，国民経済が発展するにつれて国民のニーズが多様化し，政府が関わる領域が拡大していくためである。例えば，政府の重要な役割である基本的人権の保障についてみれば，生存権の保障だけでなく，生活権や知る権利などの多様な人権保障が求められるようになる。政府は，警察や司法，外交や軍事などの基本的体制維持機能だけでなく，経済発展のなかで市場やコミュニティが処理できなくなった社会的共同業務を自らの担当領域に取り込んでいく。社会経済システムを維持するために不可欠なモノやサービスながら，市場やコミュニティでは供給できないそれらを提供する役割を政府は担っているのである。それが私たちの社会に政府の存在する意義である。

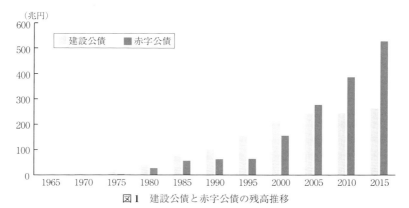
図1　建設公債と赤字公債の残高推移
出所：財務省「わが国の税制・財政の現状全般に関する資料」より作成。

戦後の国家財政危機の進行

日本の国家財政は，現在，1000兆円を超える巨額の債務残高を抱えている。これまでの財政政策の結果でもあるが，ここでは，公債発行の動向に着目して，戦後の国家財政の動向を概観する。

終戦直後の日本経済は空前のインフレに見舞われ，公債は大暴落し，日本経済に大きな打撃を与えた。そのため，戦後の財政運営は公債発行を厳しく制限して，公債に依存しない健全財政主義が基本方針となる。健全財政主義は1965年の不況で方向転換し，景気対策の財源を調達するため戦後初めて歳入補塡に充てられる赤字公債を発行した。しかし，その発行は単年度にとどまった。

1973年の第１次オイルショックを契機にインフレーションが進みはじめ，1974年に日本経済は戦後はじめてのマイナス成長となった。日本経済はスタグフレーションに陥り，不況により税収が激減する一方でインフレーションが経費増を引き起こし，さらに財政の増分主義を容易に変換できず，収支の赤字が拡大した。これを埋めるために1975年に再び赤字公債を発行した。その後，公債依存度は1977年度から1980年度まで30％を超えるなど高水準を続けた。このような公債発行の状況は，図１の通りである。

こうした大量公債発行に先導されながら国家財政の規模は増大していく。その原因は，景気刺激の継続，福祉政策の拡充に加え，高度成長の弊害，対外経済摩擦，インフレ，不況などの諸問題が噴出して社会的課題が増大するなかで，社会的安定を図るために中小企業や農業，過疎地域などへの財政支出を増大せざるを得なかったことにある。

1970年代後半以降も大量の公債発行が継続され，公債残高の対 GDP 比は

1974年に7％だったのが，1980年代半ばには40％を超えた。このような状況のなか，巨額の財政赤字を解消して財政の再建を図るため，1981年に「第2次臨時行政調査会（以下，第2次臨調）」が発足した。第2次臨調は「増税なき財政再建」のスローガンを掲げて歳出削減を進める。翌年に発足した中曽根内閣は，1982年度予算では前年度と同額のゼロ・シーリング，1983年度以降は前年度より減額するマイナス・シーリングを設定して予算編成を進めた。シーリングとは，予算編成過程において，各省庁の要求に対し事前に大蔵省（現財務省）が設定する概算要求枠のことである。この結果，一般会計予算額は1983年度から1987年度にかけて5年連続で減少となった。歳出削減とならぶもうひとつの柱は，民営化である。第2次臨調は三公社の民営化を提示した。その結果，日本専売公社は1985年に日本たばこ産業株式会社（ＪＴ）へ，さらに日本電信電話公社も同年に日本電信電話株式会社（ＮＴＴ）へと民営化され，また日本国有鉄道は1987年に，6つの旅客鉄道会社，貨物鉄道会社，日本国有鉄道清算事業団に分割，民営化された。

日本経済は1985年のプラザ合意により円高不況に見舞われる。政府は金融緩和政策を実施したが，設備投資などには結びつかず，結果として「金余り」となる。銀行などは，これらの資金の有利な運用先を求めて，株式取得や土地融資に傾斜していく。このような投機的行動に拍車をかけたのが「民活（民間活力の導入）路線」である。1986年に，いわゆる民活法が制定され，民間参入と公有財産の利用を容易にする規制緩和や，特定施設整備を財政金融面で支援する体制が整えられた。1987年には社会資本整備特別措置法，リゾート法（総合保養地域整備法）が制定され，1988年の都市再開発法，建築基準法の改正などにより全国各地でゴルフ場やホテルの建設ラッシュが起き，バブル景気の波に呑み込まれた。1989年後半からバブル抑制の政策が打ち出される。金融引き締めや地価税の導入などによりバブル景気は崩壊し，株価と地価のスパイラル的な下落が発生した。1991年には3％近くあった実質経済成長率は，1992年から3年連続して0％台となった。いわゆる平成の大不況の始まりである。

中央集権型財政からの脱却

1990年代の日本の国家財政で公債依存度が急増した背景には，1990年代以降の公共事業を軸とした景気対策が大きく関わっている。この公共事業を担ったのは，実は，国家財政ではなく地方財政であった。すなわち，日本の場合，公共事業に関わる歳出全体の約8割は地方財政で占められている。国は景気対策を決定して公共事業を実施するた

めの補助金などを地方に配るが，それを執行して経費を支出するのは地方財政なのである。この枠組みのせいで，地方財政も財政危機が深刻化している。

　日本の財政制度は，国が財政執行の意思決定を行い，地方が財政執行を行うというしくみになっている。財政執行の決定権限が専ら国に存在する状況を「集権型」と呼び，地方に自己決定権が幅広く存在している状況を「分権型」と呼ぶ。また，財政執行面において，国と地方が行政サービスを供給するなかで，国の比率が高い場合を「集中型」と呼び，地方の比率が高い場合を「分散型」と呼ぶ。このような枠組みでみると，日本の財政制度は行政サービス供給は分散型である一方，地方交付税や国庫支出金などの依存財源の比重が高く，地方の自己決定権が弱いため，日本の政府間財政関係は「集権的分散システム」と呼ばれる。

　「集権的分散システム」の現状は，国家財政の支出構造からも確認できる。経費を使途別に，①人件費，②旅費，③物件費，④施設費，⑤補助費・委託費，⑥他会計への繰入，などに分類すれば，わが国の一般会計は，2015年度では約55％が他会計へ繰り入れられ，約32％が補助費・委託費（地方公共団体などへの補助金など）として分配される。つまり，一般会計総額の約9割が国以外の団体で執行されているのである。国家を維持する所得税や法人税，消費税などの租税の徴収や公債発行は国が担当し，福祉・医療・教育などの行政サービスや公共投資の実行は地方自治体が担当する。ここから，国が政策を決定して地方自治体がそれを実行するという，意思決定主体と実行主体との乖離が生じ，財政責任がどこにあるのかが不明確となっていった。このシステムこそが，財政の規律を喪失させ，経費の膨張，財政支出の非効率，巨額の財政赤字を生み出す構造的要因である。

　今後，行政サービスへの国民の満足度を引上げ，財政政策の実効性を高いものにしていくためには，国民ニーズを正確に把握して政策をきめ細かく実行していくことが重要である。そのためには人口減少，高齢化などの進む現場である地域に財政の意思決定機能と実行機能を兼ね備えた地方財政のしくみを構築することが，ますます重要となる。

文献 ▷ 井手英策，2013，『日本財政』岩波書店．
　　　　多田憲一郎，2016，「財政政策を考える」岡田知弘・岩佐和幸編『現代日本の経済政策』法律文化社．

関連項目 ▷ 3，13，15，20，27

15 財政調整制度の変質

多田憲一郎

日本の地方財政調整制度　地方財政調整制度とは，国と地方自治体間の税源配分および地方自治体間の財源の調整を行うために，国税収入の一部の資金をプールし，これを一定の基準により地方自治体に交付する制度である。現代国家における地方行政の円滑な運営を財政面から支えるために不可欠の制度であり，日本では「地方交付税制度」がその中心的役割を果たしている。諸外国においても，例えば，イギリスの「歳入援助交付金制度」，アメリカの「歳入分与制度」などがあるが，日本の地方交付税制度は最も「精緻」なしくみを有している。

　現在の地方交付税は，国税である所得税および法人税の33.1%，酒税の50%，消費税の22.3%，地方法人税の全額を総額として，これを一定の基準に従い各地方自治体に交付されるものである。地方交付税の規模を2018年度国家予算で確認すると15兆5150億円（国家歳出の15.8%）であり，国家の歳出項目では，社会保障費（約32兆円），国債費（約23兆円）に次ぐ規模になっている。また，地方交付税はふたつの種類に区分され，地方交付税総額の94%を普通交付税，残りの6%を特別交付税とする。前者は，地方交付税の本体部分であり，後述する地方財政調整機能を担う。後者は，前者ではカバーできない特別の事由（災害復旧など）が発生した地方自治体に交付されるものである。

地方交付税制度の意義と機能　地方交付税制度とは，地域間の税収格差と地方自治体の公共サービスの統一的水準の確保というふたつの問題を調整するしくみである。その目的は，それぞれの地方自治体の財源の均衡化と所要財源の確保を図り，住民が国内のどこに住んでいても一定の生活水準を享受できるしくみを整備することである。

現代国家における地方自治制度を円滑に機能させていく上での課題とされるのが，地域間の経済力格差の増大である。市場経済の発展につれて国の富が大都市を軸とした特定地域へ集中して地域間格差が発生する。すると，それは自治体の税収格差などに反映される。

　一方において，現代国家における地方自治体の主要な機能は，国民に対するさまざまな行政サービスを国とともに役割分担して供給することにあるが，そのサービスの質や水準については，ナショナル・ミニマム維持の見地から地域間の平準化が求められ，全国的な水準の統一性を保つことが要請される。地方自治体として，地域経済の格差にかかわらず，同質かつ一定水準の公共サービスを供給することが求められている。

　地方交付税にはふたつの重要な機能がある。ひとつは財源均衡化機能であり，もうひとつは財源保障機能である。ここでは，それぞれについて説明する。

　まず財源均衡化機能であるが，それは経済の発展に伴う税源の偏在を是正して，地方自治体間の財源の均衡化を図るものである。このような財源均衡化機能は地方譲与税にもみられるし，国庫支出金も付随的にそのような機能を果たしている。

　次に財源保障機能である。近代的地方財政調整制度としての地方交付税制度の最大の特徴は，きめ細かい「財源保障機能」にある。地方交付税法においては，地方交付税を「（略）地方団体がひとしくその行うべき事務を遂行することができるように国が交付する税」（第2条第1項）と定義し，地方交付税の「財源保障機能」を明らかにしている。

　この財源保障機能を個々の地方自治体で実現するしくみはどのようになっているのだろうか。それは各地方自治体ごとに算定した基準財政需要額が基準財政収入額を超える額を補填することにより果たされる。基準財政需要額とは，地方自治体が法令により定められた事務あるいは社会経済情勢に応じて必要とされる「一定水準の行政」を実施するために必要な一般財源の額（税収入所用額）を客観的な手法により算定したものである。また，基準財政収入額とは，現行制度のもと，地方自治体が標準的に収入し得るものとして算定された税収入の額である。したがって，基準財政需要額が基準財政収入額を上回る部分（財源の不足額）を補填すれば，どの地方自治体でも「一定の水準の行政」を実施するのに必要な財源を保障されることになる。もちろん，地方自治体のなかには，基準財政収入額が基準財政需要額を上回る自治体もあり，これを非交付

団体と呼ぶ。東京都などはその例である。

　基準財政需要額と基準財政収入額の算定方法は，実に細かい。基準財政需要額については，警察費・消防費・土木費・教育費などの行政項目ごとに区分してそのあるべき財政需要額が算定される。また，基準財政収入額についても各税目ごとに標準的な税収入が示されるので，地方自治体は，これを目安に，予算の編成や財政運営を行うことが可能となる。つまり，地方交付税の算定作業それ自体が，地方自治体における計画的な行政運営を実施するための作業ともいえる。

　<u>地方の独立共有財源</u>　地方交付税の財源面の位置づけとして最も重要なポイントは，それが地方自治体の「独立共有財源」だということである。地方交付税法は，「（略）所得税及び法人税の収入額のそれぞれ百分の三十三・一，酒税の収入額の百分の五十（略）」（第6条第1項）などと規定しているが，この表現は，これらの国税収入のうちの一定割合分は当然に地方交付税となることを意味するものであり，地方交付税が単なる国庫からの交付金ではなく，本来，「地方自治体が共有する独立財源」であることを示している。

　地方交付税制度の目的とするところは，前述した通り，地方自治体間の「財政調整（財源の均衡化）」と地方自治体が計画的な行政執行を実現する「財源保障」にある。その際重要なことは，このふたつの目的が地方自治体の自主性を損なわずになされるということである。いかに財源保障が行われても，それが国の一方的判断により決定され，またその使用について国の関与を伴うものであっては意味がない。地方交付税は，地方自治体の財政収入として依存財源（国などの意思により定められた額を交付されたり，割り当てられたりする収入）に属するものであるが，それは地方自治の本旨に基づいて行われる地方自治体の業務を財政的側面から実質的に支えるものであり，地方自治体の自主性を確保しつつ財源均衡化と財源保障の機能を発揮する制度なのである。

　それでは，地方交付税が地方自治体の行政執行の自主性を保つことができる制度上の根拠は何か。それは，地方交付税法における国による「使途制限の禁止」の規定である。地方交付税は，前述したように，地方自治体の独立共有財源としての性格を有するが，その地方自治体ごとの交付額については，地方交付税法およびその附属法規に基づき，総務大臣の責任と権限のもとに算定される。ただし，いったん交付された地方交付税をどのような使途に充当するかは地方自治体の裁量に委ねられているのである。国は，地方交付税の交付にあたっては地方自治の本旨を尊重し，これに条件をつけ，または使途を制限して

はならないものとされている（地方交付税法第3条第2項）。この「使途制限の禁止」は，地方交付税制度上の最も重要な要素であり，同じ依存財源である国庫支出金制度との差異を明らかに示すものといえる。

地方交付税制度の変質　地方交付税制度には，いくつもの重要な課題がある。第1に，財源保障機能が後退傾向をたどっていることである。すなわち，各自治体が算定する財源不足額の総額と特定の国税の一定割合の地方交付税総額において，前者が後者を上回る傾向が続いている。このような状況では，各地方自治体の財源不足額を補填することはできない。

第2に，地方交付税による「逆格差」の問題である。すなわち，地方交付税の収入により，人口ひとりあたりの地方税額の少ない地方自治体のほうが，そうでない地方自治体に比べて一般財源（財源の使途が特定されず，どのような経費にも使用することができる財源）の額が多くなり，財政運営の裁量性が高まっている。要するに，税収格差を是正するレベルを超えた「過剰な交付」ということになる。これでは地方自治体の間で不公平感が生まれ，地方自治体の税収確保に向けた取り組みへのインセンティヴを低下させる要因にもなる。これらの課題は地方交付税制度の構造に関わる制度上の課題といえる。

さらにいま注目されているのは，地方交付税制度の運用上の課題である。それは，地方交付税制度が国による地方自治体の間接的統制手段としての役割を果たしていることである。例えば，1962年度の事業費補正（基準財政需要額の算定項目のひとつ）の導入に伴い，補助事業たる公共事業の裏負担分（補助事業に関わる地方自治体の負担分）が基準財政需要額に算入されることになったため，地方交付税をその裏負担財源として充当する傾向，すなわち地方交付税の「補助金化」といわれる傾向が増大した。

このような動きは，地方自治体の自律性を損なわせ，前述した地方交付税の最も重要なポイントである地方自治体の「独立共有財源」としての側面を大きく変質させるものである。地方交付税の「一般財源」としての性格が希薄化され，地方自治体の自律性が脅かされることは，地域が主体となり推進していく地域振興の重大な障害となる。

文献▷高木健二，2008，『地域間格差と地方交付税』公人社。
　　　地方財務研究会，2011，『地方財政小辞典』ぎょうせい。
　　　矢野浩一郎，2000，『地方税財政制度』学陽書房。

関連項目▷11，13，14，20，27

16 人々の暮らしと社会保障

竹川俊夫

生活リスクと社会保障　現代社会は「リスク社会」とも呼ばれ，地球温暖化や環境汚染，金融危機など，さまざまな危機が国境を越えて広がり，複雑に絡みあいながら私たちの暮らしを不安定にしている。医療をはじめとするテクノロジーの進歩は未曾有の長寿社会をもたらしたが，その一方で日常生活において支えを必要とする人々を必然的に増大させた。さらに，核家族化，女性の社会進出の進展といった社会変化によって，支援が必要な人々を支える家族の機能は著しく低下している。そして，社会的に孤立する人々の増加は，病気や要介護リスクを高めるとともに，孤独死の危険性も高めている。経済的な豊かさを享受する一方で，生活上のリスクに対処しながら安心・安全な暮らしを実現するには，医療や介護，所得保障や福祉サービスなどの生活保障システムが不可欠である。人々の健康で文化的な暮らしを支えることは憲法に定められた国家の責務であり，その責務を果たすためのしくみが社会保障である。

　日本の社会保障に対する基本的な考え方は，「疾病，負傷，分娩，廃疾，死亡，老齢，失業，多子その他困窮の原因に対し，保険的方法又は直接公の負担において経済保障の途を講じ，生活困窮に陥った者に対しては国家扶助によって最低限度の生活を保障するとともに，公衆衛生および社会福祉の向上を図り，もってすべての国民が文化的社会の成員たるに値する生活を営むことができるようにすることをいう」と定めた社会保障制度審議会の「社会保障制度に関する勧告」（1950年）に遡ることができる。この勧告のなかで社会保障は，社会福祉や公衆衛生を含む上位概念として位置づけられており，社会福祉は，「国家扶助の適用をうけている者，身体障害者，児童，その他援護育成を要する者が，自立してその能力を発揮できるよう，必要な生活指導，更生補導，その他の援

護育成を行うこと」と定義されている。

社会保障制度の概要 社会保障制度では，人々の多様な生活リスクに対応できるよう，保健・医療，社会福祉，所得保障，雇用を主たる構成分野として，年金や社会手当などの現金給付や医療・介護サービスなどの対人社会サービスの現物給付が行われており，その概要は表1の通りである。給付やサービスの提供方法は，保険料を拠出する社会保険方式（医療，年金，介護，労働者災害補償，雇用）と税を財源とする社会扶助方式（生活保護，社会手当，社会福祉サービスなど）に大別されるが，日本の社会保障制度については社会保険方式の割合が大きいのが特徴である。

社会保障のあゆみとゆらぎ 社会保障制度の源流のひとつは，1601年にイギリスで生まれた救貧法に始まる公的扶助であり，もうひとつは19世紀末にドイツで生まれた社会保険である。20世紀に入ると両者はワンセットで制度化されるようになるが，その契機となったのは，全国民を対象とする社会保険と個別ニーズに対応する国家扶助による国民の最低限度の生活保障を提唱した「ベバリッジ報告」(1942年) に従い，第2次世界大戦後のイギリスが福祉国家の建設に進んだことであった。イギリスを嚆矢とするこの福祉国家戦略は，冷戦時代の資本主義諸国に広く受け入れられた。

日本でも戦前からイギリスやドイツに学んで公的扶助制度や医療保険・年金制度などの導入が進められてきたが，戦後の経済混乱とインフレにより機能停止を余儀なくされていた。そこでまずは窮乏した国民を救済するために1946年に生活保護法が制定され，続いて児童福祉法 (1947年)，身体障害者福祉法 (1949年) が制定されて，福祉三法体制が確立した（生活保護法は1950年に新法に改訂）。社会保障制度審議会の勧告を受けた社会保障の体制整備はこれに続く重要課題であり，1961年には全国民が医療保険と公的年金制度に加入する皆保険・皆年金体制が構築された。1960年代から1970年代初頭にかけてはさらに知的障害者福祉法や老人福祉法などが加わって，福祉三法から六法体制へと拡大するとともに，年金額の引き上げや70歳以上の老人医療の無料化などが実施され，福祉国家としての機能強化が図られた。

しかし，1970年代の2度のオイルショックで高度経済成長が終焉すると，福祉国家に対する評価は一変した。社会保障制度を維持するための重い費用負担は経済成長の足かせとみなされ，行政を通じたサービスの提供はその画一性や硬直性，高コストなどが批判の的となった。「福祉国家から福祉社会へ」をス

Ⅲ　地域のしくみ

表1　日本の社会保障制度の構成分野と主な給付内容

構成分野	主な給付内容
保健・医療	◎健康づくり（健康診断，予防接種） ◎傷病の治療・療養（医療保険，高齢者医療制度）
社会福祉	◎児童福祉（保育所，子育て支援，要保護児童への社会的養護，児童手当・児童扶養手当などの社会手当） ◎高齢者福祉（介護保険サービス、在宅・施設サービス） ◎障害児・者福祉（在宅・施設サービス，就労・社会参加促進支援，特別障害者手当などの社会手当）
所得保障	◎年金制度（国民年金・厚生年金の老齢，障害，遺族年金給付） ◎生活保護
雇用	◎労働力の需給調整（ハローワーク，高齢者・障害者雇用） ◎労働者災害補償保険（労災による傷病の治療費や所得保障） ◎雇用保険（失業時の所得保障，職業能力開発） ◎男女共同参画（仕事と生活の両立支援） ◎労働基準（最低限の労働条件と賃金の保障，労働者の安全衛生対策）

出所：「平成29年版　厚生労働白書」をもとに筆者作成。

ローガンに掲げてポスト福祉国家を模索する動きが世界的に活発化するなか，イギリスではサッチャー政権時代に大胆な福祉国家改革が断行された。

　日本においても21世紀の超高齢社会を見据えた社会保障制度改革が急ピッチで進められた。1980年代から国の行財政改革と連動しながら進められた社会保障制度改革の主な特徴は，①医療や福祉サービスなどの有料化や自己負担の強化，②施設中心から在宅中心の福祉サービスへの転換，③規制緩和による在宅福祉サービス供給主体への民間企業の参入促進と福祉サービス供給主体の多様化，④地方分権改革を受けた国主導から市町村主導の地域福祉への転換などであった。年金制度についても，基礎年金の導入や年金制度一元化，支給開始年齢の65歳への引き上げや保険料の引き上げ，マクロ経済スライド導入などによる給付水準の適正化といった改革が順次実施されている。

社会保障制度が直面する課題

　日本の社会保障制度が直面している最大の課題は，いうまでもなく増大する給付に見合う財源確保の問題である。図1は社会保障給付費の推移と財源構成を示したものであるが，年間の給付総額は国家予算を大きく上回って約131兆円に上る。このうち年金と医療とで約100兆円占め，残りの31兆円余りが介護・福祉となっている。今後も給付費は伸び続け，政府の見通しによると2040年には，2022年度からさらに60兆円程度増大し，およそ190兆円に達するものとされている。

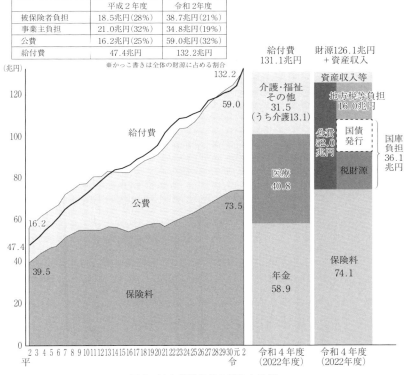

図1 社会保障給付の増加と財源

出所：財務省「日本の財政関係資料」（2023年4月）。

　一方，社会保障の財源構成をみると，6割近く（74.1兆円）が社会保険料，4割近く（52.0兆円）が公費（税）によって賄われている。公費のうち36.1兆円は国庫負担であるが，その半分程度は赤字国債によって穴埋めされており，現在の給付に対する財源すら確保できずにツケを将来世代に負担させるという厳しい現状がある。したがって，今後の費用増加分も含めて社会保障の財源をどう確保して制度を持続可能にするかが鋭く問われており，給付と負担のさらなる適正化をはじめ，国と地方の役割分担，公と民の役割再編，住民の参画と協働といった議論が今後もさらに熱を帯びるであろう。

文献 ▷厚生労働省，2017，「平成29年版　厚生労働白書」。
　　　財務省，2018，「日本の財政関係資料（平成30年3月）」。

関連項目 ▷29, 30, 47, 48

17 市場の機能と限界

白石秀壽

需要と供給　企業と消費者は製品・サービスとお金とを交換している。交換が実現するのは，交換によって互いに得をするからであって，誰かに強制されるからではない。取引をすればするほどみんなが幸せになる。市場取引を社会の中心に据えることが望ましいとする考え方はここに由来している（瀧澤 2018）。とはいえもちろん市場は万能なわけではなく，資源浪費，環境破壊，格差などのさまざまな社会問題を引き起こしもする。しかし，市場には，人々が自分の都合だけを考えて利己的に行動したとしても，社会全体にとって望ましい状態が実現されるという興味深い特長がある。

　市場の特長を理解するために，需要と供給から考えることにしよう。梨の生産者（売り手）と消費者（買い手）がいる。さて，消費者はどれだけの梨が欲しいと思うだろうか。梨の需要量に影響を及ぼす要因を挙げるときりがない。懐事情が厳しければ，消費者は購入をあきらめるかもしれない。食物繊維が豊富に含まれる梨は脂肪吸収の抑制に効果的だと報道されれば，需要量は増えるだろう。代替品であるリンゴの価格が上がれば，リンゴから梨にスイッチする人が増え，その結果，梨の需要量は増えるだろう。もちろん需要量は減少することもありうる。現実の世界では，さまざまな要因が同時に変化する。それゆえ，需要量を変化させた原因を特定するのは難しい。そこで経済学では，価格以外の要因が変わらないものと仮定して，まずは価格と需要量の関係のみを考える。もし梨の価格が 1 個あたり数千円もすれば，誰も買おうとは思わないが，300円，200円，100円と価格が下がるにつれて，梨を欲しいと思う人は増えるはずである。以上から，「価格が下がるほど，需要量は増える」という関係を見出すことができる。この価格と需要量の関係を描いたものを需要曲線という。

供給も需要と同様に考えてみよう。生産者はどれだけの梨を収穫し売ろうと思うだろうか。梨の供給量は天気や災害に左右されるし、肥料や殺虫剤による品質・価格からも影響を受けるが、ここでも価格以外の要因は変わらないと仮定しよう。梨が数十円の値段でしか売れないとしたら、誰も梨を栽培しようとは思わないだろうが、100円、200円、300円と価格が上がるにつれて、

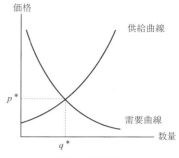

図1 市場均衡

生産者はもっと梨を栽培しようと思うはずである。以上のことから、「価格が上がるほど、供給量は増える」という関係を見出すことができる。こうした価格と供給量の関係を描いたものを供給曲線という。価格を縦軸に、取引数量を横軸にとって、需要曲線と供給曲線を図示すると、ふたつの曲線はある一点で交差する（図1）。経済学では、交差した点を市場均衡といい、その価格および数量をそれぞれ均衡価格 p^* および均衡取引量 q^* という。市場均衡では、売り手は「もっと作ろう」とも「こんなに作らなくていい」とも思わず、買い手も「もっと欲しい」とも「こんなにいらない」とも思わなくなる。

さまざまな前提条件が必要とはいえ、誰の命令があるわけでなくとも市場は均衡へと調整される。そのプロセスは次の通りである。実際の価格が p^* よりも高いとしよう。このとき、供給量が需要量を上回る。つまり、買いたい人よりも売りたい人の方が多く、売れ残りが生じるのである（図2）。このとき、売り手は生産量を減らし、その結果、価格は下がり需要量も減少していく。逆に、実際の価格が p^* よりも低いとしよう。このとき、需要量が供給量を上回る。つまり、売りたい人よりも買いたい人の方が多く、品不足が生じるのである（図2）。このとき、売り手は生産量を増やし、その結果、価格は上がり需要量も増加していく。こうして市場は均衡に達することとなる。

市場経済と計画経済　市場経済の特徴は人々が自由にモノを取引することにある。市場経済とは正反対の特徴を持つ経済として、計画経済がある。市場経済では、買い手が必要としないモノを売り手は作ろうとはしないし、誰が何をどれだけ生産し消費するかは自由な交換を通じて決まる「価格」によって調整される。他方、計画経済では、その調整は政府の計画によって行われる。つまり、計画経済下では、生産、流通、そして消費に至るまであら

Ⅲ　地域のしくみ

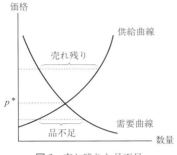

図2　売れ残りと品不足

ゆる経済活動が国家の統制のもとで運営される。

　人類の歴史が教えてくれているように，計画経済の帰結は市場経済よりも悲惨であった。経済学者ハイエクは，計画経済を実施するには，膨大な統計資料を収集し，何十万，何百万もの連立方程式を解かなければならないため，計画経済は実行不可能であると批判している。さらに彼は，市場経済が計画経済よりも優れている理由として，局所的知識（local knowledge）の存在があるという。現実の経済では，原材料の価格，生産手段，消費者の嗜好などあらゆるものが変動している。それらに関する知識は特定の場所と時間にしか通用しないものであり，そうした局所的知識を中央政府が収集し活用するには時間と費用がかかりすぎる。それゆえ，局所的知識を保有する現場の人間が，価格というひとつの指標に基づいて自由に交換する方が，中央政府による一元的な統制よりも望ましいのである（ハイエク 1990）。

　これ以外にも計画経済の問題として，人々の労働意欲を引き出すことができない点が挙げられる。簡単にいえば，努力や工夫に応じてたくさん賃金をもらえなければ，人々は意欲的に働こうとしないということである。さらに，新しい技術を発明して大儲けしようとも思わなくなるだろう。

市場の効率性　　市場均衡は，市場取引で生み出された社会全体の便益が最大になるという意味で社会的に望ましく，効率的な状態である。たとえ売り手と買い手が，需要曲線と供給曲線を知らず，自分の都合だけを考えて利己的に取引しても，社会的に望ましい状態が達成される。

　効率的な状態とは，他の誰かの満足度を悪化させることなしには，誰の満足度も向上できない状態を指す。ある人の満足度を下げずに別の人の満足度を上げる選択肢があるとしよう。この選択肢を採用すれば，誰からも文句を言われることはない。逆に，ある人の満足度を上げるには，他の誰かの満足度を下げるしかないとしよう。つまり「あちらを立てればこちらが立たず」という状況である。もしその状況から別の状況に移行しようとすれば，不平不満が出る。誰からも文句が出ない方法で，何かしらの改善の余地が残っているとすれば，それはどこかに無駄が存在していることになる。そうした無駄を完全に取り除

いた状況が効率的状況なのである。この意味において、市場均衡は効率的であるといわれている。市場が均衡に達しておらず、売れ残りや品不足があるのは、ヒト・モノ・カネなどの資源が有効に使われていないということになる。興味深いことに、誰かが計画を立てて資源の利用方法を考えずに人々が自由に取引したとしても、社会的に望ましい状況が生まれるのである。

市場の失敗　市場が効率的だからといって、すべてを市場に任せてしまえばよいわけではない。市場がうまく機能しないこともある。それを市場の失敗という。市場の失敗が生じる要因はたくさんある。例えば、水産資源や森林資源などの共有資源は、市場に任せていてはうまく管理できない。たとえ個々人の消費量が少なくとも、全体の消費量を足し合わせると、資源枯渇や環境破壊が進行してしまうからである。ある取引が合意に参加していない第三者に悪影響を及ぼす場合も、市場はうまく機能しない（ティロール 2018）。例としては環境汚染が挙げられる。企業と消費者が市場で取引を行うのは、取引によって互いに得をするからである。しかし、企業は生産段階で汚染物質を排出することで、温室効果ガスを発生させたり、公害を引き起こしたりすることもある。しかも、環境汚染の悪影響を被るのは、取引に合意していない第三者である。このような取引当事者以外への副次的な悪影響に対しては、政府が介入することがある。

市場では格差（所得格差や地域間格差）や貧困などの問題も解決できない。「社会的弱者をいかに救済するか」といった問題は政府やNPOが解決する領域である（最近では、ビジネスの手法を用いて、社会問題を解決するというソーシャルビジネスという動きもある）。市場取引は、ヒト・モノ・カネを効率的に結びつけることができるという点では望ましいが、機会や結果の平等を保障してはくれない。市場が優れているのは、あくまでも効率性の観点であり、公平性の観点ではない。市場は必ずしも万能ではない。市場の機能と限界を理解した上で、政府やNPOの役割や存在意義について考えてみよう。

文献▷ハイエク，F. A., 1990,「社会における知識の利用」『個人主義と経済秩序』嘉治元郎・嘉治佐代訳，春秋社．
　　瀧澤弘和, 2018,『現代経済学』中央公論新社．
　　ティロール, J., 2018,『良き社会のための経済学』村井章子訳，日本経済新聞出版社．

関連項目▷6. 8. 10. 14. 16

18 地域産業の形成と地域内再投資

多田憲一郎

地域産業の構造　地域活性化に向けて地域の産業の特徴を深く理解するため，地域産業をふたつに区分して考えてみたい。ひとつは，地域の外に主要な販売市場を有する「地域外市場産業」であり，そのような産業を「基盤産業」と呼ぶ。「基盤産業」は地域外から資金を稼いでくる産業であり，地域の所得の源泉となることから地域経済成長の原動力，つまり基盤となる産業と位置づけられる。これまで「基盤産業」を形成する産業は，主としてものづくり産業と考えられていた。しかし，サービス産業も地域外の資金を稼ぐ基盤産業になり得る。近年，訪日外国人を呼び込むインバウンド戦略などで注目されている観光産業などは，その一例である。

　もうひとつは地域内で発生するさまざまな需要に応じて財やサービスを生産する「地域内市場産業」であり，そのような産業を「非基盤産業」と呼ぶ。「非基盤産業」は基盤産業の展開により地域内で発生するさまざまな需要に対応して生まれる産業であり，地域内に資金を循環させる産業と位置づけられる。

基盤産業形成と外来型開発　地域経済の中枢と位置づけられる基盤産業の多くは，日本の場合，高度経済成長期以降に，中央政府からの公共投資による社会資本の整備と東京などの大都市に本社を持つ大企業の工場を誘致する政策の2点セットを特徴とする外来型開発により形成された。すなわち，中央政府の補助金により港湾や道路，工場用地の造成などの社会資本を先行的に整備し，その上で東京などから企業誘致を行い，地域の外からの資金と企業により計画的に基盤産業を形成したのである。1962年に策定された「全国総合開発計画」における「拠点開発構想」による「新産業都市」や「工業整備特別地域」の建設などは，その典型である。

外来型開発により基盤産業が計画的に形成されると，地域の経済には，地域内に新たな雇用機会が追加され，基盤産業からの所得が賃金などとして分配されていく。その結果，労働者の所得が増大し，それが消費を通じて地域の小売業や民間住宅建設，消費財工業の市場を拡大し，資金の地域内の循環を活発にする。そのようにして成長した地域が，岡山県南部や兵庫県の播磨地域など，太平洋ベルトを形成していった。

　しかし他方で，外来型開発には多くの課題も存在していた。第1に，大都市から誘致された工場と地域内の地場産業との間に連関構造があまり形成されず，地域内の生産波及効果が弱かったことである。第2に，誘致された工場の利潤は，本社のある大都市に吸い上げられ，地域経済の循環構造が形成されなかったことである。第3に，誘致された工場の意思決定は地域外の本社で行われるため，地域の意思で整合性を保ちながら計画的な産業振興を行うのは困難だったことである。

　このような地域産業の形成状況を，安東誠一は，「発展なき成長」の過程と規定した。「成長」とは「経済規模が大きくなること」を意味しており，「発展」とは「経済規模を大きくする力が地域内で大きくなること」を意味している。外来型開発により基盤産業が形成された地域の経済は，大都市の企業や中央の行財政への依存・従属を大きくする。経済規模が大きくなっても，地域内に意思決定機能が存在しないため自律していない。基盤産業の撤退や縮小などが地域の意向とは関係なく行われるため，不安定で依存的な地域産業構造が形成された。

外来型開発から内発的発展

　このような課題を克服し，地域産業の新たな活性化を促す方法は，次のように考えられる。それは，地域の優位性を生かした「基盤産業」を育て，それによって地域外の資金である外貨を稼ぎ，稼いだ外貨を地域内で循環させることで「非基盤産業」を充実させ，そのことにより雇用を生み出すということである。

　ここで重要な点は，この「基盤産業」の構築の方法である。外来型開発は，地域の外にある資金と企業に軸足を置いて基盤産業を構築した。しかし，地域の産業ということであれば，まずは地域内の既存産業や資源に目を配り，既存産業の再評価やさまざまな資源の組み合わせなどから新たな基盤産業を構築していくことが基本にならなければならない。このような方法により「基盤産業」を構築して地域経済を発展させていくことを「内発的発展」と呼ぶ。内発

的発展は，地域外の企業や中央政府の補助金などに依存せず，地域内の企業や住民自らの創意工夫や努力により新たな産業を創造する。そのため，地域内の需給に重点が置かれることになり，地域内の産業連関が生み出されやすく，稼いだ外貨が地域内で循環しやすい地域経済が形成される。

もうひとつ強調しなければならない点は，内発的発展で形成された地域経済は意思決定機能が地域内に存在するため，自律した地域産業構造が作り上げられることである。投資決定主体が地域内に存在すれば，投資に伴う収益は，最終的に地域内に還流する。それが，さらにさまざまな取引ネットワークの関係を通して地域内に経済循環を形成すれば，地域経済の規模は増大するのである。

内発的発展と地域内再投資　このような地域経済循環を生み出す投資が「地域内再投資」である。企業や協同組合，地域金融機関，そして地方自治体といった地域内にある経済主体が地域内での投資を繰り返し行うことで，地域内において原材料や部品やサービスの調達が繰り返され，それにより地域の産業が維持されるだけでなく，そこで働く住民の雇用や生活も維持される。

地域内に投資の「決定主体」が存在し，それを中心に繰り返し再投資する活動を量的にも質的にも強化することが地域経済の基盤を整備することになる。質的にというのは，技術力やマーケティング力，経営管理能力などの量では測れない要素を指している。実際，地域経済では事業所や従業者数の圧倒的部分を占めるのは地場の中小企業であり，これに農林漁家や協同組合，NPO，そして信用金庫などの地域金融機関や地方自治体を加えて，毎年まとまった資金を投下し，それが循環することによって地域内で仕事，所得が生み出され，地域経済が再生産されている。また，そうした所得の果実の一部が預金として金融機関に，さらに税金として地方自治体や国に流れていく。これらの預金や税金を再び地域内に再投資することで，地域内再投資が高まるわけである。また，地域内再投資力（地域内で再投資を実施する力）は，地域内での取引ネットワークが形成され，資金回転数が増えるにつれて高まるだけでなく，地域内のさまざまな経済主体の戦略や地方自治体の施策を通して，ひとりひとりの住民の生活向上に結びつけることが可能になる。

ここで，私たちが先に述べた外来型開発政策の失敗から学ばなければならないことは，地域経済のなかで圧倒的比重を占め，地域内に再投資を繰り返し，地域に雇用と所得を生み出すのは，地域に根ざした中小企業や協同組合，地域

金融機関，そして地方自治体などだということである。これらの経済主体が，量的にも質的にも地域内再投資力を強めていくことが地域経済の持続的発展には重要である。公共事業のような1回きりの投資や，誘致された企業のように地域で生み出された所得を本社のある大都市中心部に移転してしまい，地域内で資金が蓄積，循環しないならば，その地域の持続的発展は不可能である。

　ここで注意したいのは，地域外から誘致された企業の位置づけである。誘致企業の場合，本社機能は地域外にあり，その支店や工場などは地域内にある。多くの場合，それらの事業所からの所得の流出があることは事実である。しかし，他方で，これらの支店や工場なども地域経済で一定程度の投資を繰り返し，下請け取引や雇用を維持する役割を果たしていることも事実である。したがって，これらの経済主体も客観的には地域内再投資力の一部を構成している。こうした経済主体の力を地域経済の持続的発展につなげるためには，できるだけ地域内から雇用や原材料，サービス調達を行うように誘導すればよいのである。例えば，アメリカには，企業が地域に進出される際に地域内からの部品の調達を一定程度義務づける「ローカル・コンテンツ法」がある。誘致された企業の力を地域経済の発展につなげていくためのしくみを地方自治体などが構築することができれば，地域内再投資は増大する。

　地域内再投資と地方自治体　地域内再投資力を形成する上で大きな役割を担っているのが地方自治体である。その役割は，単に個別企業や協同組合と同じような再投資主体のひとつということにとどまらない。地方自治体は地域の経済や社会，さらに自然環境や歴史的環境を形成する積極的な役割を果たすために行財政権限を保有する組織でもある。そのような主体であるからこそ，地方自治体が総合調整しながら，地域における協働体制を強めていくことが地域の再投資力を形成する上で重要となる。

　日本のどの地域においても，それぞれの地域の個性にあわせて，地方自治体と企業，住民が協力しあいながら，地域内再投資力をつくっていくことが必要不可欠な時代となっている。

文献▷安東誠一，1986，『地方の経済学』日本経済新聞社．
　　　岡田知弘，2005，『地域づくりの経済学入門』自治体研究社．
関連項目▷4, 6, 49, 52, 56

Ⅲ　地域のしくみ

📖 発展的学習・研究のためのブックガイド

11　飯尾潤，2007，『日本の統治構造——官僚内閣から議院内閣制へ』中央公論新社。
　　曽我謙悟，2013，『行政学』有斐閣。
　　原田尚彦，2005，『〈新版〉地方自治の法としくみ［改訂版］』学陽書房。
12　礒崎初仁・金井利之・伊藤正次，2014，『ホーンブック地方自治［第3版］』北樹出版。
　　柴田直子・松井望編著，2012，『地方自治論入門』ミネルヴァ書房。
13　秋吉貴雄，2017，『入門　公共政策学——社会問題を解決する「新しい知」』中央公論新社。
　　西尾勝・神野直彦編集代表，武藤博己編著，2004，『自治体改革2——自治体経営改革』ぎょうせい。
　　山脇直司，2004，『公共哲学とは何か』筑摩書房。
14　町田俊彦，2012，『歳入からみる自治体の姿——自治体財政・収入の仕組みと課題』イマジン出版。
　　町田俊彦，2013，『歳出からみる自治体の姿——自治体財政・支出の仕組みと課題』イマジン出版。
15　藤田武夫，1987，『日本地方財政の歴史と課題』同文舘出版。
　　星野菜穂子，2013，『地方交付税の財源保障』ミネルヴァ書房。
　　持田信樹編，2008，『地方分権と財政調整制度——改革の国際的潮流』東京大学出版会。
16　北場勉，2000，『戦後社会保障の形成——社会福祉基礎構造の成立をめぐって』中央法規出版。
　　社会保障制度審議会事務局編，2000，『社会保障の展開と将来——社会保障制度審議会五十年の歴史』法研。
　　スピッカー，P.，2004，『福祉国家の一般理論——福祉哲学論考』阿部實・圷洋一・金子充訳，勁草書房。
17　大竹文雄，2010，『競争と公平感——市場経済の本当のメリット』中央公論新社。
　　八田達夫，2008，『ミクロ経済学Ⅰ——市場の失敗と政府の失敗への対策』東洋経済新聞社。
　　八田達夫，2009，『ミクロ経済学Ⅱ——効率化と格差是正』東洋経済新聞社。
18　枝廣淳子，2018，『地元経済を創りなおす——分析・診断・対策』岩波書店。
　　神野直彦，2010，『「分かち合い」の経済学』岩波書店。
　　関満博・西澤正樹編，1995，『地域産業時代の政策』新評論。

IV
地域のガバナンス

インターネットの時代となったいま，ヨロンはいっそう薄く流動的になり，公共部門はその状況を前に手をこまねいているように見える。

これまでサービスの受け手に過ぎなかった市民が，公共サービスを提供する統治の担い手でもある，と認識されるようになった。

19 ガバナンスとはなにか

丸 祐一

ガバナンス概念の多義性　ガバナンスという言葉は，例えば，企業の運営に関する「コーポレート・ガバナンス」，国と地方の関係をめぐる「ローカル・ガバナンス」，国家の枠組みを超えた国際関係に関する「グローバル・ガバナンス」，途上国における開発の文脈で使われる「グッド・ガバナンス」，社会問題の解決は政府だけでなく多様なアクターによってなされるべきだとする「パブリック・ガバナンス」など，さまざまな文脈で使われている。それぞれの領域において議論の蓄積があるものの，一義的にガバナンスとは何かについて定義するのは難しい。日本語に訳すことなくカタカナのまま使われていることも理解を難しくしている要因に思われ，何となくわかったような気になっているが実際のところどういう意味なのかと問われると答えに窮する言葉である。ここではガバナンスという言葉が登場した歴史的背景を紹介するなかで，ガバナンスの意味について説明したい。

ガバメントとガバナンス　ガバナンスという言葉の登場は，1980年代以降における，経済のグローバル化や情報通信技術の発達，経済成長の鈍化，政府の失敗などを原因とした，ガバメントの統治能力の低下を背景としている。ここでいうガバメントとは狭義には政府のことであり，広義には統治機構，すなわち議会，行政，司法の三権を指す。従来は，官僚機構を備えたガバメントが法や制度を用いて一方的に政策を実現していくという上からの統治が行われていた。しかし，上述したような政府によっては解決できない諸問題に直面したことで，民間経営の手法や市場原理を取り入れ小さな政府を目指す動きがあらわれた。例えば，イギリスにおけるサッチャー政権や，アメリカにおけるレーガン政権がそれであり，このような改革のなかで生まれた考え

方が，ニューパブリックマネジメント（NPM）である。すなわち，公共サービスの提供にあたって民間の経営手法を導入することで，任せられる部分は民間にアウトソーシングしたり，政府（公共セクター）に競争や顧客志向といった視点を取り入れたりして，効率化を促そうという考え方である。また，このような考え方と並行して，企業（民間営利セクター）やNPO・コミュニティ組織（民間非営利セクター）を含む多様なアクターが統治過程や政策決定過程に参加することで，それまで政府が果たしていた役割を一部補完したり代替したり，あるいは相互に協働したりするという新しい統治の考え方も生まれた。このような一連の統治観の変化は，「ガバメントからガバナンスへ」というフレーズで表現される。ガバナンスにおいては，これまでサービスの受け手に過ぎなかった市民が，公共サービスを提供する統治の担い手でもある，と認識されるようになったのである。

ただし，ガバメントの役割は失われたわけではなく，役割が変化したと考える方がよいだろう。すなわち，ガバナンスにおいては，政府が市民を一方的に支配するのではなく，多元的な利害関係者と水平的なパートナーシップを結んで協働することが求められるが，その際，多元的なアクターがバラバラにならないように「舵取り」することが政府の役割だと考えられる。また，政府が民間セクターの活動に保証と正統性を付与する見返りに，民間セクターに説明責任を果たしたり活動の透明性を確保するように求めたりすることも，政府の新しい役割であるといえよう。

> オープンガバナンス

ガバナンスという現象の最近の事例として，オープンガバナンスを紹介しよう。例えば，IT技術を利用することで地域の課題を解決しようする "Code for America" というNPOによる活動がある。アメリカ・ボストン市では冬に雪が積もって消火栓が埋もれ消火活動に支障が出ていたが，除雪する財源が市にはなかった。そこで，市が持っている消火栓の位置情報を利用して，"Adopt-A-Hydrant" というゲーム形式のアプリケーションを開発したのである。除雪するとその消火栓に自分の好きな名前をつけることができ，アプリケーションの地図上にはその名前が表示されるのである。これによって市民は競って除雪に参加するというわけである。

このように政府・自治体が積極的に公共的データを公開し，そのデータを市民が活用して現状分析や政策課題の提案をすることによって地域のさまざまな課題を解決しようとする考え方がオープンガバナンスである。もはや政府は単

独で公共サービスを提供することは困難であり、政府と民間が協働することが不可欠であるという認識が背景にあるのはいうまでもない。また、ここで想定されている市民には、地域の課題を「わがこと」として受け止め、政府に対して直接的に政策を提案することが期待されている。ここに新しい民主主義の可能性も示唆される。すなわち、これまで市民の政治参加と言えば、選挙を通じた主権者としての意思表明であって、政策形成の担い手は政治家や官僚であった。そして選挙での代表選出と議会での決定（間接民主制）によって政策に民主的正統性が付与されていた。これに対してガバナンスにおいては政策決定過程に多様なアクターが参加することが政策に民主的正統性を与えることになる。多様な信条や利害関係を持つ多くの市民が統治に関わることになるが、このことは問題解決のための幅広い意見と知識の集約を可能にするだろう。そしてこれら市民が熟議に参加することで、参加した市民は最終的な結果に賛成できないとしても、それが行われなければならない理由を理解することができる。このような熟議の前提として、政府は政策形成の前提となるさまざまな情報を市民に提供する「透明性」を確保しなければならない。

| ガバナンスの抱える問題 | 統治がいかにあるべきかという問題について、ガバナンスは多様なアクターの参加と協働という理念を示しているが、この理念をどのように実現していくかについては、多くの検討すべき |

課題がある。

　ガバナンスにおいては統治への市民の積極的参加が期待されるが、そこで期待される市民の能力に関しては問題が指摘されている（松田 2008）。政策形成に参加するにあたって市民は充分な知識や能力を持っているのだろうかという疑問である。例えば租税政策のような複雑な政策問題について、市民が財政の現状を理解し、個人的な利益や感情に流されることなく租税政策案の比較検討を行うことは難しいかもしれないし、市民の多くが何らかの差別や偏見を持って政策策定に参加するならば、その結果実現される政策は正義に反している可能性があるだろう。このように考えるならば、市民参加の前提として、統治の担い手としての市民の意識改革や「市民教育」が必要であると考えるのも無理からぬことである。また、「世間の雰囲気（世論）に流されず公的な意見（輿論）を自ら荷う主体の自覚」（佐藤 2008）も不可欠かもしれない。しかし他方で、専門的な知識やスキルを持たない市民が、政策過程において積極的な役割を果たすと考えることもできる。市民が保有する日常生活に根づいた知識が政

策の決定・実施において不可欠だという考え方である。例えば科学技術政策への市民参加を目指すコンセンサス会議においては市民のこうした知識が重視される。このようにガバナンスにおいて市民がどういった役割を果たすべきかについては論争があり、そもそも「市民」とは誰なのかが問われなければならない。

　ガバナンスにおいては市民の多様な利益や意見が政策に反映されることが期待されているが、この点に関して指摘される問題として、市民間の参加コストの違いがある。市民に参加の権利が平等に与えられるとしても、実際にすべての市民が参加できるとは限らない。一部の市民しか政策決定に参加できないのであれば、政策策定で考慮される利益や意見はこの一部の市民のものになってしまうのではないかというわけである。例えば、仕事に忙しい年代に比べ、自由に使える時間のある高齢者の方が参加コストが低いとすれば、市民全員に参加機会が開かれているとしても、実際には高齢者の意見が政策に反映されやすいということになるだろう。さらに、市民の意見が多様であるということは、多様な利益や意見を集約して政策に反映することが必要だということでもあるが、いかに集約すべきかは難しい問題である。往々にして利益は対立・衝突するものであり、簡単に調整できるものではない。

　これらの問題は、民主主義がいかにあるべきかという問題や、集合的意思決定はいかになされるべきかといった問題とも密接な関係を有しており、単に政府が民間セクターに権限委譲すればよいという問題ではないことを示しているといえよう。もし政府から民間セクターへのアウトソーシングが、政府が負うべき責任を民間に肩代わりさせるためになされているのであれば、それは間違ったガバナンスのあり方である。その意味でも、ガバナンスを考えることは、政府は本来どのような役割を果たすべきなのかを再考する絶好の機会であるといえよう。

文献 ▷ 岩崎正洋編, 2011, 『ガバナンス論の現在』勁草書房。
　　　　佐藤卓己, 2008, 『輿論と世論』新潮社。
　　　　松田憲史, 2008, 「市民参加の可能性とガバナンス」山本啓編『ローカル・ガバメントとローカル・ガバナンス』法政大学出版局。

関連項目 ▷ 10, 11, 13, 24, 29

20 地方分権の行く末

小野達也

第1次地方分権改革まで

日本国憲法と地方自治法の制定により法律上は地方分権が実現したとされるが、現実には、国が自治体を下部機関とみなし仕事を代行させる機関委任事務など明治以来の上下・主従の関係は温存されてきた。戦後一定期間はその方が効果的・効率的だった面もあろうが、自治体は「自分たちで自分たちを治める」ことができないままであった。

1990年代になって、規制緩和や行政改革とともに、政治改革が重要な課題となる。小選挙区制を導入するにあたって、衆議院議員を地元選挙区への利益誘導ではなく国政に専念させるためには、中央の府省に集中している権限や財源を自治体に移譲すべきである、という政治の要請があった。これが霞が関の抵抗を抑えて実質的な地方分権を可能にした。こうして「国から地方へ」という、行政改革の一手段としての地方分権が動き出したのである。

国会の衆参両院の決議や第3次行革審（臨時行政改革推進審議会）の最終答申を経て1995年に地方分権推進法が成立し、地方分権推進委員会が発足した。各省を相手に徹底的な交渉を敢行した委員会の4次にわたる勧告には首相に尊重義務があり、1999年に地方自治法など総計475本の法律改正からなる地方分権一括法が成立する。これが「第1次地方分権改革」である。最大の成果は機関委任事務制度の全面廃止である。これに伴い一定の権限移譲がなされ、自治体に対する国の関与の法的な定型化・ルール化などが実現した。

しかし、国の財政逼迫に危機感を抱く大蔵省（現財務省）の強硬な抵抗により、税源移譲は勧告どころか提言もできなかった。また、自治体関係者の要望の大半が、国の関与の廃止・縮小という「団体自治」の自由度拡充を求めるものだったこともあり、地方自治のもうひとつの本旨である「住民自治」につい

ては進展がなく，国の事務の廃止による事務権限の本格的移譲も先送りされた。

第2次地方分権改革　1999年には市町村合併特例法が改正されて平成の大合併が始まった。分権の受け皿づくりといいながら，都道府県知事の権能強化への懸念，与党の農村重視からの転換という政治の意向により，市町村のあり方など慎重な設計もないまま分権と同時に始められている。市町村数を1000に削減する目標も複数の政党が掲げたものである。アメ（合併すると財政面などで有利なこと）とムチ（合併しないと財政上不利なこと）により特例法の期限切れの2010年までに市町村数は約半数の1700余りまで減少した。

総務省によれば平成の大合併は基礎自治体の行財政基盤強化，行政運営の効率化，住民サービスの維持・向上，コミュニティ復興などの成果を上げたという。アメとムチを使った集権的な手段で合併は進められたが，全国の基礎自治体では分権の受け皿となる準備は進んだのだろうか。人口減少によって財政危機が迫る多くの自治体が合併で一息ついたのは確かだが，それは地方交付税の算定替という割増や合併特例債の返済肩代わりなど膨大な国費を投じた結果である。見かけ上の財政好転と政令指定都市・中核市・特例市への「昇格」も可能とした数字上の人口増加が，避けて通れぬ改革を先送りさせた懸念がある。

地方分権推進委員会の後継として2001年に発足した地方分権改革推進会議はめぼしい成果を得られなかったが，小泉政権下の経済財政諮問会議において自治体への税財源移譲が検討され，2004年度から3回の予算編成において三位一体改革が行われた。国庫補助負担金の整理合理化，地方交付税の見直し，税源移譲という3つの改革を同時一体的に進める取り組みである。しかし，地方分権よりも地方財政のスリム化を求める色彩が濃くなり，政府内も3つの改革をめぐって総務省・財務省・関係省庁の3者間で賛否が分かれた。その結果，補助金は廃止ではなく削減で国に権限は残り，削減額の一部のみ税源移譲され，交付税はしくみを変えず削減となり，幻滅や徒労感を残した。

2006年には地方分権改革推進法が成立し，地方分権改革推進委員会が発足した。ここでは第1次改革を2000年の一括法施行までとし，これ以降の改革を「第2次地方分権改革」と呼ぶ。この第2次改革は，地方分権の理念・基礎が形成された第1次改革を土台とし，地方に対する多数の義務づけの緩和と国から都道府県，都道府県から市町村への事務・権限の移譲を進めるものとされる。4次にわたる勧告を受けて第1〜4次地方分権一括法が成立し，勧告内容の一定割合は実現した。この割合の評価は分かれるが，第2次改革は各府省とも譲

Ⅳ　地域のガバナンス

歩の余地がほとんどないなかでの成果であった。2014年からは委員会勧告方式に代わって提案募集方式が導入され，2018年までに第5～8次地方分権一括法が成立しているが，税源移譲を伴う権限移譲や住民自治拡充は進展していない。

　2015年度には地方創生（まち・ひと・しごと創生）という大掛かりな国の地域政策が始動した。人口対策と地域活性化を促す取り組みで，ほぼすべての自治体が総合戦略を策定し，国の財政支援を受けて取り組む。地方創生と地方分権は地域活性化の両輪ともされたが，両者は似て非なる。自治体の人口対策を後押ししたが，交付金を得るための戦略策定は強いられた自主性である。人口の減少・移動という国全体の問題に個々の自治体が取り組めば，人口の奪い合いの消耗戦となる。地域経済の成長は分権の果実ではあり得ても目的ではない。

　2008年度に設けられ，地方創生に資するとされるふるさと納税の制度も，当初の理念とは乖離している。納税代わりの寄附の何割かを返礼品贈呈に費やしてまで都市部から非都市部へ財源を移す策だが，多くの自治体が寄附金獲得競争に行政資源を投入し，一部の納税者が得するサービスにしかなっていない。

> **分権の要望と覚悟はあるか**

　近年，地方分権が停滞するなか，地方分権そのものを問い直す声もある。分権を進める覚悟はあるのか，そもそも誰が分権を望むのかという疑問ないし指摘がある。第1次分権改革の際の自治体側の要望には，中央省庁の介入は嫌うが業務の裏づけとなる財源は国に頼りたい，事務と財源のセットの大幅委譲は望まないという本音がうかがえる。第2次分権改革でもその傾向に変わりはない。国の出先機関を原則廃止し都道府県へ移管する方針には，国の方が頼りになると市町村が反対した。

　国は地方分権を推進する役割を演じてきたが，三位一体改革の顚末に見る通り政府内で足並みが揃わない。とりわけ府省の抵抗は強く，地方分権改革推進委員会が府省との調整抜きで国の出先機関の大幅縮小を勧告しようとした際には，官僚で組織する事務局が文章を勝手に書き換える事態まで起きた。省益優先だと批判されるが，官僚は国主導こそが国益に適うという信念を持つ。出先機関改革は「地域主権」を政権の「1丁目1番地」とした民主党政権の看板政策だったが，政治の合意も成立せず，法案の閣議決定だけで幕引きとなった。

　地方分権が最終目標まで進めば地域づくりを担うはずの住民に覚悟はあるのか。市民が国家から権力を取り戻す市民革命を経ていない日本で，言葉本来の意味の住民自治は難しいという指摘がある。地方選挙における投票率の低迷は，住民の自治への関心の停滞を示唆する。自治体関係者からの住民自治拡充の要

望の少なさはすでに述べたが，まちづくりを本格的に住民の意思および責任に基づいて行うことの難しさは，どの自治体も経験済みなのではないだろうか。

政治状況はさまざまあるとしても，はたして行政も住民も本音のところでは地方分権を望んでいるのか。引き受ける覚悟は充分なのか。地方分権改革や市町村合併，地方創生などの経緯をたどると，決定は中央，サービス提供は自治体といういわゆる集権的分散システムが定着していることがよくわかる。

|分権か分担か| 地方分権はこれからの日本にとって得策だろうか。多くの自治体では，人口減少・高齢化に伴い1人当たりの歳入減少と行政コスト上昇が避けられない。人口や経済力の自治体間格差も縮まる気配はない。このような状況で，分権が進めば行政サービス提供の単位が小さくなり，規模の経済性も失われる。地域の実情に即した政策も「割高」であれば財政を圧迫する。サービス削減や住民の負担増という難題も待ち受けている。

一方で近年，行政が一部の公共サービス提供を地域の住民組織に予算とともに委ねる取り組みが各地でみられる。協働や地方創生の名のもとに，住民が自ら事業を企画・実行するという一定の自治が委譲された形だ。国も支援するが，自主性による住民自治もあれば，選択の余地がない肩代わりもある。前者は分権による自治といえるが，後者は分権とは別物の「分担」である。

2018年には，国が設置した「自治体戦略2040構想研究会」が，自治体行政の標準化・共通化や公共私の協力による暮らしの維持，例えば県が市町村の支援に乗り出すといった圏域マネジメントなどを柱とする提言を行った。その冒頭では地方分権改革は人口や行政需要が増大した時代の改革とされ，新しいモデルが必要であるとする。多くの自治体が人口減少・高齢化への対応に追われるいま，国主導で進んできた地方分権はすでにその使命を果たしたのだろうか。それとも道半ばでその推進力を失ったのだろうか。国や自治体，そして地域の住民には，将来の地域自治のあるべき姿を模索することが求められている。

文献▷オピニオン欄，「地域主権？ 覚悟はあるのですか」『朝日新聞』2010年4月10日。
　　総務省，2018，『地方自治法施行七十周年記念自治論文集』総務省。
　　西尾勝，2007，『地方分権改革』東京大学出版会。
　　西尾勝，2013，『自治・分権再考』ぎょうせい。
　　未来への発想委員会，「地方分権を問い直す」『朝日新聞』2014年3月7日・8日。

関連項目▷9, 11, 12, 13, 27

21 政策評価の理論と実際

小野達也

政策評価とは 　政府や自治体が立案する政策やその実行結果を分析し、よい政策か否かを判断する方法や制度を「政策評価」という。行政の活動を評価するという意味で「行政評価」とも呼ばれる。なお、ここで「政策」とはいわゆる施策・事業レベルも含む広義の政策を意味するものとする。

　政府・自治体は国民・住民の税金を使って政策を行う。実行した結果やその手段の適否が問われるのは当然といえるが、実際に政策評価が行われるようになったのはそれほど昔のことではなく、日本では1990年代後半からである。

　経済が成長し税収が年々増えていた時代は、多少の非効率や無駄があっても財源不足にはならず、納税者も監視したり説明を求めたりする意識は乏しかったが、いまや事情はまったく異なる。公共部門は限られた財源で多岐にわたるニーズに応えることが求められる。そのためには、さまざまな観点から政策を評価し、その評価結果に基づいて改善や変更を行わなければならない。

評価の観点 　評価の代表的な観点は、有効性、効率および必要性である。

　有効性とは、政策が達成すべき成果が得られたか、あるいは得られるかという観点である。目標を達成したか否か、どの程度達成したかという尺度で測ることも多い。今日の政策評価において最も重視される観点といえる。

　効率とは、同じ費用でどれだけ多くの結果が得られたか／得られるか、あるいは一定の結果を得るのにどれだけの費用がかかったか／かかるかという観点である。ここで結果を成果と同義の効果に限定すれば費用対効果であり、企業経営でいう生産性に相当する。いまやどのような政策も厳しい予算制約を免れないため効率は有効性とならんで重視される観点である。

必要性とは，立案した政策が国民・住民や社会のニーズに応えるものか否か，県ではなく市の役割ではないか，あるいは民間や地域住民に任せるべきかなど，国や自治体の行政が担う必要性を問う観点である。本来，政策を立案する前提だが，政策の実施前に限らず，政策の実施後にもあらためて問われる。

政策を評価する観点には，このほかにも政策の特性などによってさまざまなものが考えられる。例えば成果の分配や負担の公平性，予算制約下での優先性や緊急性，突然の改廃を避けるべきとする継続性などを挙げることができる。

いつ誰が評価するか　評価は，当該政策の開始後や実施後，すなわち政策を実施した結果が一部であれ観察・測定できる段階になってから行うのが基本である。これを事後評価という。結果に基づいて有効性や効率を把握・分析し，しばしば必要性が問い直される。一方，立案した政策を実行する前に評価する場合があり，これは事前評価と呼ばれる。実施前に必要性を確認した上で有効性や効率を推計し，実行に移すべきか否かを判断する。事前に有効性や効率を推計するのは容易でないため，予算規模が大きい，社会への影響が大きいなど，開始の判断がとりわけ重要な政策について行われる。

政策評価は，第一義的には自己評価として実施するのが基本である。すなわち，当該政策の担当者や担当部局・機関が，自らの政策を評価し，評価結果に基づいて改善や変更を行う。しかし，行政内部だけで行う評価は必ずしも充分ではない。内部の視点だけでは偏りがあるかもしれず，納税者や顧客の視点が必要な場合がある。担当者ゆえのお手盛りの評価や誰かへの忖度の可能性もないとはいえない。外部の視点によるチェックが必要となる。また，評価の方法論やデータ収集・分析のノウハウ不足解決には外部の専門的支援が必要となる。

行政の外から評価を行う方法や制度は外部評価と呼ばれる。外部評価には内部評価を補完する役割があるが，上述のように内部評価結果の点検や二次評価を行うものから，要請を受けて内部評価とは独立に評価を行うものまでさまざまな形態がある。また，研究者が研究目的で政策の有効性や効率を分析した結果を発表したものを政策評価と呼ぶ場合もあり，これもひとつの外部評価といえる。

政策評価の系譜　政策評価の理念や理論の基礎として，評価研究と呼ばれる分野がある。政策評価には業績測定（performance measurement），プログラム評価（program evaluation），政策分析（policy analysis）という別個の起源を持つ3つの系譜があるとされ，日本をはじめ各国におけるさまざまな評価の方法・制度は，これら3系譜のいずれかに連なる。

業績測定は1980年代以降の公共部門改革の潮流であるニューパブリックマネジメント（NPM）の中核的手法である。継続中の政策の集合を対象に，評価指標というシンプルな手段でパフォーマンス（業績）を経常的に測定・分析し，PDCAサイクルにつなげる。その目的は効率化である。起源は古いが，世界的なNPMの潮流に乗ってここ30年ほどで爆発的に多くの国に普及した。

　プログラム評価は，継続中または終了後の特定・個別の政策を対象に，総合的・多角的な評価を行う。ロジック（政策手段が成果を達成する論理）を分析して，立案された政策自体の有効性を評価するほか，統計解析を行って当該政策を実施しなかった場合の想定と比べてどれだけの効果が得られたのかという正味の効果や因果関係を追究するなど，徹底的な評価を志向する。1960年代から実績があるが，近年の，単なる証拠ではなく政策効果の厳密な実証的根拠であるエビデンスを重視する要請を受け，世界中で研究と実践が進む。

　政策分析は，事前に政策の効果と費用を推計する費用便益分析などのように，効率の観点から政策の採否の判断や代替案の比較・選択を行う。軍事の作戦研究に起源を持ち，1960年代後半には一般の政策への適用が試みられ，公共事業評価や規制影響分析など事前評価手法としての開発と実践が進む。

　なお，近年はプログラム評価の概念が拡張され，業績測定と政策分析の手法を広義のプログラム評価の一部と位置づける場合もある。

政策評価の実際

　日本では1990年代後半，行財政改革の機運の高まりを受け，国に先駆けて自治体で次々に政策評価が導入された。その皮切りとなった1996年開始の三重県の事務事業評価はアメリカ版業績測定の受容だが，世界のNPM改革の潮流がここで日本にようやく到達したといえる。その後，都道府県，政令指定都市，中核市など規模の大きな団体から順に波及し，総務省によれば2016年時点で47都道府県，政令指定都市・中核市・施行時特例市の9割以上，その他の市区の8割以上，町村の4割で導入済みだった。

　自治体の政策評価のほとんどは，有効性や効率を測る評価指標を用いて総合計画や事務事業の目標管理を行う業績測定そのものか，それに加えて必要性を含む各種観点からの点検を行う定性評価を組み合わせた手法である。しばしば必要性のチェックや目標設定などの事前段階の作業を伴う。ほとんど内部評価として行われ，しばしば有識者と住民代表などで構成する外部評価機関がチェックする場が設けられる。なお前記の総務省の調査では，2015年度にほぼすべての自治体が一斉に策定した，地方創生総合戦略に義務づけられたKPI

（重要業績指標）による進行管理の多くは評価制度とみなされていない。自治体の業績測定が前述の数字以上に普及していることは間違いない。

業績測定以外では，非営利のシンクタンク「構想日本」が主導した事業仕分けや自治体独自の「事業仕分け的」な外部評価がある。両者の最大の違いは性悪説に立つか否かであるが，後者については設定次第でどのような観点からの評価も可能な，プログラム評価に近い機能を持つ可能性もある。

なお，国レベルで2001年に導入された政策評価制度では，先に述べた3系譜を取り入れた制度設計がなされた。業績測定の方式は2013年度から衣替えされ，現在は「目標管理型政策評価」として数百の施策を対象に実施される。一方，プログラム評価を想定した「総合評価」方式は，残念ながら機能していない。費用便益分析などを用いる「事業評価」方式による事前評価は，公共事業やODA，規制の新設・改廃などを対象に実施が義務づけられている。自治体が補助金を得て実施する公共事業は，国の事業として事前評価および再評価（残事業の事前評価）が実施され，都道府県などが評価資料を作成する。

国レベルの評価制度には，2009年度に実施された政府における事業仕分けの内生化として翌年度に導入された，全事務事業を対象とする行政事業レビューもある。予算の使途の点検が主眼だが，業績測定の機能も持つ。

政策評価のこれから

このように制度として広く普及した日本の政策評価であるが，その現状には多くの課題がある。今後進行する人口減少・高齢化や経済財政の見通しからも，公共部門のさらなる効率化と資源配分の最適化は必須であり，それは政策評価の改善・強化なしでは不可能である。最後に，自治体の政策評価でも特に重要な課題を2点指摘しておきたい。

第1に，評価の形骸化や評価疲れといわれる事態である。総務省によれば2016年までに評価制度を廃止した団体が85ある。制度設計と運用の拙さが原因と考えられるが，政策評価なしで政策の取捨選択や資源配分の効率化ができるだろうか。第2に，データの品質である。特に業績測定のタイプの評価では，評価指標というシンプルな道具立てが生命線である。品質の低い評価指標は，それを使えば判断を誤らせ，使えないとなれば評価の形骸化を招くだろう。

文献▷古川俊一，2002．「公共部門における評価の理論・類型・制度」『公共政策研究』2．

関連項目▷11．13．23

22 政策選択の哲学的基礎

丸 祐一

「正しい政策」とは何か

みなさんは、政府が新しい法律を制定したり、新しい政策を発表したりした際に、その法律や政策をどのように評価するだろうか。ここでは、法律や政策の評価について、哲学や倫理学の立場から考えてみたい。哲学や倫理学というと、浮き世離れしていて現実的ではないと思われるかもしれないが、物事を徹底的に考えようとするならば避けて通ることはできない。何らかの法律や政策について、「この法律は正しい」とか「この政策は間違っている」と評価するには、そもそも、「正しい」とか「間違っている」といった言葉が何を意味しているかがわからなければ、評価それ自体ができないのではないだろうか。このように「正しい」とか「間違っている」と物事を評価するための言葉については、哲学では特に倫理学で検討がなされてきた。

義務論と功利主義

ある行為や法律がどういう場合に正しいと言えるのかについては、大きく分けてふたつの立場がある。ひとつは義務論という考え方、もうひとつは功利主義という考え方である。義務論を主張している代表的な論者はカントである。カントによれば、ある行為が正しいと言えるのは、その行為が定言命法に一致している場合のみである。定言命法というのは、「あなたの意志の格率がつねに同時に普遍な立法の原理として妥当しうるように行為せよ」というルールのことである。要するに、カントのいいたいことは、ある行為について、それを行うことがいつでもどこでも普遍的に適用可能な場合にのみ、その行為は「正しい」と言えるということである。例えば、嘘をつくことを考えてみよう。嘘をつくことは正しいことだろうか。日本語には「嘘も方便」という言い方があって、たとえ嘘という一見すると悪い行

いであっても,時と場合によっては正しい場合がある,と考えるが,カントはこのような考え方に反対する。いつでもどこでも例外なく妥当する(これを普遍化可能であるという)ような行為でない限りは正しいとは言えない,とカントは考える。嘘をつくことは普遍的に妥当する行為とは言えないので,間違った行為だというのである。

これに対して,ベンサムが唱えた功利主義という考え方は,「最大多数の最大幸福」というスローガンが表しているように,たとえ嘘や殺人であろうとも,そのことが社会全体の幸福を増すことにつながるのであれば,それは「正しい」行為であると考える。ベンサムの根本的な考え方は,苦痛をできるだけ減らして快楽をできるだけ増やすような政策や行為が「正しい」というものなのである。

トロッコ問題　カントの義務論とベンサムの功利主義のどちらがより自分の考えに近いだろうか。あなたの考え方を明確にするために,有名な「トロッコ問題」について考えてみたい。トロッコ問題とは,次のような状況においてどう行動することが正しいのかを考えさせる問題である。すなわち,線路を走っているトロッコが制御不能に陥ってしまい,このままでは線路で作業している作業員がトロッコに轢かれてしまうという状況において,あなたは線路にあるレバーを引くか引かないかの判断を迫られる。レバーを引けば,線路が切り替わり5人を助けることができる。しかしながらそうすることによって,切り替わった先にいる1人の作業員が死んでしまう。レバーを引くこともできるし,引かないままにすることもできるというときに,あなたならどうするだろうか。

この問題にどう答えるかによって,あなたが義務論者なのかそれとも功利主義者なのかということがわかる。功利主義に基づくのならば,1人を犠牲にしても5人を助ける方が社会全体の幸福は増すので,レバーを引くことが正しい行いということになる。これに対して義務論に基づくのならば,誰かを犠牲にすることで誰かを助けるということがいつでもどこでも妥当する行為であるとはいえないので(他者を専ら手段としてのみ扱うことは許されない＝5人を助けるために1人を手段として使っている),レバーを引くことは間違った行為だということになる。

「正解」のない問題　トロッコ問題が私たちにとって重要なのは,この問題には正解があるわけではないということ,そしてこういっ

た問題は，普段の私たちがあまり深く考えることのない，行為や判断の「正しさ」ということについて考える機会を提供してくれることである。それによって普段は自分で気づいていない自分の隠れた考え方を明らかにしてくれるのである。

　私たちにはすぐに「正解」を探してしまう癖があるが，現実の問題に簡単に「正解」がみつかるわけではない。どうしたらみんなが納得するようにケーキを切り分けることができるのかといった「正解」のある問題も世の中にはあるが，私たちの直面する多くの問題には「正解」がない。そこでは，「正解」がないのにもかかわらず，自分の考えをひねり出して他者を説得するという，非常に困難なことが求められる。その練習をさせてくれるのが，哲学や倫理学といった学問なのである。武道において「型」を覚えることが多様な状況に対応することを可能にするように，哲学や倫理学はそのような答えのない難問の答えを考えるための「型」（ここでいえば功利主義や義務論のような理論）を示してくれるのである。

　<u>命の価格</u>　別の問題についても考えてみよう。ひとつの心臓を共有した双子が生まれたが，このまま放っておくと必ずふたりとも死亡してしまう。この状況に対して，ある医師が双子を切り離す手術をすることを提案した。ただし，この手術には多額の費用がかかる上に，一方の子どもは確実に死んでしまうというリスクがある。さらに残念ながら生き残る子どもも長く生きることはできそうにない。それでもなお，このような手術は行われるべきだろうか。この問題はアメリカで起きた実際の事件をもとにしているが，命の価格という問題を私たちに突きつけている。

　人命は地球よりも重いので，仮にこの手術の成功する確率が毎週宝くじに当たるくらい低くても，命がかかっているのだからそんな確率は無視すべきだ，と考える人もいるだろう。これに対して，医療に費やすことのできる資源は限られているのだから，子どもへの予防接種といった明らかに価値のある医療政策や教育などにお金を使うべきであり，この手術は，ほかの人々が必要とするお金などの資源を使ってしまう「間違った」浪費だと考える人もいるだろう。この問題は，命というかけがえのないものであっても費用と効果を比べて効率を判断する費用便益分析に従えば，予防接種の方が効率がよいという考え方をとることを正当化できることを示している。費用便益分析とは，先ほど紹介した功利主義の考え方である。功利主義の立場に立てば，命とお金とを天秤にかけることは「正しい政策」的判断なのである。

もしかするとトロッコ問題では義務論の立場に共感した人であっても，この問題では功利主義の立場に共感するかもしれない。その人の立場は一貫しているといえるだろうか。あるいはそもそも立場はいろいろな問題を通じて一貫していなければならないのだろうか。

相対主義を超えて ここまでは義務論と功利主義というふたつの立場を紹介することで，必ずしも「正解」のない問題を考えるための「型」を示してきた。しかしそもそも「正解」がないのであれば，答えも「人それぞれ」で構わないではないか，と考える人もいるかもしれない。わざわざ自分の答えの「正しさ」を他者に説得しようとするから争いが生じるのであって，答えは人それぞれだと考えれば争いもなく，平和に暮らすことができるのではないか，というわけである。これは「相対主義」と呼ばれる考え方である。ある行為や政策や法律が正しいか間違っているかなんて議論するだけ無駄である。むしろ争いを生むから有害である，という考え方に共感を覚える人もたくさんいるだろう。相対主義は魅力的な考え方に思えるが，物事を真剣に考えることを避けているだけではないだろうか。正解がないなかで，それでもなおどのような法律を制定して政策を実施すれば，よりよい世の中になっていくのかを考えることが求められているにもかかわらず，相対主義は問題そのものから逃げているのである。

どのような制度や政策が望ましいのかを考えるにあたって，その制度や政策がどのような哲学的背景を持っているのかを考えることは，いつもとは違った視点を与えてくれる。使われている言葉が難しくてすぐに理解はできないかもしれないが，義務論や功利主義などの理論は，思想家たちが世の中をよりよくしようと格闘した結果として生み出されてきたものであり，このような理論に基づいて現実の問題を検討することは決して現実離れしたことではない。

文献▷エドモンズ，D., 2015，『太った男を殺しますか？』鬼澤忍訳，太田出版。
　　　サンスティーン，K., 2017，『命の価値』山形浩生訳，勁草書房。
　　　サンデル，M., 2011，『これからの「正義」の話をしよう』鬼澤忍訳，早川書房。
　　　瀧川裕英他，2014，『法哲学』有斐閣。

関連項目▷21, 23, 30, 39

23 政策選択における効率の観点

小野達也

政策を選択する観点　政策を選択する際、どのような観点から政策を選ぶべきだろうか。「21」では、立案した政策を事前・事後に評価する観点として、有効性・効率・必要性の3つを挙げた。ここでは、政策を立案するまでの段階で課題に対応するための方針や手段を選ぶ観点について考察する。一般に、今日の厳しい予算制約のもとでは、人々や社会・地域に期待できる効果と必要な費用を比べた「効率」のよさが求められるだろう。政策選択の最終段階に相当する政策の事前評価においても、効率は最も重視される。

　効率のよい政策を選ぶことは合理的だが、現実には合理的選択が容易ではない場面がある。効率の概念が揺らぎ、よい政策が「正しい」政策と一致しないこともしばしばある。以下では2つの事例を検討しよう。いずれの事例も事実に基づくが、議論の素材とするため経緯を単純化するなどしている。

合理主義対民主主義　A市で市庁舎の耐震性不足が判明した。対策としては耐震改修と新築の2つで、市役所内部の検討、有識者らによる委員会および市議会の特別委員会での審議を経て、新築方針が有力となる。耐震改修では20年後に建替えが必要、いまなら合併特例債を活用できるなどの理由からであった。市は市民アンケートを実施して、新築すべき場所などを尋ね、その結果を「市民多数がJR駅周辺への移転を望んでいる」と集約した。

　検討過程は市報などで公表されていたが、この時点で新築の方針を知らず、誘導的な設問に不審の念を抱いた現庁舎周辺の人々が中心となって、市民運動を開始した。争点は建設費と移転の是非であった。一方、市側は駅周辺への移転新築の基本方針を決定、再び有識者らによる委員会および市議会の特別委員会の審議を経て、建設場所を旧市立病院跡地に決定する。市民運動側は法定必

要数の17倍もの署名を集め，計画の是非を問う住民投票条例の制定を請求した。

市議会は過半数が市の方針を支持し請求を否決したが，市役所の位置を定める条例制定に必要な3分の2の賛成は得られず，結局市民の判断に委ねることとなった。当初「対案がない」と否決したため，A市出身の建築家の協力を得て議会自ら対案の耐震改修案を用意した。投票では移転新築案74億円に対し耐震改修案20億円という費用に市民の注目が集まり，後者が61％の票を集めた。

ところが，選ばれた案は急拵えだったため，費用も方法もそのままでは実現できないことが判明する。市議会は事態を収拾せず，その後の検討を市の執行部に丸投げした。市はここに至って「住民投票の結果とは独立に，選択肢も限定せず，あらゆる方策を客観的に比較検討する」ための専門家委員会を設置する。その結果，防災や市民サービスなどの機能面は，旧市立病院跡地への新築移転案が最も優れ，同案は費用面でもライフサイクルコストでは，その3割に過ぎない建設費とは異なり，耐震改修案と差がないことが明らかになった。

市当局はこの結果をふまえ，移転新築の方針を再決定した。費用対効果の点では合理的でよい選択である。しかし，民主主義としては正統な住民投票の結果に従っていない。市民の選んだ案自体は実行不可能だが，耐震改修の方針を採用することもできた。投票結果は市当局の検討過程への違和感から始まり，素朴だが健全なコスト意識に基づく住民運動の成果でもあった。この選択は正しかったのだろうか。なお，この事例の詳細は小野（2014）を参照されたい。

公共事業の費用と便益　国道X号はB県の山間部を東西に貫く道路である。そのC地区からD地区まで登る1.1kmの区間は急勾配で道幅が狭く急カーブも多い。D地区の人口は130人だが，数km先にスキー場などの観光施設があり，大型バスも通行する。スキー場の先の県境を越えると未整備の道である。この区間では年間数件の物損事故が発生し，人身事故も過去数年間に2件あった。また，大雨などでたびたび交通規制がなされ，2～3年に1回は全面通行止めとなる。D地区唯一の生活道路でもあるこの区間にう回路はなく，通行止めとなると最寄り消防署からの緊急車両のアクセスも失われる。

B県は，この区間に延長1.4kmのバイパス（Dバイパスと呼ぶ）を建設することを計画し，その事業計画の妥当性がB県の公共事業評価委員会に諮問された。同委員会は公共事業を事前評価する手法により検討して答申し，知事はそれをふまえ事業を計画通り進めるか否かを判断することとなる。

一般に，公共事業の事前評価における最も重要な観点は効率であり，費用便

益比により判断する。実務的には，費用は建設費と維持管理費の合計，便益は供用後の耐用年数50年間の効果を金銭で推計するもので，評価マニュアルに従って計算する。便益を費用で除した費用便益比1以上が前提だが，実際にはリスクや資金調達コストなどを加味した1.2や1.5などが基準とされる。

Dバイパスの整備効果は，走行時間短縮・走行経費減少・交通事故減少という基本3便益が7億円，通行止めやすれ違い困難区間の解消，スキー客の増加などの考えられる限りの間接便益を計上した合計が38億円である。費用は30億円であり，費用便益比は1.27となる。しかし，一帯の人口・交通量が50年間減少しない想定など，この便益はあまり現実的でないと思われ，委員会でも「参考程度にとどめる」とされた。つまり費用便益比は実質的にかなり小さい。

それでも，答申は計画を妥当とした。主な理由として挙げたのは，人口の多少にかかわらず災害防除の観点から安全を確保するという点である。さらに2つの事情も背景にある。まず，費用の7割は国が負担するため，B県にとっての費用便益比は3.3倍に跳ね上がり，効率の悪くない事業となる。しかも，B県がこの事業を止めると，国が用意した予算は他の地域に回るだけという「正直者が馬鹿を見る」しくみである。次に，たとえ効率が悪くとも，30億円の建設工事は地域に大きな経済効果をもたらす。道路供用の便益（ストック効果）ではないが，意思決定者や関係者の本音はこのフロー効果を重視する。

はたして，この判断は正しかったのか。この事例の詳細は，鳥取県公共事業評価委員会の2011年度の会議録，会議資料，答申資料などを参照されたい。

政策の効率と正しさ

効率の概念は，しばしば誤解や濫用を生む。A市の市庁舎整備では，費用対効果を考えるべきところ，市当局も市民運動も費用面に，それもライフサイクルコストではなく初期費用にばかり注目したことが議論の錯綜を招いた。今日，効率化と称して，予算・人員の削減など「効果不問の縮小」をやみくもに続ける過ちは珍しくない。

B県の道路整備など公共事業の便益の算定対象は，ストック効果のみである。しかし評価制度の外で強く意識されるフロー効果も，公共政策の便益として明示的に評価すべきだろう。ただし，建設費の原資とする借金を正当化できるのはストック効果のみであり，その分の費用便益比が1を超える必要がある。便益を享受しながら返済できるからである。フロー効果は失業や遊休設備があるなかでの新規発生分に限るべきであること，国からの補助金はローカルにはその投入自体がフロー効果にみえてしまうことにも注意が必要である。

効率に基づく合理的な選択が，何らかの意味で「正しくない」場合もある。A市では民主主義的に正統な選択は合理的な案とは別だった。民主主義的に合理的選択がなされるためのアプローチが早い段階から必要であった。B県の道路整備事業は，費用の大半が他県の負担のためB県の費用負担分に限れば効率のよい事業であり，意思決定者への地元の期待や補助金を用意した国の意思も，事業の実施である。しかし全国的にみれば効率が悪く，このような事業を各地で繰り返し行うことは合成の誤謬となり，しわ寄せは国民に向かう。

B県の委員会は「命の道路」という点を重視した。1人当たりの生命のリスクを削減するために社会が支払うべき金額である「統計的生命価値」に基づく便益推計に拠らなかったわけだが，命の価値を無限大としていては他の事業や政策と効率を比べられず，判断は常に場当たり的になる。公共政策に関して「命に値段はつけられない」との主張は国民の命を粗末に扱うことを意味する。

> もっと功利主義的に

効率による政策選択という考え方は，功利主義といってよい。「最大多数の最大幸福」という基準で知られる功利主義は，資源制約があれば必然的に費用・効果の比較による政策選択を求める。日本の地方自治法が，事務の処理においては最小の経費で最大の効果を挙げなければならない旨の基本原則を定めるなど，多くの国で広い意味での功利主義的な立場がとられるが，倫理学や政治哲学などの学問分野では狭義の功利主義に対し，例えば便益が小さければ命の道路を建設しないといった少数の犠牲の可能性があっても帰結のみを問う点などへの批判が相次ぎ，議論が続いている（帰結より道徳を重視する「義務論」との関係については，「**22**」参照）。

実際の政策選択において目指すべきことは明らかなように思われる。効果と費用について多面的に明らかにすること，すなわち功利主義的方法の徹底と拡張である。その際，高リスクや少数者等への目配りは必須である。例えば医療や防災減災などあらゆる政策分野の事業について救命の効率を比較できるエビデンスを揃え，あとは民主主義的で合理的な判断に託すことが考えられる。

文献▷ウルフ，J., 2016，『「正しい政策」がないならどうすべきか』大澤津他訳，勁草書房．
　　大瀧雅之他編，2015，『社会科学における善と正義』東京大学出版会．
　　小野達也，2014，「政策選択としての鳥取市庁舎整備問題」『地域学論集』10(3)．
　　児玉聡，2012，『功利主義入門』筑摩書房．

関連項目 ▷**13**，**21**，**22**

24 民意をめぐる諸問題

小野達也

民意は反映されているか
自治体行政には民意が直接・間接に反映されるはずである。市民が自らの代表として首長および地方議員を直接選挙によって選ぶことで，民意が反映される（間接民主制）。選挙以外にも民意を直接・間接に反映するためのさまざまなしくみがある。市民は選挙を通じてすべてを白紙委任するわけではなく，新しい課題に対応する政策の立案や行政サービスの具体的設計など，個別に民意を問うべき場面は少なくない。

しかし，民意は本当に，あるいは充分に反映されているだろうか。ここでは，民意をめぐってどのような困難があるのかを明らかにしたい。困難の多くは国・自治体に共通である。なお民意の「民」について，主体的に関心を持ち行動する人を「市民」と呼び，「住民」や「人々」という語と使い分ける。

輿論と世論
しばしば「民意」とはヨロンであるとされる。ヨロンとは人々の意見であり公論である。いまはヨロンを「世論」と書くが，かつては「輿論」と書いていた。戦後に定められた当用漢字に「輿」の字は含まれず，「世」の字が充てられたのである。ところが，佐藤卓己が『輿論と世論』において指摘する通り，本来「世論」はセロンと読む，世間の雰囲気や集団的な感情（popular sentiments）を指す概念であって，有権者の熟議によって形成された公的意見であるヨロン（public opinion）とはむしろ対極にある。

その後，「世論」は次第にセロンよりヨロンと読まれるようになり，ヨロンの概念もかつてのセロンにすり替わってしまった感がある。近年は多くのメディアがヨロン調査と称する電話調査を頻繁に行い，その結果はヨロンであるかのように扱われるが，その中身はセロンにほかならない。

今日，人々の政治・行政への関心は乏しい。選挙の投票率は低迷しており，

支持政党なしの無党派層がつねに最大勢力である。ヨロン形成の役割を担っていた総合雑誌・オピニオン誌の退潮は著しく、ネット上のニュースサイトとはまったくの別物である新聞の読者も減少の一途をたどる。

驚くべきデータがある。読売新聞社と早稲田大学が2017年に行った共同調査によれば、保守－リベラルというイデオロギーの対立軸を理解しているといえるのは50代以上の有権者に限られる。各政党のさまざまな政治的主張を、この対立軸を知らずに、あるいは誤解したままで深く理解できるとは思えない。

イリヤ・ソミンの『民主主義と政治的無知』によれば、日本での調査で約3分の2の人が府省の名を半分も挙げられなかった。政府の構造を知らずに政策を理解することは難しい。同書によればこの状況は日本に限らない。アメリカにおける各種調査や法哲学・社会哲学の研究をふまえ、多くの民主主義国で政治的無知が避けられず、そのことは有権者にとって合理的であることが示される。政治的情報獲得のために最小限の努力以上のことをしても、政治の結果に何の相違も生じないことを多くの人は直観している。投票行動は義務感や政治的表現欲求などに促されるが、情報や理解は欠いたままである方が合理的である。しかしこの合理的無知は民主主義の理念や制度にとって深刻な含意を持つ。

多数決と熟議　民意はさまざまな場面で集約される。その代表的な方法が多数決であり、選挙や住民投票、多肢選択のアンケートなどで用いられる。多数決の判断が信頼できる根拠は、次の通りである。ある集団のメンバーがふたつの選択肢のうち、私的にではなく公的利益の観点で正しい方を選ぶ確率が平均して50％より大きく、かつ各メンバーが独立に投票するならば、その集団が多数決により正しい答えを得る確率はメンバー数が増えるに従って増加し100％に近づく。これは「コンドルセの陪審定理」と呼ばれる。「ふたつの選択肢のうち正しい方を選ぶ確率」を「各人が正しく判断する確率」と一般化すれば、この定理は選択肢の数にかかわらず多くの場面にあてはまる。

しかし、ひとりひとりが正しく判断する確率が2分の1未満の場合、大人数の多数決が正しい選択をする確率はゼロに近づく。人々の合理的無知を前提とすれば、ひとりひとりが公的な観点で正しい選択をする確率が50％より大きい保証はない。むしろ、政治的無知の状態は、誤った情報や偏った主張の影響を受けやすく、それが流布することで投票の独立性も損なわれるかもしれない。

そこで求められるのは、市民の熟議である。多数決こそ民主主義だという多数決主義を正す、機能しない議会を代替・補完する、ふつうのセロン調査と違

うヨロンを知るための討論型世論調査など、熟議はさまざまな文脈で提唱されてきた。しかし現実には、広く知られた特定のテーマに関する少数市民の熟議ならともかく、政策一般を対象にした普通の人々による熟議というのは、どのような形であれ、少なくとも現在の日本ではなかなか想像できない。熟議への参加コストは高く、参加を受諾する少数の市民に偏りは避けられない。

民意の測り方

民意を「民の意」として広く捉えれば、市民の意見や意思のほか、住民の声、要望、意識、満足・不満なども含まれる。行政のパートナーたる市民に加えて、行政サービスの顧客・消費者としての住民の民意も把握と反映が求められる。そこで個々のテーマに即した民意を適時に知るため、自治体は各種のアンケートを実施する。ところが、アンケートの成否を左右する事項が、しばしば実施側には充分に認識されていない。

例えば、無作為抽出は単に作為がないこととは違う。標本調査はシチューの味見に喩えられる。スプーン一杯で全体の味がわかるように鍋全体をよくかき混ぜる唯一の方法が無作為抽出であり、そうすることで初めて誤差を統計学的に見積もることができる。無作為抽出以外の方法では、民意を偏りなく推計することはできない。なお、無作為抽出をしても回収率が低い場合、回答者構成に偏りがあれば補正して解釈する必要がある。討論型世論調査などで無作為抽出後の参加率などが極端に低ければ、無作為抽出の意味は失われる。

また、質問の表現や回答形式は結果に影響を及ぼす。例えば、3つ以上の選択肢からひとつを選ぶ多数決方式では「票割れ」が容易に起こる。全員がA、B、Cに1〜3位の順位をつけて集計すればCが最下位になる場合でも、AとBに共通点があれば、1つを選ぶ多数決でCが最多となる可能性は小さくない。選挙と違い回答形式を自由に選べるアンケートでは、単純でわかりやすいが意思の集約法として欠点の多い多数決方式にこだわる必要はない。

集計と分析も足りない。単純集計や属性別集計止まりがほとんどで、質問を掛け合わせたクロス集計はあまり行われない。標本誤差や統計学的な有意性をふまえた分析を目にすることもほとんどない。宝の持ち腐れというほかない。

インターネット時代の民意

インターネットの時代となったいま、ヨロンはいっそう薄く流動的になり、公共部門はその状況を前に手をこまねいているようにみえる。若い世代を中心に人々の情報入手手段が劇変する一方、公共部門の側は市民・住民とのコミュニケーションについて模索が続く。

情報を自由に選択できるネット上では、人々は自分にとって心地よい情報だ

けを意識的・無意識的に選択し受容する傾向があることが知られている。さらに，政治的無知の状態では，事実に反するとわかっていても，支持する政治家・政党の主張であれば自身の満足のために信じてしまう「合理的な非合理」が起こる。そこにポピュリズムが入り込み，選挙は人気投票となる。これに乗ずる政治家・政党はヨロンではなく専らセロンに訴える。今やビッグデータを処理することで，セロンのひとりひとりに訴えることが可能になりつつある。

そして世界ではいま，人々がもはや真実を求めないポスト・トゥルース，人々が信じればそれも1つの事実とするオルタナティヴ・ファクト，批判報道はウソだとするフェイクニュースなどの語が，政治の側から堂々と発せられ，多くの有権者が受け入れる。日本でも思いあたる節がある。

インターネット時代ならではの議論もある。人々が集合的に構築する知であるネット上の集合知をめぐって，専門知識がない人の集合でも，多様性というバラツキが大きくなれば，その分だけ予測の誤差が小さくなるとの説（「定理」ともされる）があるが，これは単純な誤りである。分布全体が正解に近づかない限り，誤差は変わらない。すなわち多様性が専門的な知を超えることはない。

東浩紀は，ネットを活かした「無意識民主主義」の形態として「一般意志2.0」を提唱した。人々がもはや政治を欲望しない現状をふまえ，情報技術を用いて人々の政策への感想を集合的無意識として可視化し，それを制約条件として参照しながら専門家・政治家が議論することで統治するという。そこでは熟議とデータベースが相克する。「2.0」とは，ルソーが『社会契約論』で提示した「一般意志」概念の情報技術によるアップデートと可視化を意味する。この構想には，ヨロンとしての民意への絶望はあっても期待はない。

イリヤ・ソミンは，政治的無知の問題への簡単な解決策はないとしながらもいくつかの提案をしている。そのなかで直ちに日本の参考になるものとしては，小規模な熟議的投票がある。参加コストを下げ知識獲得の効果を実感できれば，合理的行動として参加が期待できる。自治体では適用可能だろう。

文献▷東浩紀，2011，『一般意志2.0』講談社。
　　　　坂井豊貴，2015，『多数決を疑う』岩波書店。
　　　　佐藤卓己，2008，『輿論と世論』新潮社。
　　　　ソミン，I.，2016，『民主主義と政治的無知』信山社。

関連項目▷**13，20，23，26**

25 二元代表制の理念と実態

塩沢健一

二元代表制をどう捉えるか

わが国の自治体政府では、首長と議会が別個に住民から選出される二元代表制を採用している。二元代表制のもとでは、両者がそれぞれ公選されることでともに民主的正統性を主張でき、相互に対抗・牽制し合う抑制と均衡（check and balance）の関係が成り立つことが重視される。ともに直接選挙で選ばれるふたつの代表機関の対立を前提とするこの考え方は「機関対立主義」といわれるが、実態は首長が強力なリーダーシップを発揮できる「首長主義」であるとされる。キープレイヤーとしての首長の存在は、戦後日本の地域政治を大きく特徴づけてきたが、それは一方では、議会の存在感の薄さと表裏一体の帰結ともいえる。二元代表制の実態をどう捉えたらよいか、理念的側面もふまえながら整理しておきたい。

二元代表制下の首長と議会

まずは首長と議会、両者の権限の配分から確認しておく。第1に、条例案の提出権は首長・議会ともに認められているが、その大半が首長提案となっているのが実態である。また、予算の作成・提出・執行の権限は首長に専属のものである。第2に、首長には議会の解散権が認められており、議会が首長に対する不信任決議を行った場合、首長は10日以内に議会を解散できる（解散を選択しなかった場合、首長は失職する）。第3に、首長には再議権や専決処分権が認められている。議会の議決について異議がある場合、首長はその議案を再議に付すことができ、条例の制定改廃や予算に関する議決であれば、議会は3分の2以上の特別多数の賛成がなければ再可決することはできない。また、災害発生時の予算措置など緊急の対応が必要な場合には、議会を開かず首長の判断で専決処分を行うこともでき、議会に対しては事後に承認を求めればよい。以上のほかにも、規則制定権や公務員の

人事権など，首長は広範な権限を有しており，首長優位のシステムであることが理解できる。

しかしながら，議会も首長に対して無力なわけではない。議会の権限のなかで最も重要なものは議決権であるが，とりわけ首長の支持与党と議会の多数派が異なる「分割政府」の場合，議会が議決権を盾に首長と対峙し，政治的停滞が生じることも珍しくない。また，議会が有する監視的権限も重要である。地方自治法第100条では，国会が持つ国政調査権と同様，自治体の議会に幅広い調査権（「100条調査権」ともいわれる）が認められている。また，副知事や副市長など特別職の任命を首長が行う際には，議会の過半数の同意が必要だが，特別職の人事をめぐる同意権は議会の側からみれば，首長の行政運営に対する牽制手段となりうる。

各時代における首長の試み　戦後地域政治における首長たちは，いくつかの時代区分ごとにその特徴を見出すことができる。いずれも，中央政治とは異なる独自の展開に沿って誕生した側面はあるが，1970年代にかけて伸長した「革新系首長」や1990年代以降に台頭する「無党派首長」には，国政に対する有権者の不満を知事選挙ですくい上げることに成功した者も多い。

都市部を中心に隆盛を極めた革新系首長は，国政では野党に甘んじていた社会党や共産党といった革新政党から支持を受けた首長を指す。都道府県レベルでみれば，1967年の東京都知事選挙で美濃部亮吉が当選を果たしたのを皮切りに，その後大阪府，埼玉県，神奈川県といった府県で次々と革新系知事が当選し，従来から革新系知事を擁していた京都府も含め，1970年代半ばには都市部のかなりの部分が革新系知事を擁するに至った（曽我・待鳥 2007）。彼らの多くは総じて中央の自民党政権とは異なる政策を追求し，彼らが得意とした福祉政策や環境政策はその後，国政レベルでも当然視されるようになっていく。また，住民参加の活用に熱心だった点も，革新系首長の特徴として挙げられる。

無党派首長については，1995年の統一地方選挙において，東京都で青島幸男，大阪府で横山ノックというふたりのタレント知事が当選したのを契機に本格的に出現し始める。知名度を生かして当選を果たす無党派首長は今日に至るまで多いが，1990年代に「改革派」として注目された知事のなかには，宮城県の浅野史郎，岩手県の増田寛也，鳥取県の片山善博など中央官僚を経て就任した者もいた。平成不況のもと，無党派首長たちはさまざまな形で行財政改革を試み，公共事業改革や情報公開などの面で一定の成果を上げた。一方で，無党派首長

Ⅳ　地域のガバナンス

の多くは議会内に充分な基盤を持たないため，彼らの政策転換の試みはしばしば議会から反発を受け，政治的停滞を招くケースも少なくない。

|二元代表制をめぐる課題|　地方分権改革の進展とも相まって，自治体のトップリーダーたる首長への注目はますます高まっている。そうした首長のリーダーシップが，これまでにも多くの自治体で先進的な政策の実現に結びつき，ときに議会との対立関係を生じさせながらも，それを乗り越え種々の改革をもたらしてきたといえる。

だが他方で，地域政治においては意図的に，もしくはなし崩し的に対立を回避する傾向も根強い。特に1980年代以降，国政では対立関係にある政党が自治体レベルではともに同一の首長を支える「相乗り」が，増加の一途をたどっている。加えて，ひとりの首長が長期にわたって在任し続ける「多選」が，自治体運営を画一化・硬直化させることも懸念される。相乗り首長のもとで議会が「オール与党」化したり，多選首長が議会多数派の支持を受け続けるような状況下では，議会が本来果たすべきチェック機能の低下が危惧され，二元代表制下の首長・議会による抑制と均衡の関係は形骸化しかねない。一方，それは首長や議会にとって，自らの立場の"安泰"を保証することにもつながる。

これらの状況も相まって，低調な論戦に終始する地方議会も依然として多いのが現状といえる。地方議会をめぐっては，議場の内外における議会活動の活性化・透明化が求められるが，活性化に資する動きとして近年では，議会による自主的改革を目指す「議会基本条例」の制定も各地で進んでいる。ただ，個別の自治体に目を向ければ，議会活動の活性化に成功しつつあるケースはたしかにあるものの，条例の制定のみに満足し実質的な改革に結びついていない事例も多い。全体的にみれば，まだまだ厳しい評価を下さざるを得ないだろう。

他方，議会活動の透明化という観点からは，後を絶たない金銭をめぐる問題を挙げなければならない。地方議員の金銭にまつわる不正はなぜ起こるのか。この問いに対しては，議員の活動資源をめぐる制度面の不備に加え，議員を選出する選挙制度そのものの問題点も指摘しておきたい。

度重なるカラ出張が2014年に明るみに出た兵庫県議会議員の「号泣会見」や，領収書の偽造などの長きにわたる常態化が次々と発覚し，2016年の大量の議員辞職につながった富山市議会の状況など，地方議員による不正はメディア上の注目を集めやすい。これらの具体例を含め，政策研究や視察などのために議員に支給される「政務活動費」をめぐる不正は枚挙にいとまがない。チェック体

制の甘さが不正の最大の温床であったことがしばしば指摘されるが，多くの議会で議員や会派に一定額を事前に渡す「前払い方式」で政務活動費を支給している点も見逃せない（『朝日新聞』2016年11月17日）。事前に受け取ったお金は使い切ろうという心理が働き，不正を助長しかねないことから，用務が済んだのちに領収書などをもとに支給を受ける「後払い方式」に切り替える動きが，少しずつだが広がり始めている。

　加えて，地方議会議員の選出方法についても確認しておく。現在，都道府県議会および政令市議会の議員の多くは中選挙区または大選挙区から選ばれており，政令市を除く市区町村議会の議員であればほとんどの場合，自治体全域をひとつの選挙区とした大選挙区制である。これらの選挙区では，当選に最低限必要となる得票割合の水準は相対的に低くなり，一定の人口規模を有する市の議会選挙の場合，有権者全体の１％程度の票を獲得できれば充分に当選は可能である。こうした選挙では候補者間の活発な競争は期待しづらく，選挙を通じて有権者が議会を統制することは実質的に困難といえる。

| 機能不全とどう向き合うか |

　以上のように，二元代表制は民主主義のツールとして充分に機能しているとは言い難い。根本的な問題解決には時間がかかると考えるなら，その機能不全を直接民主主義的な手法によって補完するのもひとつの方法である。例えば，大きな注目を集めることも多い住民投票は，活用の仕方さえ誤らなければ，二元代表制の補完物として有効な手段となりうる。

　地域や社会の一員として過ごしていると，政治に幻滅するような出来事に接することも少なくない。しかしそれでも私たちは，労働者として，消費者として，あるいは子どもを育てる親として，さまざまな不利益や矛盾に直面すれば，自らにとっての問題は政治が解決すべき課題でもあることを認識し，否応なしに政治と日常生活との関わり合いを意識することになる。政治と無関係ではいられない以上，単に投票参加するだけで満足するのではなく，有権者としても試行錯誤しながら，有効な「一票」の使い道を模索していくことが求められる。

文献▷礒崎初仁・金井利之・伊藤正次，2014，『ホーンブック地方自治［第３版］』北樹出版。
　　柴田直子・松井望，2012，『地方自治論入門』ミネルヴァ書房。
　　曽我謙悟・待鳥聡史，2007，『日本の地方政治』名古屋大学出版会。
関連項目▷11, 12, 13, 20

26 選挙制度改革に伴う変化と課題

塩沢健一・佐藤　匡

何のための選挙制度改革か

2016年夏に行われた参議院議員選挙は,「18歳選挙権」の導入や「合区選挙」の実施など,戦後政治史上初となる大きな制度変更を伴うものであった。これまでにもわが国の選挙制度をめぐっては,衆議院での小選挙区比例代表並立制の採用,投票時間の延長,期日前投票制度の導入など種々の制度改革が行われてきたが,新たな制度の導入は多くの有権者に歓迎されることが望まれる。ただ現実には,制度改正に伴う課題も多い。ここでは,政治的および法的側面から今日的課題について論じることとしたい。

18歳選挙権への期待と課題

少子高齢化が進行する今日においては,必然的に有権者全体に占める高齢者の割合も高まっていく。また年齢と投票率の関係をみると,国政選挙・地方選挙を問わず20代が最も低く,その後は年齢の上昇とともに投票率も高くなる。すなわち,高齢者層ほど投票率が高いため,社会全体に占める割合以上に,選挙に行った人々に占める高齢者の割合はよりいっそう高くなる。このことを指して「シルバー民主主義」と揶揄されることもあるが,そこで危惧されるのは,より多くの人が投票してくれる高齢者を対象とした政策を政治家が優先することで,高齢者層の意向が反映されやすい状況が生まれ,若者の政治に対する要求が後回しにされかねない,ということである。こうした状況を改善する意味でも,18歳選挙権に対する期待は大きいといえる。

では18歳選挙権は,いかなる変化をもたらしたのだろうか。18歳選挙権の導入は,単に18・19歳の若者たちが投票資格を得るということにとどまらず,子どもや若者を取り巻く政治的環境の変化をも促すことにつながっており,それ

らの変化は端的に言えば，政治に参加し社会の一員として振る舞うことへの自覚を促す「政治的社会化」や，選挙で投票することの「習慣化」をもたらす契機となりうるものである（塩沢 2018）。その変化とは第1に，高校をはじめとした教育現場で主権者教育の実施が急速に広まったこと，そうした動きと関連して第2に，筆者らが勤務する鳥取大学も含め，高校や大学などのキャンパス内に期日前投票所を設置する動きが全国で急拡大したこと，また第3に，選挙権年齢の引き下げと同時に，有権者が投票所に同伴できる者についても「幼児」から「満18歳未満の者」に改正されたこと，などが挙げられる。

以上の変化は，若い有権者の参加意欲の向上に資するものと期待される。しかし一方で，18・19歳の投票参加の妨げとなりうる課題も残っており，なかでも，進学などに伴い実家を離れた若者の「住民票の異動」の問題は大きい（塩沢 2018）。10代の投票率を18歳と19歳で比較すると，高校3年生を含む18歳のほうが19歳よりも投票率は高くなるが，19歳の投票率の伸び悩みは，一概に彼らの「関心度の低さ」を表すわけではなく，関心はあっても「住民票がないから投票しない（できない）」学生が少なからずいるためと考えられる。

そうした状況に対しては，住民票を移すよう促すこともさることながら，より現実的な方策としては，選挙人名簿登録地にいなくても利用できる不在者投票の利便性を高めるなどの取り組みも必要になると思われる。ただ，不在者投票においても問題が生じるケースがあり，大多数の自治体では大学生世代の不在者投票を認めている一方，2016年の参院選や2017年の衆院選では，一部の市町村が「居住実態がない」ことを理由に実家を離れた若者の不在者投票を認めなかった（『毎日新聞』2017年3月13日；『沖縄タイムス』2017年10月19日）。

合区選挙をめぐる論点　参議院議員選挙において有権者は，都道府県を基本的な単位とする「選挙区」と，政党名または候補者名を記入し投票する「比例区」で，それぞれ投票権を行使できる。このうち選挙区選挙については，都道府県ごとに選挙区を設ける方式が長年維持されてきたが，2016年の参院選から，鳥取・島根両県ならびに徳島・高知両県において合同選挙区，すなわち隣接するふたつの県をひとつの選挙区にする「合区」が史上はじめて導入された。合区導入の直接的な契機は，国政選挙のたびに提起される「1票の格差」訴訟において近年，よりいっそう踏み込んだ判決が出されたことにある（塩沢 2017）。

私たち国民は，国政においてひとりひとり個人として尊重される（日本国憲

法第13条)。これはひとりひとりの個人が平等に扱われることも抱合している（日本国憲法第14条)。また，公務員を選定し，罷免することは，国民固有の権利である（日本国憲法第15条)。つまり，国民ひとりひとりが有する1票は，つねに平等に扱われなければならない。1票の格差とは，議員ひとりあたりの有権者数が選挙区ごとに異なり不均衡が生じるために，選挙区間における有権者の1票の価値が不平等な状態となることを指す。

各選挙時における最大格差は図1の通りだが，1992年の参院選では最大格差6.59倍（神奈川県選挙区と鳥取県選挙区）にまで拡大した。これに関して「違憲状態」とはじめて判断されたのと前後して定数の見直しが行われて以降は，最大格差は5倍前後で推移してきたが，都道府県を単位として選挙区を置く従来の制度を前提とする限り，都市と地方の人口格差がますます増大するなかでは，もはや小幅な変更だけでは1票の格差の固定化は避けられない。加えて，任期6年の議員が3年ごとに半数ずつ改選される参議院の性質上，各選挙区の選出議員数はつねに偶数で考えなければならず，選挙区が細分化されている衆議院と比べ，参議院では必然的に1票の格差は拡大せざるを得ない。

2010年および2013年のふたつの参院選をめぐる違憲状態判決を受け，格差是正の検討が行われた。当初は22府県を対象とする抜本的な合区案も提示されたが，政権与党である自民党は，合区対象となりうる選挙区に現職議員を多く抱えていた。来たる選挙に向けて調整が難航することを危惧した自民党の消極姿勢もあり，結果として対象県は，47都道府県のなかでも人口規模の面で最少の4県に絞られた。いわばこれらの県の有権者は，各選挙区間の格差是正のために「割を食う」羽目になり，少なくとも選挙区レベルでは，県単位での代表を国会に送り出す機会を失うことを余儀なくされた（塩沢 2017)。

選挙制度改革の判断基準 合区導入という変化の一方，図1を再度注意深く見ると，1992年参院選をめぐる違憲状態判決の以前には，5倍以上の最大格差が常態化するなかでもなお，合憲判決が続いていたことがわかる。それはすなわち，かつての判決では「投票価値の平等」以外の判断枠組みが示されていたことを意味する。

日本の国会は二院制を採用しており，「良識の府」「再考の府」などと表現される参議院には，衆議院とは異なる役割が本来期待される。つまり，政権選択の場であり解散の可能性もある衆議院と違い，首相の解散権が及ばず6年間の任期も保障されている参議院では，衆議院と比べれば政局からも比較的距離を

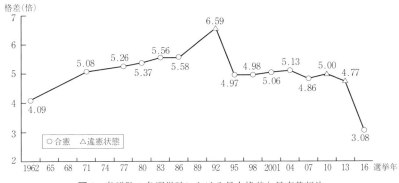

図1　参議院の各選挙時における最大格差と最高裁判決

出所：江口正浩，2017，「衆議院及び参議院における一票の格差——近年の最高裁判所判決を踏まえて」『調査と情報-Issue Brief-』No. 953をもとに杉野開登（2017年度鳥取大学地域学部地域政策学科卒業生）が作成。

置くことができ，衆議院とは別の視点から審議に臨むことも求められる。そうした両院の位置づけの違いがある以上は，両院において類似の選挙制度を用いる必然性はなく，むしろ「多角的な民意の反映」を目指すならば，選挙制度を検討する上では両院の間で異なる基準があってもよいと考えられる。すなわち，参議院では1票の格差を一定程度まで許容した上で，選挙区選出議員の「地域代表的性格」をより強調するのも，ひとつの考え方となりうる。

日本国憲法第47条は，第43条第2項とともに選挙に関する事項について，法律をもって定めると規定する。合区解消のための改憲案も一部で議論されるが，法改正により導入された合区の解消は，憲法改正によらずとも法律レベルで対処は可能であるし，かつての衆議院選挙制度改革などは，法律レベルで実現に至った抜本改革であった。参議院の位置づけをあらためて明確にした上で，合区のような一時しのぎの策ではない選挙制度改革の議論が求められる。

文献▷佐藤匡，2018，『法学入門講義Ⅰ　憲法』東京教学社。
　　　塩沢健一，2017，「選挙区域の拡大が投票率に及ぼす影響」『選挙研究』33(2)。
　　　塩沢健一，2018，「『18歳選挙権』導入の効果と今後」三船毅編著『政治的空間における有権者・政党・政策』中央大学出版部。
　　　竹中治堅，2010，『参議院とは何か』中公叢書。
　　　野上修市・佐藤匡，2015，『解説日本国憲法』東京教学社。

関連項目▷**11**，**19**，**25**

27 地方財政危機と自治体再編

多田憲一郎

地方財政危機の展開　地方財政危機は，1990年代以降ますます深刻さを増している。現在の地方財政危機は，戦後3度目の地方財政危機と位置づけられる。戦後最初の地方財政危機は，1950年代半ばを中心に発生した。さらに，戦後2度目の地方財政危機は，1970年代半ばを中心に発生した。

1950年代の地方財政危機は，戦後改革により地方公共団体の行政分野が広げられ，地方公務員を増やし，行政事務や行政機構が拡張される一方で，それに見合うだけの財源を国から与えられなかったという構造的矛盾が朝鮮戦争の特需の消滅とともに吹き出したといえる。特に，地域経済の不均衡を是正する財政的枠組みが弱いために経済発展の遅れた地域（農村地域）でその矛盾が激化した。1970年代の地方財政危機は石油ショック直後に発生したが，1950年代の地方財政危機とは逆に，農村地域よりむしろ大都市圏で顕著に現れた。高度経済成長期の都市地域に対する大量の人口流入に伴う都市化・都市問題によって財政需要が急増したにもかかわらず，地方財政制度がそれに対応できなかったためである。

1950年代と1970年代の地方財政危機には共通の要素がある。すなわち，歳入においては，地方税収がそれぞれ朝鮮戦争の特需の消滅やオイルショックなどを起因とした不況により激減する一方で，歳出においては人件費を中心とした義務的経費が急増するという共通した枠組みである。ここで急激に伸びた歳出は，目的別でみると，教育費や民生費，衛生費などであるという点も共通している。これに対して，1990年代の地方財政危機はこれまでの2度の地方財政危機と比較すると，かなり異なることがわかる。すなわち，1991年にバブル経済が崩壊して税収が激減する一方で，歳出において土木費，特に単独事業が急増

しており，これはこれまでの地方財政危機ではみられなかった点である。1980年代に入り，国家財政の再建が本格化し，公共事業費の削減が大きな課題となる。国の一般会計の公共事業費が圧縮されるなかで，これまでの国庫支出金中心の地域開発や社会資本整備の転換が迫られたのである。

このような経済状況のなかで，地域開発の戦略手段として，地方財政に対する手厚い財政措置がとられるようになる。そのひとつが地方単独事業の財政支援制度である。1984年度の「まちづくり特別対策事業」を皮切りに，「リーディング・プロジェクト」（1986年度），「ふるさとづくり特別対策事業」（1988年度）などの財政支援制度が次々と作られた。これらの支援制度は地方債と地方交付税を組み合わせた財政措置であり，地方自治体が自主的に計画する広域的事業の円滑な実施を可能とするものである。こうした財政支援により単独事業の範囲が拡大され，地方公共投資の規模拡大が図られてきたのである。

1990年代の地方単独事業の増加は，このような国の財政誘導政策が大きな要因となったことは否定できない。ここには，国家財政の動向に規定された地方財政の脆弱な財政構造が浮かび上がる。1990年代の地方財政危機は「国と地方の財政関係」を中心とした「構造的問題」をあらためて提示したといえる。その構造改革と位置づけられた三位一体改革（2004～06年度）では，国家財政の再建が優先された。すなわち，国から地方への財政支出である地方交付税と国庫支出金が総額で9兆8000億円削減される一方で，国税から地方税への税源移譲は3兆円にとどまった。その結果，高齢化などに伴う地方経費の増加は地方財政にいっそう重くのしかかり，地方財政危機はさらに深刻化した。このような改革では真の「地方分権」は実現されない。

> 地方財政危機と市町村合併

21世紀初頭に「平成の大合併」が全国規模で進められ，3232市町村（1999年3月末）が1821市町村（2006年3月末）に再編された。市町村合併の目的として，少子高齢化に伴う行政組織体制の整備，地方分権の受け皿づくりなどが挙げられたが，その実質的目的は行財政の合理化による財政効率の向上である。例えば，合併すれば首長や議員の数を減らしたり，公共施設の統合が進められる。

平成の大合併は，1995年4月の「市町村の合併の特例に関する法律」（以下「合併特例法」）が改正され，国主導の合併政策として開始された。この改正で，新たに住民発議制度が創設された。しかしながら，この住民発議制度を利用して合併を進めた市町村は，ほとんどなかった。この状況に変化をもたらしたの

は，1999年の「合併特例法」の改正である。この改正により，2005年3月末までに合併を実施すれば，さまざまな財政支援措置が受けられるようにした。この改正は，多くの市町村に対して，合併へ向けた動きに舵を切らせることになった。

財政支援措置において特に注目されるのが，合併特例債と地方交付税の合併算定替の特例措置である。前者は，合併市町村が合併により拡大した行政エリアの一体性を確保するために行う投資的経費については，充当率が95％という特例の起債を優先的に認めるというものである。その発行期間は，合併した年度とそれに続く10年間に及ぶ。しかも，充当率が95％ということで，ほとんど全額起債で事業ができる。さらに，その返済が起債の元利償還金の70％までを地方交付税で措置するという破格の条件が加えられた。後者は，合併後15年間（激変緩和措置の5年間を含む）は合併前の市町村が存在するとみなして地方交付税が算定されるという措置である。すなわち，合併した新しい自治体の地方交付税は，通常であれば合併前の各市町村へ交付される地方交付税の総額より少ない金額となる。しかし，それでは各市町村の合併への意欲が高まらないため，国は地方交付税の優遇措置として，合併前の各市町村が交付されるはずの交付税の総額を合併後の新自治体に対しても保障するというものである。

合併は，その目的である行財政の合理化による財政効率の向上を実現したのだろうか。当時，国は，合併政策それ自体を財政危機打開策と位置づけ，市町村財政を好転させる効果を持つと主張していた。そうであるならば，財政支援措置がなくても市町村は合併を自発的に検討するだろう。しかし，前述したように，1999年に財政支援措置が導入されるまで，多くの市町村において合併に向けた動きはほとんどなかった。これは，そもそも合併それ自体が市町村財政再建に役立たないことを市町村行政の現場は，よく理解していたからである。たしかに合併をすれば財政収入の規模は拡大するが，同時に歳出規模も拡大する。「合併効果」として議員や職員の数の減少などが強調されるが，それらは財政再建において決定的なものではない。合併それ自体が財政再建に効果を持つならば，その基本として地方公共財の供給において合併による「規模の経済」効果が働くという点が不可欠である。ところが，市町村財政で今後確実に増加が予想される地方公共財の供給は介護や医療などの福祉サービスであり，これらの行政では「規模の経済」効果は働きにくい。

地方財政改革の基本方向

地方財政が，地方財政危機を克服して住民の命や暮らしを保障する経済的基礎となるためには，どのような改革が必要なのだろうか。「14」でも述べたように，その基本方向は，財政の中央集権的システムを改め，人口減少や高齢化の最前線である地域に財政の意思決定機能と実行機能を兼ね備えた地方財政のしくみを構築することである。そのための改革の柱は次の3点である。

第1の改革は，地域の自律を実現する財政基盤確立である。補助金などの特定財源に依存した経費負担は国の関与を招く。そのため，地域住民のニーズと乖離した無駄な経費を生みやすくなる。重要なことは，地方自治体が自己決定できる財源の自主財源に切り替えていくことである。そのためには，国から地方自治体への税財源移譲が避けて通れない課題となる。

第2の改革は，行政組織改革にある。地方行政組織は国から県そして市町村と，行政分野ごとに縦の関係で結ばれている。このため，地方経費に対する総合的評価ができず，事業を遂行させることそれ自体が当該行政組織の目的となる。事業を遂行させるための強固なタテ割りを基盤とする組織原理を解体し，地方自治体内部に横断的な協議や意思決定の場を構築することが重要である。このような観点からの行財政改革の本格的取り組みのなかから政策評価制度の提案などの新たな動きが起きている。

第3の改革は，住民参加制度の構築である。無駄な地方経費を発生させないためには，地域住民のニーズを取り込むことが何より重要である。そのためには，住民参加制度を地方行財政システムのなかに取り込むことが必要である。このような考え方は，PPPをはじめ行政組織と住民が協働して公共サービスを供給するシステムとして注目を集めつつある。それは，地方財政に対する住民チェック機能を強化することにもつながり，地方財政の透明性を高めることになる。

これらの3つの改革は，今後の地方財政改革の基本方向であると同時に，意思決定機能を地域に取り戻す前提条件といえる。

文献▷佐々木信夫，2002，『市町村合併』筑摩書房．
　　　多田憲一郎，2004，「中山間地域市町村行財政の改革課題」『構造改革と地方財政』自治体研究社．
関連項目▷11．14．15．20

28 地域福祉の考え方とあゆみ

竹川俊夫

住民主体の地域福祉の推進

　近年，日本の社会福祉においては，「地域福祉」と呼ばれる市町村を基盤とする新たな福祉システムの構築が進められている。以下では，地域福祉の歴史的展開を振り返りながら，その考え方や実践のあり方について理解を深めたい。

　第2次世界大戦後，憲法が定める生存権保障の国家責任原則に従って法制度やサービス提供体制の整備が進められた社会福祉に対し，地域福祉という概念は，社会福祉協議会（以下，社協）を中心に，専ら住民の参加と協力によって自発的に営まれる民間福祉活動を指して用いられてきた。福祉システムが発展段階にあった当時は，社会福祉の実施主体を公と民に区別しながら，住民を主体とする地域福祉活動を通じて生活課題を明らかにするとともに，課題解決に向けて必要な福祉サービスを公の責任によって拡充することが強く求められていた。

　しかしながら，1980年代に在宅福祉化の流れが本格化する過程で，こうした枠組みに変化が現れ始めた。地域福祉の研究や実践から在宅福祉サービスの強化・発展を求める声が活発化すると，社協を核とする民間福祉活動の一部が在宅福祉サービスに位置づけられるとともに，新たなサービスの開発や民間福祉活動の活動促進など，在宅福祉の基盤整備に対する行政の役割も増大した。地域福祉は，こうして在宅福祉を包含することにより，住民・ボランティアを中心とする自発的な福祉活動という枠組みを超え，行政と民間が協働でつくる福祉実践へと変化し始めた。

　この変化を制度的に裏づけ，地域福祉を新たな福祉システムとして確立させたのは，国の行財政改革と歩調をあわせて1990年と2000年の2度にわたって実施された社会福祉改革であった。第2次世界大戦後に国家が主導して一定の発

28 地域福祉の考え方とあゆみ

展を遂げた社会福祉だったが，従来の入所施設中心の福祉に対してより地域に密着した在宅福祉が志向されるにつれ，福祉国家がかかえる画一性や非効率性などの負の側面が問題視されるようになり，民営化や地方分権化などを基軸とする福祉改革が実施されたのである。

1990年の「社会福祉関係八法改正」では，在宅福祉が法制化されるとともに，営利企業を含む多様な主体が参入できるよう，大幅な規制緩和が実施された。さらに高齢者保健福祉計画の策定の義務づけや事務の一元化によって基礎自治体を基盤とする福祉行政の確立が進められた。地方分権一括法が施行された2000年には社会福祉基礎構造改革が実施された。この改革では，戦後の社会福祉の骨格であった措置制度が解体され，利用者の選択に基づく利用契約制度へと転換された。あわせて地域福祉という考え方を今後の社会福祉の中核に据えることが法的に明確化された。2000年の改革によって改正・改称された社会福祉法の第4条は，地域福祉を次の通り規定している。

〈社会福祉法第4条「地域福祉の推進」（第1項抜粋）〉
　地域住民，社会福祉を目的とする事業を経営する者及び社会福祉に関する活動を行う者（以下「地域住民等」という。）は，相互に協力し，福祉サービスを必要とする地域住民が地域社会を構成する一員として日常生活を営み，社会，経済，文化その他あらゆる分野の活動に参加する機会が確保されるように，地域福祉の推進に努めなければならない。

地域福祉を推進する主体は，制度・政策の立案やサービスの基盤整備を担う市町村行政のほか，福祉サービスの提供を担う民間法人，地域に密着して福祉活動に取り組む地域住民など多様である。この多様な主体が協力・協働することで福祉サービスを必要とする当事者の地域生活を支えるとともに，社会のあらゆる場面への参加の機会を創出することを目指している。では次に，この「社会参加」という考え方と地域福祉との関係をみてみよう。

| ノーマライゼーションの推進 | 2度の改革に先立って実施された社会福祉の大転換は，入所施設を中心とする福祉から在宅福祉への転換であった。その契機となったのは1970年代のオイルショックである。高度経済成長の終焉によって厳しさを増す国の財政事情は，コストのかかるハコモノ中心の福祉から，ホームヘルプサービスやデイサービスなどの対人援助サービスを中心とする在宅福祉に舵を切らせた。だがこの変化は，財政の悪化という

外在的な要因だけでなく，社会福祉の側から「ノーマライゼーション」の実現を求めた社会運動の成果でもあった。

ノーマライゼーションとは，優性思想に基づく障がい児・者の隔離政策への反対運動のスローガンとして1950年代のデンマークで生まれ，北欧から欧米そして全世界へと普及した概念である。当時の障がい者は家族や地域から切り離され，1000人規模の大型施設で一生を過ごすことがあたりまえで，断種手術が強制されることも当然視されていた。これに異議を唱えたのが，知的障がい者の親の会であり，誰もが住み慣れた地域で共に暮らせる社会こそがノーマルな社会であるとして，障がい者の社会参加促進を求めた。この主張に共鳴したデンマーク政府によって始められた障がい者の脱施設化政策は，オイルショックによる財政の悪化も手伝って，またたく間に世界的な潮流となった。1981年に実施された国連の国際障害者年では，「完全参加と平等」というテーマが掲げられ，障がい者の社会参加をはばむ障壁の除去（バリアフリー）など多様な側面からノーマライゼーションを推進することが求められるようになった。

施設から在宅への福祉の転換は，障がい者に限らずあらゆる福祉制度利用者のニーズに合致し，生活の質を高めることが期待される。その反面，施設のように24時間・365日の暮らしを専門職だけで支えるのは困難である。また，病気や障がいに対する差別が根強く存在すれば，彼らが地域生活を望むことすら難しい。そのため，在宅福祉の推進に向けては，専門職によるケアサービスだけでなく，住民の理解と参加を促す福祉教育を展開したり見守りや生活支援活動を充実させるなど，利用者を受け止めるための地域づくりが不可欠となる。

社会的包摂の推進　2000年の改革では，地域福祉推進の新たな手法として社会福祉法第107条に「市町村地域福祉計画」が規定され，計画の策定・実践を通じて全国各地で特色のある福祉のまちづくりが実践されている。2011年の介護保険法改正では，団塊世代が75歳を超える2025年を目途に「地域包括ケアシステム」を構築することが政策決定された。このなかでは住民主体の介護予防や生活支援活動の役割が特に強調され，これらの活動への住民参加の促進が課題となっている。

一方，私たちの暮らしは，非正規雇用の拡大と経済格差の拡大，ひとり暮らしの増加，社会的孤立の深まりなどの社会変動を受けてますます不安定化し，孤独死や自殺，虐待などの深刻な事例も後を絶たない。また，ひきこもりやゴミ屋敷問題のような，従来の法制度の枠組みでは対処困難な「制度の狭間の問

題」への対応が地域福祉に求められるようになった。そこで，人々の生活困窮の要因を社会的排除とそれによる孤立の結果と捉え，彼らと社会制度やコミュニティとの関係を再構築することを目指す，「社会的包摂（ソーシャル・インクルージョン）」志向の地域福祉が重視されるようになっている。

「社会的排除」という概念は1980年代にフランスで生まれ，その後EU諸国に広く浸透して社会政策に大きな影響を与えてきた。オイルショックを契機に移民や若者などの長期失業が社会問題化し，さらに社会主義体制の崩壊により東欧から大量の労働者を受け入れた西ヨーロッパ諸国では，政府による社会保障の対象から漏れて生活困窮に陥る人々の存在が露わになった。人々が抱える課題に対応できない福祉国家の限界が指摘される一方，資源の不足として捉えられてきた従来の貧困論とは異なり，社会制度やコミュニティとの関係性から貧困を捉え，彼らが社会の周辺に追いやられるプロセスにその要因を求める「社会的排除」の考え方が広まった。「社会的包摂」は，社会的排除を生み出す社会構造にメスを入れ，解決に向けた取り組みを推進することである。人々の多様性を認めつつ社会への統合を促進するという意味ではノーマライゼーションの考え方と共通する部分も多いが，障がい者を中心に脱施設化（在宅福祉化）を推進することが出発点であったノーマライゼーションに対して，社会的包摂の出発点は，移民などの公的扶助受給者や生活困窮者への就労支援をきめ細かく充実させることにあった。

日本でも，非正規労働者のように従来の社会保障制度の対象から漏れがちな人々を支援するため，2015年に生活困窮者自立支援制度の運用がスタートした。2018年には，この制度の効果をさらに高めるために改正社会福祉法が施行され，住民や多様な専門職との協働によって地域社会に潜むあらゆる生活課題の発見と支援ネットワークの形成を目指した「地域共生社会」の実現が地域福祉に求められるようになった。これらの取り組みを通じて，住民による生活困窮者からのSOSの早期発見・早期対応力を高め，専門職とのネットワークで社会的包摂を実現することが喫緊の課題となっている。

文献▷井岡勉・賀戸一郎，2016，『地域福祉のオルタナティブ』法律文化社。
　　　　岩田正美，2008，『社会的排除』有斐閣。
　　　　武川正吾，2006，『地域福祉の主流化』法律文化社。
関連項目▷16, 29, 45, 46

29 自治体における福祉政策の展開

竹川俊夫

社会福祉の実施体制　社会保障の一環として対人援助を担う社会福祉事業には，生活保護法，児童福祉法，身体障害者福祉法，知的障害者福祉法，老人福祉法，母子及び父子並びに寡婦福祉法という対象領域ごとの法律（社会福祉六法）と，制度の共通基盤を定めた社会福祉法などの関連法制に対応してサービス体系が構築されている。さらに国は，ナショナル・ミニマムとしてのサービス水準や公正性を確保するために，受給に際しての手続きを設定したり，財源を調達するなどの役割を果たしている。一方，実際に生活課題に直面して困難な状況にある人々から相談を受け，課題解決に必要なサービスを提供するのは，都道府県や市町村の民生部局の役割であり，その中心的な窓口は福祉事務所である。

　福祉事務所は，社会福祉六法が定める援護・育成・更生という一連の事務を実施する第一線の福祉行政機関である。都道府県と市には必置義務があるが，町村での設置は任意とされている。2016年4月時点の設置数は，市996ヶ所，都道府県208ヶ所，町村43ヶ所の計1247ヶ所で，それぞれにケースワーカーと呼ばれる生活保護担当や身体障害者福祉司，知的障害者福祉司などの職員が配置されている。都道府県の福祉事務所は，未設置の町村をカバーするために設けられた窓口である。しかし，地方分権の一環で福祉提供機能の市町村への一元化が進められたことで，現在は福祉事務所未設置の町村であっても，保育所や高齢者福祉，障害者福祉に関するサービスは，役場の民生担当部局で受給手続きが可能である。そのため，都道府県福祉事務所の現在の役割は，生活保護の実務と広域的・専門的な見地からの調整が中心となっている。

　都道府県には，福祉事務所以外にも，障がいの判定や市町村への専門的な支

援を担う身体障害者更生相談所，知的障害者更生相談所，精神保健福祉センターがある。また，非行児童や障がい児，児童虐待への対応を担う児童相談所，DVなどを中心に女性の問題への対応を担う婦人相談所などの専門的な窓口も設置されており，市町村をバックアップしながら人々の暮らしを支えている。

<u>福祉計画を通じた政策展開</u>　戦後の社会福祉は，GHQの指導を受けて国家責任に基づく運営体制が構築されたことで，自治体（福祉事務所）は長らく国を頂点とする中央集権型福祉国家システムの下部組織に位置づけられていた。1970年代のオイルショックを機に，福祉国家システムが抱える画一的・硬直的で非効率な側面が疑問視されはじめると，1980年代以降，施設中心の福祉から在宅福祉への転換が急ピッチで進められるのとあわせて，社会福祉行政の地方分権化の動きが本格化した。

1990年に実施された社会福祉関係八法改正では，前年に国が策定した「高齢者保健福祉推進10か年戦略（ゴールドプラン）」の実現に向けて，全国の市町村にも「高齢者保健福祉計画」の策定が義務づけられた。これを機に自治体が主体的・自律的に福祉政策を企画・実施する自治型地域福祉の時代へと移行し，高齢者福祉分野を皮切りに，児童福祉や障がい者福祉分野においても福祉計画の策定が求められるようになった。これらの福祉計画を通じて生活課題や社会資源などの地域の実情をふまえた政策立案が可能になったことで，国のサービス基準への上乗せや独自のサービス開発に力を入れる先駆的な自治体も現れた。

さらに2000年に実施された社会福祉基礎構造改革では，社会福祉法第107条に，これまで推進されてきた分野別福祉計画の上位計画として，新たに「市町村地域福祉計画」の策定が規定された。今日の地域福祉は，住民をはじめとする多様な主体の協働を前提としているが，その実現のためには，住民や関係団体の参加を拡大しながら，地域福祉推進に対する彼らの主体性を形成し，住民自治力を構築することが不可欠である。しかしながら，こうした住民参加のスキルは未だ多くの自治体では未成熟であり，地域福祉計画がその先導役となって技術の蓄積を進め，自治型地域福祉の内実を豊かにする必要がある。

<u>計画策定における住民参加</u>　地域福祉計画は，その策定過程において住民参加を必須要件としている点でほかの福祉計画とは大きく性格が異なる。住民参加の手法はマニュアル化されるようなものではなく，各自治体が地域の実情に照らして創意工夫すべきものであるが，その具体的な取り組みにはどのようなものがあるのだろうか。

Ⅳ　地域のガバナンス

　住民参加の代表例のひとつは，計画策定のための意思決定機関（策定委員会など）への参加であり，策定委員のなかに住民組織の代表枠や公募委員の枠を設けたり，さらには策定委員会の下部組織としてワーキンググループや100人委員会などの作業部会を設置して，住民の意見集約と議論の機会を最大化する試みが実践されている。ふたつ目は，策定組織とは別に，地域住民の意見やアイデアを集約するための参加型イベントを開催することである。具体的には，多くの住民が気軽に参加して発言ができるよう，小地域ごとに住民懇談会やワークショップを開催するという手法が各地で試みられている。また，インターネットを活用して計画案への意見を募る意見公募手続制度（パブリックコメント）も広く普及している。3つ目は，生活課題を抱える当事者グループや団体へのヒアリングやグループインタビューを実施することで，課題を抱えながら地域で暮らしている住民の生活実態をよりリアルに把握することである。さらに，地域課題の傾向を客観的に把握するために実施するアンケート調査や，計画策定の主旨や課題を広く地域住民と共有するために開催されるフォーラムやシンポジウムも，住民参加の手法として位置づけられることがある。

　以上の住民参加の試みについては，どれも一長一短があるため複数の取り組みを組み合わせながら，より幅広い立場の住民から意見を集約することが望まれる。住民参加を進める真の目的は，単に計画の立案に必要なデータを収集するだけでなく，住民の主体性を形成して住民自治力を強化することにある。そのため自治体は，集約された意見が計画にどう反映されたのかを住民に向けて丁寧に説明したり，進捗管理段階においても住民参加を求めて計画の進行度合いや達成度を評価できるようにするなど，地域福祉計画のすべてのプロセスで住民参加の機会を設けて，住民との信頼関係を強めることも必要である。

生活困窮者自立支援の推進

　これまでの社会福祉は，対象者ごとに法制度が用意され，サービスを所管する部署も制度ごとに分立するタテ割りの性格が強かった。一方，バブル経済の崩壊を経て1990年代後半以降は，ホームレスやネットカフェ難民，ひきこもり，アルコール依存，ゴミ屋敷問題など，タテ割りの社会保障のセーフティネットから排除され，制度の狭間で生活困窮に陥る人々の存在が知られるようになった。また，経済格差の広がりのなかで生活保護受給者数が過去最高を更新したり，シングルマザーや子どもの貧困が新たな社会問題としてクローズアップされるようになった。加えて，深刻な生活課題を複合的に抱え込んでしまう多問題世帯も増加傾向にある。

以上のように，既存の社会保障制度が有効に機能しないケースに対しては，最後のセーフティネットとして生活保護制度が存在しているが，厳格な資力調査のためにプライバシーを詳らかにする必要があるなど，若い生活困窮者にとっては利用しづらいところがある。そのため，彼らをむしろ生活保護制度の手前で受け止めるとともに，タテ割り制度の弊害をのり越え，世帯が抱える生活課題を丸ごと捉えて，ひとりひとりの個別事情にあわせたきめ細かなサポート体制を構築することで社会的包摂を達成することが要請された。この動きは2008年のリーマンショックによって決定的となり，複雑化・深刻化する生活課題への対応力強化を目指した新たなしくみが登場した。

　それが2015年度より全国の市町村でスタートした，「生活困窮者自立支援制度」である。この制度の特徴は，制度ごとのタテ割りだったこれまでの支援体制とは異なり，ワンストップで相談からサービス受給，アフターフォローまでを一貫して支援する「伴走型支援」を実施することであり，ひとりの利用者を中心に，就労支援や生活支援などを専門とする複数の支援員が包括的な支援体制を構築し，課題解決に向けてきめ細かく連携しながら支援することである。また，世帯が抱える多様で複雑な生活課題を丸ごと受け止めることも大きな特徴である。

　この制度が生活保護の手前で支援機能を最大限に発揮するには，生活困窮の要因が複合化したり深刻化したりする以前のなるべく早い段階でニーズ把握を行う必要がある。しかしながら，生活困窮者は社会的孤立状態にあることが多く，それゆえ課題も顕在化しづらい。社会との関わりを拒否しているケースのように，本人が相談窓口に出向いて支援を要請すること自体が困難な場合も少なくない。このように，自らSOSをうまく発信できない人々の生活課題を，地域との連携・協働によって早期に発見し，早期に解決に結びつけることが重要となる。したがって，今後生活困窮者自立支援制度の効果を高めるためには，住民の生活課題への理解を深めるとともに，地域のなかで生活課題情報を発見・集約するしくみをどのようにデザインするか，さらに福祉事務所などの行政機関の専門職と住民との緊密な連携をどうデザインするかが課題になる。

文献▷奥田知志・稲月正，2014，『生活困窮者への伴走型支援』明石書店。
　　　武川正吾，2005，『地域福祉計画』有斐閣。
関連項目▷**16．28．45．46**

30 マイノリティと法制度

稲津秀樹

多様性の承認に潜む課題

近年，多様性（ダイバーシティ）の実現に向けた人権保障が，差別解消や文化振興といった法制度上の課題として進められている。特に2020年の東京オリンピック・パラリンピック大会（以下，東京大会）招致を契機とし，あらためて多様性という言葉にふれる機会が増えている。東京大会のビジョンのひとつに掲げられた「多様性と調和」の背景には五輪憲章の次の文言があるとされる。

> このオリンピック憲章の定める権利および自由は人種，肌の色，性別，性的指向，言語，宗教，政治的またはその他の意見，国あるいは社会的な出身，財産，出自やその他の身分などの理由による，いかなる種類の差別も受けることなく，確実に享受されなければならない（2017年度版根本原則6）。

この内容を受けるように，近年，東京都をはじめとする自治体では人権施策推進指針の整備や見直しが進められてきた。2016年には「障害者差別解消法」「ヘイトスピーチ解消法」「部落差別解消推進法」が国会で相次ぎ成立・施行され，差別解消に向けた法整備も進む。2020年には，北海道白老郡に「国立アイヌ民族博物館」および「ウポポイ（民族共生象徴空間）」が開設された。

このように法律や制度を通じた多様性の承認が求められる背景には，どのような世界的潮流があり，それはいまどんな問題に直面しているのだろうか。以下，人種・民族論を中心とした世界の多文化主義（マルチカルチュラリズム）の議論を概観しながら，法制度を通じた多様性の承認に潜む課題を考えてみたい。

多文化主義の隆盛と反動　多様性の承認を通じた社会統合を目指すプロジェクトとして掲げられてきた概念が，多文化主義である。国ごとの状況や論者ごとの定義もあるが，ここでは「国民社会の内部における文化的に多様な人々の存在を承認しつつ，それらが共生する公正な社会を目指す理念・運動・政策」（塩原 2012）と理解しておきたい。

多文化主義が海外の主要先進諸国で求められた背景には，植民地主義とグローバル化を経て出現した，多民族・多文化社会化の潮流がある。特にオーストラリアやカナダでは，アジア・中東からの移民や難民と新しい国家をつくる過程で，白人中心のナショナリズムが成立しえなくなった事情もある。加えて，経済的繁栄と福祉制度を備えた豊かな社会は，公民権運動や先住民運動のようなマイノリティ集団の意義申し立てを否定せず，その声と対話をしながら市民権保障が目指されてきた。それが植民地下や，戦時中に行われた国家暴力に対する補償（リドレス）の議論にもつながった。未解決の問題も残されているとはいえ，こうした戦後社会の大きな流れのなかで，理念・運動・政策としての多文化主義が選ばれてきたといえる。

しかし，市場原理主義や福祉国家の限界がいわれ，社会全体が不安定化する現在では，多文化主義への反動も強まっている。それがナショナリズムやレイシズムへの回帰を伴うヘイトスピーチやヘイトクライムの問題となって現れ，「多文化主義の失敗」や「移民排斥」が叫ばれる。いまや多文化主義自体がポリティカルな論争を呼ぶテーマとなるなかで，私たちは多様性の承認という課題と向き合うことを求められている。この課題の重要性は，社会的な不安やヘイトの問題が台頭する状況にあって，ますます高まっているといえるだろう。

マイノリティ集団の範疇化　多様性の承認をめぐる政治的主張の応酬には，その内容はともかくとして，マイノリティ集団を括り出すカテゴリー化（範疇化）が必ず伴う。例えば「移民は国民の雇用を奪うから入国を拒否しよう」といった意見や，反対に「移民の持つ資源が新たな生産性につながるから入国を歓迎しよう」といった意見が聞かれる際も，「移民」という集団が，マジョリティの都合に応じて括り出されることに変わりはない。ここでいうマイノリティ集団は，なにも移民に限るものではない。それがアイヌのような先住民族であれ，LGBTIQ（レズビアン／ゲイ／バイセクシュアル／トランスジェンダー／トランスセクシュアル／インターセックス／クイア／クエスチョニング）のような性的指向であれ，多様性の承認をめぐる政治では，こうした集団のカ

テゴリー化が伴う。差別を目的に行われることもあれば，差別からの解放のために行われることもあるという意味で，カテゴリー化には両義性が伴う。

先述の差別解消三法も，その正式名称に表れているように，特定集団を対象とした差別行為を定め，その行為の解消が（いずれも罰則規定のない理念法にとどまるが）目指されている。直接記されてはいないが，ここには「差別される者たち」と「差別する者たち」の二者が想定されている。そして後者による前者への振る舞いを止めるという，集団間の行為への働きかけを通じた理念の達成が考えられている。国立アイヌ文化博物館の構想も，1997年の「アイヌ文化振興法」や，2008年の「アイヌ民族を先住民族とすることを求める決議」の衆参両院での採択を受けて進められている。このようにマイノリティ集団のカテゴリー化は，法制度による差別からの解放，ひいては多様性の承認を目指す際にも用いられる，基本的な論理枠組みである。

> 個人からみた範疇化問題

しかし，差別の現実を考えたときに，カテゴリー化による差別事例は後を絶たないが，カテゴリー化の枠組みによる解決には限界がある。具体的には，女性の解放を目指すフェミニズムの立場から提起された「複合差別」という問題がある（上野 1996）。例えば，移民家族内の女性差別や子どもへのネグレクトといった「マイノリティのなかのマイノリティ」に対する差別経験は，集団のカテゴリー化に沿った理解だけでは捉えきれないという主張である。ほかにも，アイヌであり女性である，在日コリアンであり障害者である，旧同和地区に住む新規移民である，といった具合に複数のカテゴリーが交わるなかで生きる個人がいる。この見立ては，インターセクショナリティ（交差性）という，複数の差別が交わる状況で経験される，独特の抑圧内容について考える議論にもつながっている（徐 2018）。

集団のカテゴリー化に基づく差別が続くなかでも，当該集団に対する人権保障を進める多文化主義的な承認の方向性には，いまももちろん一定の意義があるだろう。しかしそれにも限界があり，集団では括りきれない個人次元の交差性をふまえた承認のあり方が同時に求められる。被差別当事者となるマイノリティ集団ごとに法制度を設けてきた日本では，普遍的人権に基づいた包括的な差別禁止法の議論を欠いているといわれており，現代の複雑化する差別状況に応じた法制度の整備が望まれている。そこでは，なぜ私たちはそもそも多様性の承認という課題と向き合わねばならないのかという議論が欠かせない。

同化主義を超える社会構想

戦後日本社会には，民族的・文化的背景に由来する多様性を承認しながら成員間の政治的経済的な平等を目指す，多文化主義のような包括的な統合政策が存在してこなかった。結果として，場当たり的な個々の対応はあれども，現在，マイノリティをめぐる法制度は個別分断的なガバナンスの下におかれている。それが社会全体としてみたときに「ふつうの日本人」（想像上の虚構）への同化主義が政策的に続けられてきたといわれる所以であるし，複合差別問題への対応が遅れている理由でもある。冒頭に記したように，東京大会招致を契機として多様性という言葉に注目が集まっている。だがそれは多様性という課題が，時の政治や権力の動向に左右される脆弱性を有していることの証左でもある。法制度の個別整備や，一過性のイベントにとどまらない，社会全体の構想として，多様性を承認していく構えが求められている。

ヘイトの現場で聞かれる「嫌なら自分の国へ帰れ」「障害者は殺したほうがよい」などという発言は，人間の多様性から目を背けさせ，他者の権利や生命を奪ってきた戦後日本社会の同化主義政策そのものを体現している。外国人には，「出入国管理及び難民認定法」と「外国人登録法」という，「管理」に関する法律のみが長らく存在してきた。「**47**」で触れるように「多文化共生」の総務省方針もあるが，現在のところ「住民」であること以外の多様性 — 民族的・文化的・政治的権利を認める内容には遠い。障害者に至っては1996年まで「優生保護法」という優生思想を体現した法律が運用されていたことも見逃せない。

他者に対するこうした構えは反転して，自分たち自身の内なる民族性（民俗性）や文化的な多様性を抑圧する構えとなってきた。マイノリティ支援の現場で「マイノリティ問題の解決がマジョリティ問題の解決につながる」といわれてきた所以である。この意味で，多様性の承認に潜む課題は，マイノリティに限定されない，私たちすべてにとって乗り越えるべき課題であるといえる。そこで問われているのは，私たちの社会が，他者の多様性を同化主義以外で承認していく構えであり，またそのための法制度の構想なのである。

文献▷上野千鶴子，1996，「複合差別論」井上俊他編『差別と共生の社会学』岩波書店。
　　塩原良和，2012，「多文化主義」『現代社会学事典』弘文堂。
　　徐阿貴，2018，「Intersectionality（交差性）の概念をひもとく」『国際人権ひろば』137（https://www.hurights.or.jp/archives/newsletter/section4/2018/01/intersectionality.html#2　アクセス日2019年2月14日）。

関連項目▷**3．5．11．19．28**

Ⅳ 地域のガバナンス

📖 発展的学習・研究のためのブックガイド

19 小林傳司，2007，『トランス・サイエンスの時代——科学技術と社会をつなぐ』NTT 出版。
　ベビア，M., 2013，『ガバナンスとは何か』野田牧人訳，NTT 出版。
21 田中啓，2014，『自治体評価の戦略——有効に機能させるための16の原則』東洋経済新報社。
　中室牧子・津川友介，2017，『原因と結果の経済学——データから真実を見抜く思考法』ダイヤモンド社。
22 加藤尚武，1997，『現代倫理学入門』講談社。
　セイラー，R., サンスティーン，K., 2009，『実践　行動経済学』遠藤真美訳，日経 BP 社。
23 ラザリ＝ラデク，K., シンガー，P., 2018，『功利主義とは何か』森村進・森村たまき訳，岩波書店。
　サンスティーン，K., 2017，『命の価値——規制国家に人間味を』山形浩生訳，勁草書房。
24 サンスティーン，K., 2018，『#リパブリック——インターネットは民主主義になにをもたらすのか』伊達尚美訳，勁草書房。
　待鳥聡史，2015，『代議制民主主義——「民意」と「政治家」を問い直す』中央公論新社。
25 辻山幸宣・今井照・牛山久仁彦編，2007，『自治体選挙の30年——「全国首長名簿」のデータを読む』公人社。
　中邨章，2016，『地方議会人の挑戦——議会改革の実績と課題』ぎょうせい。
26 砂原庸介，2015，『民主主義の条件』東洋経済新報社。
27 岩崎美紀子，2000，『分権型社会を創る 7 ——市町村の規模と能力』ぎょうせい。
　町田俊彦編著，2006，『平成大合併の財政学』公人社。
28 岡村重夫，1974，『地域福祉論』光生館。
　住谷馨・右田紀久恵編，1973，『現代の地域福祉』法律文化社。
29 牧里毎治・野口定久・武川正吾・和気康太編著，2007，『自治体の地域福祉戦略』学陽書房。
30 デリダ，J., 2018，『歓待について——パリ講義の記録』廣瀬浩司訳，筑摩書房。
　アーレント，H., 2017，『新版　全体主義の起原 2 ——帝国主義』大島通義・大島かおり訳，みすず書房。

V

都市と農山漁村の持続可能性

田園回帰は,単なる「都市から農山村への人口移動」という現象のみに矮小化して捉えるべきものではない。

近代都市の整備は,転換する時代の価値観に基づき社会によって都市空間が近代的な空間組織へと再編される過程なのである。

31 ポスト生産主義と多自然居住地域

筒井一伸

農山村の多面的機能　21世紀を目前に農山村の政策的な位置づけが大きく変化した。それは「8」の最後に述べた21世紀型の新しい農山村の捉え方と呼べるものであり，「農業・農村の多面的機能」への注目と「多自然居住地域」の創造という政策目標である。ここでは前者からみていこう。

　農業基本法に代わり1999年には食料・農業・農村基本法が制定された。この基本理念は，食料の安定供給の確保，農業の持続的な発展，農村の振興ならびに多面的機能の発揮であり，この多面的機能には洪水防止や土壌浸食の防止，水資源の涵養の国土保全機能，景観や生態系の保全，保健休養のアメニティ機能，自然教育や伝統文化の継承の教育文化機能などが含まれた。

　2000年にはその施策として中山間地域等直接支払制度が開始された。中山間地域とは，1988年度の『農業白書』において「平野の周辺部から山間地に至るまとまった平坦な耕地が少ない地域」として取り上げられた農政の地域概念であり，林野率や耕地率などに基づく農業上の「条件不利地域」を指し示す。このような中山間地域などの農業生産条件の不利な農用地を持ち，かつ一定条件を満たした農家などへの交付金を支払う制度で，耕作放棄の発生防止や将来に向けた農業生産活動の継続的実施など農業生産の維持を図るとともに，集落機能の活性化や農山村の多面的機能の維持・増進などを目指したものであった。

　農山村に多面的な機能を見出すという理解の仕方は，「農山村＝農林業生産の場」と捉える20世紀のシステムのもとでの「生産主義」との対比から，「ポスト生産主義」と呼ばれ，今日の農山村理解の基本となっている。表1は生産主義下の農山村とポスト生産主義下の農山村の特徴をまとめたものである（立川 2005）。農業が，画一的な大量生産を求めた生産主義から少量他品目で環境

表1　生産主義下とポスト生産主義下における農山村の特徴

	生産主義	ポスト生産主義
農業	画一的，大量生産，効率性	少量多品目，環境保全，持続性
農山村	生産性観点からの地域分化 （条件不利地域の析出）	消費観点からの地域分化 （空間のモザイク化）
影響要因	価格，生産性，土地条件 生産団体を軸とした組織政治	表象，シンボル，アイデンティティ 表象を軸としたネットワーク形成
商品化	農業生産物，農業優良地	農村空間，表象
政府の役割	生産性向上支援など 中央政府の役割大	交流基盤整備支援など 地方自治体の役割大
競争の源泉	価格情報	非価格情報
関係主体	域内の生産者，行政，経済団体	域外へのステークホルダーの拡大
結合原理	市場およびヒエラルキー	ネットワーク

出所：立川（2005：9）を一部改変。

保全に配慮したポスト生産主義に変化するなか，その競争の源泉も単なる価格だけではなく，安心・安全や生産地，生産者といった非価格情報が重視されるようになってきた。農山村も農業的視点からの条件不利地域ではなく，景観や地域資源を含む空間そのものが商品化することに対応して，個別的・断片的な再編成が進行したモザイク的なものとして捉えられる。

　このようにポスト生産主義という文脈で農山村を理解するように変化してきたことに加え，これまでごくあたりまえだった農山村の捉え方が，必ずしも農山村の固有的特徴をいいあらわさなくなっている。例えば「過疎地域」が主としてあらわしてきた人口減少，高齢化という農山村の特徴はすでに日本全体の問題となっており，同様に「中山間地域」は農業の上での条件不利地域を指し示してきたが，グローバル化の進展のなか，効率的な大規模農業が行われる諸外国に比べると，日本の農地全体が条件不利であり，必ずしも特定の農山村固有の特徴をいいあらわさなくなっている。このように「人口減少，高齢化」や「条件不利」が農山村の専売特許ではなくなってきたなか，こういった特徴を拠り所に行われてきた農山村政策は転換を求められている。

> 多自然居住
> 地域の創造

　一方，国土計画の転換点が1998年の国土計画「21世紀の国土のグランドデザイン」における「多自然居住地域」の登場である。多自然居住地域とは「中小都市と中山間地域等を含む農山漁村等の豊かな自然環境に恵まれた地域を，21世紀の新たな生活様式を可能とする国土のフロンティアとして位置づけるとともに，地域内外の連携を進め，都市的な

サービスとゆとりある居住環境，豊かな自然を併せて享受できる誇りの持てる自立的な圏域」(宮口 2004a：182) であり，その小都市と農山村が「互いの資源や場がうまく活用される仕組みと関係を築き，さらに小都市の都市的サービスの機能をレベルアップすることによって，そこに一人当たりのレベルの高い経済と安心できる生活のシステム」(宮口 2004a：184) を創造することが目指された。

当時の政府内の議論では過疎問題による人口減少の結果，農山村は低密度居住地域になったというネガティヴな捉え方が常識であった。しかし都市的発展から取り残された地域はそもそも低密度居住地域で，相対的に少数の人々が空間や資源を多面的に利用してきた事実を確認し，21世紀型国土計画においてポジティヴに多自然居住地域として目指したのである (宮口 2004b)。

しかしながら同時期から活発に行われた「平成の大合併」の影響もあり，多自然居住地域の創造に向けた具体的な動きは当初必ずしも大きなものではなかった。2008年に策定された国土形成計画で目指された「複数市町村の連携・相互補完による都市機能の維持増進」を具体化するための定住自立圏構想 (2009年) の動きとともに，多自然居住地域は再び注目を集めることになる。

都市 - 農山村交流の歴史

この多自然居住地域の創造という政策目標に向けて重視されたのが都市-農山村交流である (表2)。都市 - 農山村交流の傾向は大きく6つの時期に区分できる。1970年代の都市 - 農山村交流は，農村工業化など既存の地域振興に対して先進的かつ「異端児的」な地域づくり運動であった。1980年代に入ると，都市 - 農山村交流は小規模ながらその意義が意識され始めて「隙間を埋める開発手法」として展開される。さらに1980年代後半は，「第4次全国総合開発計画 (1987年)」において「定住と交流」，「交流ネットワーク」が重要な概念として提示されたことで国家レベルにおける主要な施策として確立する。しかし「総合保養地域整備法 (リゾート法)」制定 (1987年) を起点に，1990年代前半にかけては「リゾート開発手法」への傾斜が進んだもののバブル経済崩壊により行き詰まりが表面化した。

1990年代後半になると「リゾート開発手法」の失敗への反省からソフト面を重視した都市 - 農山村交流が注目されてくる。1994年には「農山漁村滞在型余暇活動のための基盤整備の促進に関する法律」が施行され，グリーンツーリズムが本格的に始動する。また1998年の多自然居住地域がきっかけとなり，単に経済的効果を目指すのではなく，「自然共生型」都市 - 農山村交流，「環境型」都市 - 農山村交流が台頭するに至った。そして2000年代に入り「協働志向」が

表2 都市－農山村交流のトレンド

1970年代 もうひとつの開発手法	富山県利賀村と東京都武蔵野市との交流〔1972〕，長野県八坂村山村留学〔1976〕，大分県一村一品運動〔1977〕
1980年代前半 隙間を埋める開発手法	群馬県川場村と東京都世田谷区において相互協定〔1981〕，山形県西川町ふるさとクーポン販売事業〔1982〕，農村と都市の交流促進事業【農林水産省】〔1984〕
1980年代後半 国の補助事業として確立／公共事業化	総合保養地域整備法（リゾート法）〔1987〕，特別交付金「ふるさと創生」〔1988〕，市民農園整備促進法〔1990〕
1990年代前半 「リゾート開発手法」への傾斜	グリーンツーリズム研究会「グリーンツーリズムの提唱」【農林水産省構造改善局長私的諮問機関】〔1992〕，農山漁村滞在型余暇活動のための基盤整備の促進に関する法律〔1994〕
1990年代後半 「自然共生型」・「環境型」へ	グリーンライフ運動【日本生活協同組合連合会】〔1995〕，NPO法人地球緑化センター　緑のふるさと協力隊開始〔1994〕，若者の地方体験交流支援事業（地域づくりインターン事業）【国土庁】〔1996〕
2000年代 協働志向の都市－農山村交流	エコツーリズム推進法〔2007〕，子ども農山漁村交流プロジェクト【農林水産省】〔2008〕，地域おこし協力隊【総務省】〔2009〕

出所：筆者作成。

すすんでおり，具体的には地域づくりインターンをはじめ，一定程度農山村に滞在して地域づくり活動に参画するインターンシップの広がりがみられた。この協働志向の都市－農山村の延長線上には「地域サポート人材」と呼ばれる総務省の地域おこし協力隊や，その原型となったNPO法人地球緑化センターの緑のふるさと協力隊などもある。

　これらの協働志向の都市－農山村交流は，都市住民を媒介に農山村の価値再発見を誘発させる「交流の鏡効果」をもたらし，多自然居住地域の創造に向けた地域づくり活動が活発化した。さらに都市住民が農山村の地域づくり活動に参加しやすくなったことから，双方向の都市と農山村の関係が生まれ，「**32**」で詳述する田園回帰の潮流をもたらした。

文献 ▷ 立川雅司，2005，「ポスト生産主義への以降と農村に対する『まなざし』の変容」日本村落研究学会編『年報村落社会研究41　消費される農村』農山漁村文化協会。
　　宮口侗廸，2004a，「21世紀の地域社会の創造」中俣均編『国土空間と地域社会』朝倉書店。
　　宮口侗廸，2004b，「国土計画における多自然居住地域の提唱と散村・小都市群地域」金田章裕・藤井正編『散村・小都市群地域の動態と構造』京都大学学術出版会。

関連項目 ▷ 6, 8, 18, 32, 38

32 田園回帰と都市 – 農山村関係

筒井一伸

農山村を志向する都市住民

農山村に関心を寄せる都市の人々が増えている。例えば政府の調査である「都市と農山漁村の共生・対流に関する世論調査（2005年11月調査）」と「農山漁村に関する世論調査（2014年6月調査）」をみると，「農山漁村地域への定住願望の有無」について「ある（「どちらかといえばある」を含む）」とする割合は20.6%から31.6%に上昇し，しかも年齢別にみると20代で30.3%から38.7%，30代で17.0%から32.7%，40代で15.9%から35.0%と高い増加がみられる。この傾向は都市から農山村をはじめとする地方への移住支援を行うNPO法人ふるさと回帰支援センターでの相談件数（来訪相談）にも表れており，2008年には1814件であったのが2017年には2万5492件と10年間で約14倍にも増加している。このような現象は「田園回帰」と呼ばれている。この言葉は2013年頃から新聞記事などでの言及が増えるなど社会的に注目されはじめ，2015年に閣議決定された「平成26年版食料・農業・農村白書」や「国土形成計画（全国計画）」などの政府文書で取り上げられたこともあり，社会的認知が高まりつつある。

しかし都市の，特に若者を中心に広がる農山村志向は必ずしも移住には限らない。先述の2014年6月の農山漁村に関する世論調査において，過疎化・高齢化などにより活力が低下した農山村に対して「積極的にそのような地域に行って，農作業や環境保全活動・お祭りなどの伝統文化の維持活動に協力したい（「機会があれば協力してみたい」を含む）」と答えている割合は72.8%に上り，20代に限定すると82.6%にもなる。つまり「田園回帰」にはUIターンなど具体的な農山村への「移住」に相当するものに加えて，農山村に向けられる都市の若者のまなざしとそれに基づく農山村の位置づけの変化も包含され，前者を

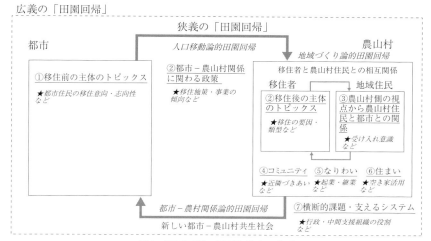

図1 田園回帰の局面と論点の体系
出所:小田切他編著(2016:195)より筆者作成。

「狭義の田園回帰」，後者を「広義の田園回帰」と呼んでいる。つまり田園回帰は，単なる「都市から農山村への人口移動」という現象のみに矮小化して捉えるべきものではない。

田園回帰の論点　ところで田園回帰の局面は次の3つに整理ができる。ひとつ目の都市から農山村への移住そのものという狭義の田園回帰たる「人口移動論的田園回帰」に対して，ふたつ目はその結果から生じる地域づくりに関わった相互関係たる「地域づくり論的田園回帰」である。そして広義の田園回帰として位置づけた農山村志向の高まりは，人の流動が「農山村→都市」と「都市→農山村」と双方向化することを意味しており，この変化しつつある都市と農山村の関係に注目した「都市－農村関係論的田園回帰」が3つ目の局面である。

「シリーズ田園回帰」という書籍が刊行されるなど田園回帰の議論は進んでいるが，より細かく論点をみていくと実に多様である。筆者が1990年代以降の農山村への移住をテーマに取り扱った学術論文の論点を分析してみると，図1で示した論点が明らかになった。

まず移住者という「主体」にまつわる論点があり，①移住前の移住希望者という都市住民の移住ニーズやその志向性などに関するトピックスや，②農山村への移住要因および移住者の類型などに関する議論がある。また③農山村側の

Ⅴ 都市と農山漁村の持続可能性

視点からは都市との関係について農山村住民の受け入れ意識などの議論があり，この②と③のような実態のなかで移住者は農山村住民との相互関係を組み立て，自身の暮らしを成り立たせていく。その際の論点としては④コミュニティとの関係，⑤経済的基盤となるなりわい，そして⑥暮らしの拠点たる住まいの3つがあり，都市から農山村への移住相談において話題にのぼることが多い。

そのためこれらの論点への対応として行政や中間支援組織，地域サポート人材などの役割を検討する⑦移住者と農山村住民の相互関係を円滑に進め，支える実践的な支えるしくみづくりが近年，フォーカスされるようになっている。一方でこれまでの移住に関わる政策の評価や，都市－農山村交流の意義の再検討など政策的な論点も重要になってきている。

都市農山村共生社会の創造　移住者と農山村住民の相互関係による地域づくりが進みつつある農山村では，さらに都市との共生に向けても動きだしている。これが「都市－農村関係論的田園回帰」であり，注目すべきは都市と農山村のボーダーを意識することなく動き，地域と地域をつなぐ人材（ソーシャル・イノベーター）の活躍がみられる点である。

彼らは都市と農山村の「イイトコドリ」をしながら，結果的に両者の共生の担い手となり始めている。この点に注目して，近年注目される概念が「関係人口」である。"交流人口以上，定住人口未満"というわかりやすい説明で登場したものである（田中 2017）。先にみた交流論をふまえて現在の田園回帰への潮流にあわせて整理し直したものが図2である（筒井 2017）。

関係人口に含まれる活動そのものは新しいものではなく地域にすでにあるさまざまな活動が該当する。ボランタリーな活動も含めて体験的な活動から，祭礼やイベントなど農山村コミュニティ活動への継続的な参加を通した協働の展開，そして地域おこし協力隊や緑のふるさと協力隊など一定期間滞在しながら地域サポートを行うものまでが位置づけられる。そして交流活動の扉を開けるオープナー，継続的に通うコミューター，能動的な活動を行うパートナーといったタイプごとに協働や地域サポートを実現していく。その際に重視したい基盤は，その種類や頻度の差はあれ，多くの農山村で行われている都市との交流活動である。

一方，農山村側にたってみるとそれぞれの段階は外部人材の受け入れの経験値を積み重ねることにつながる。農山村コミュニティは，そのコミュニティに属する人々によって地域資源を分配し利用するという営みを続けてきたため，

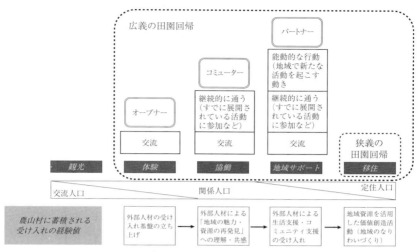

図2 外部人材のタイプと地域との関係
出所：京都市北部山間かがやき隊（地域おこし協力隊）小林悠歩氏作成の図に加筆して筆者作成。

外部人材を受け入れることには慣れていないことが多い。そのため，最もハードルの高い移住者受け入れに抵抗を持つ地域も少なからず存在する。筆者はこれまでも「交流から始まる田園回帰」を提唱してきたが，移住者に限らず関係人口に含まれる幅広い外部人材を想定して，農山村コミュニティの状況に応じた補完関係の構築を目指すべきである。

最後に「関係人口」という表現について述べておきたい。筆者は多少の違和感を覚える。なぜなら「人口」は人間を没個性的存在の集合として管理可能にした概念といわれ，基本的に数字で扱われるものである。一方，関係人口の議論の本質はひとりひとりの関係のあり方である。人口という概念にとらわれすぎて数的なカウントという隘路にはまり込まないよう，人々という主体や地域という現場に目を向け続けるべきという基本を確認しておきたい。

文献▷小田切徳美他編著，2016，『田園回帰の過去・現在・未来』農山漁村文化協会。
　　　田中輝美，2017，『関係人口をつくる』木楽舎。
　　　筒井一伸，2017，「田園回帰におけるコーディネイト」『ガバナンス』195。
関連項目▷7，31，48，54，55

33 地域創造と社会資本

光多長温

社会資本とは 日本における社会資本はこれまで国単位での考え方が強く、地域という視点は薄かった。しかし、地域創成のための社会資本は、地域視点で考えるという発想の転換が必要となる。地域の生活や経済活動に必要な社会資本を整備して、地域住民が主体的に施設運営を行っていくことが不可欠となる。ここでは、地域創成に向けた社会資本として「地域社会資本」という新たな概念を提示し、その具体像を述べることとする。

「社会資本」という言葉はさまざまな意味で使われる。社会学における社会資本は地域の社会的ネットワークにおける人間関係の蓄積を指す。これは、「社会関係資本（Social Capital）」ともいわれ、地域社会の人間関係や信頼関係が高まることにより地域社会の問題解決力や効率性、幸福感が高まることをいう。これに対して、ここで取り上げる社会資本とは経済学からのアプローチで、企業・個人の経済活動が円滑に進むために必要な社会的基盤施設（SOC：Social Overhead Capital）をいう。これは社会的間接資本ともいわれるが、生産や消費などの経済活動の基礎となり、財・サービスの生産に間接的に貢献するという意味合いを持つ。

この社会資本の概念を拡大し、「社会的共通資本」に発展させたのが宇沢弘文である。宇沢はまずその具体的形態として、山林・海洋・大気等の「自然環境」、道路・港湾・上下水道・電力・ガスなどの「社会的インフラストラクチャー」、教育・医療・文化などの「制度資本」に分類する。そして、これらを社会全体にとっての共通の財産と位置づけ、専門的集団によって適切に管理運営されることでその機能は十全に発現されるとした。さらに、社会資本を管理運営するスキームそのものを「ソフトな社会資本」とした。

33　地域創造と社会資本

社会資本整備の系譜　日本における社会資本整備は，時代背景により大きく変化してきた。明治時代から第2次世界大戦期にかけては，富国強兵政策以来の官営工場，軍事施設としての役割も持つ港湾・鉄道などの社会資本が整備された。第2次世界大戦後，1955年以降の前期高度経済成長期においては重化学産業が経済を牽引することとなり，これらの産業にとって必要な臨海部における大規模工業用地造成・港湾整備・工業用水供給のためのダム建設などを中心とした社会資本への投資が積極的に行われた。1970年代の後期高度経済成長期になると，電気・自動車などの加工組立産業が経済を牽引し，これらの工場は地方の内陸部中心の立地となることから都市間を結ぶ道路・鉄道などの交通網整備が行われた。1980年代には国際化時代を迎え，国際金融都市への変貌を遂げるために遅れていた都市整備が喫緊の課題となり，大都市圏における環状道路，港湾，その他都市施設整備に重点が移る。

　バブル経済崩壊後の1990年代においては，疲弊した地方を振興することが大きな政治課題となり，地方を中心とした社会資本整備に回帰するも，過度の財政資金投入を招き，結果的に公的債務の増大につながった。そして，2000年以降，財政資金投入による社会資本整備は緊縮される一方，社会資本の整備および運営に民間企業の経営力・資金力が活用される，いわゆる官民連携プロジェクトが推進されている。これは必然的に民間企業が取り組みやすい規模の大きい施設や収益性が高い施設整備が中心となる。

社会資本の考え方の変化　社会資本とは，社会的・経済的に必要ではあるが民間の経済活動では供給できない施設をいう。このため，施設の整備には財政資金が使用されてきた。社会資本は毎年の公共事業の累積額（ストック）とされ，「財政資金の投入」「国・地方自治体等の公共体による建設」「公共体が所有・運営」の3原則が貫徹され，内閣府の社会資本統計もこの3原則に立つものである。しかし，戦後の社会資本整備の推移のなかで社会資本の考え方そのものが大きく変わりつつある。

　第1に，上記のような長年行われてきた公共部門による整備に関する変化である。まず，明治時代以降国有企業として鉄道，通信設備，たばこ産業の整備を行ってきた日本国有鉄道，日本電信電話公社，日本専売公社の3公社が1985年以降に順次民営化されると，従来社会資本に計上されてきたこれら国有企業保有施設は民間企業資産となった。経済にとって重要な電力などのエネルギーも民間企業の経営によるものであることから社会資本とは区分されていない。

また、1990年代後半から始まった官民連携による社会資本整備においては、公共施設の整備に民間資金が投入され、民間企業が公共施設を整備するスキームが採用された。さらに、空港、道路などで、その運営権を民間企業に売却するコンセッション方式が適用された社会資本においては、所有は公共、運営は民間となる。このように、機能は変わらないし利用者には何ら変更は感じられないものの、社会資本に区分けされたり民間資本に区分けされたりする事例が多くなった。そこで、社会資本3原則を見直して、施設の機能面や地域性に着目して新たな社会資本の分類のあり方を検討すべきとの議論が行われている。

第2に、供給者の視点からの変化である。社会資本は公共投資の累積額であるということから公共事業の特質を引き継いでおり、公共事業のタテ割り行政構造を色濃く反映している。それは、利用者（デマンドサイド）志向より、供給者（サプライサイド）に都合のよい構造となっている。例えば道路の場合、国土交通省関係の道路、街路、港湾道路、農林水産省関連の農業道路などのタテ割り行政がそのまま反映されている。利用者からすれば道路という社会資本を利用するにあたってタテ割り行政の構造は意味があるものではない。むしろ、地域においていかなる社会資本が必要かとの利用者からの意見を反映した社会資本整備が望ましいとの声が聞かれる所以ともなっている。

社会資本整備と地域創造

これまで述べてきたように、日本の社会資本は、全国的視点、タテ割り行政機構を反映したサプライサイドからの考え方であり、地域視点・利用者視点で考えられることは少なかった。しかし、地域創成に向けた社会資本は社会資本の内容を地域単位で考え、利用者からの視点で考える必要がある。国土レベルの社会資本は国直轄、広域自治体レベルの社会資本は広域整備機構、狭域レベルの社会資本は市町村が地域の実情にあわせて整備するという考え方である。広域整備機構としては、英米の例に倣ってカウンティ（日本の既存のものでいえば広域事務組合）制度を採用することも一案である。

この狭域レベルで整備されるものを「地域社会資本」とするが、そこで重要なことは、地域の実情にあわせて整備する内容を地域で決めること、および地域による管理・運営のしくみである。

この考え方は、決して目新しいことではない。1965年頃の新全国総合開発計画策定時には社会資本を地域単位で考えようとする「社会資本ABC論」が提唱された。社会資本のレベルに応じてこれをABCの3段階に分け、それぞれ

国・広域行政，市町村で整備，運営するという考え方であった。当時，大きな反響を巻き起こしたが，タテ割り行政にこだわる中央省庁の激しい抵抗もあり具体化するに至らなかった。地域社会資本とは，この社会資本 ABC 論に前述の宇沢の社会共通資本でいうソフトな社会資本の考え方を加味したものともいえる。

例えば，岡山県新見市哲西町では旧町役場が中心となり，ホール，図書館，保健福祉センター，診療所，地元産品販売所などが一体的に整備され，これを NPO 法人きらめき広場が管理運営している。長野県豊丘村でも道の駅にスーパー，農家レストラン，地域特産物販売所などを集約し，住民などが出資した株式会社が管理運営にあたっている。

また，中山間地域においては郵便局，役場支所，生活関連商業施設，ガソリンスタンド等が次々に廃止されているケースがあるが，これらは地域住民が生活していくのに最低限必要な施設である。高知県土佐町石原地区では，ガソリンスタンド，身の回り品の商業施設を復活させ，地域住民が出資した合同会社いしはらの里がこれらを運営しており，地域維持資本ともいえる。これらに共通するのは，地域で必要な施設を整備し，地域で管理組織をつくって管理運営を行うことである。地方議会で議決して一定の財政的支援を行うケースもある。これらを従来の社会資本のなかに位置づけることは難しいが，国の社会資本重点計画においても，人口減少・高齢化に対応した持続可能な地域社会の形成のための社会資本整備の必要性が述べられているし，政府もこれらを2015年策定の第二次国土形成計画等の中で「小さな拠点」と位置づけて後押しし，大きな流れとなりつつある。

文献▷宇沢弘文，2015，『宇沢弘文の経済学』日本経済新聞出版社。
国光洋二，2017，『地域活力の創生と社会的共通資本』農林統計出版。
森地茂他編著，1999，『社会資本の未来』日本経済新聞出版社。
関連項目▷4，7，8，12，23

34 消費空間としての都市の変容

山下博樹

都市空間の機能分化

都市の空間は，人々のさまざまな活動の場としてその役割を分担している。大きな括りでいえば都心と郊外という対比があり，都心の内部にはオフィス街，商業地，歓楽街などが，郊外には住宅地，工業地域，郊外型商業地などがある。これらの地域の区分は人間活動の目的によって機能的に分類されたものであり，このように特化した土地の用途・機能ごとに実際の地域の機能が分化することを，都市の機能地域分化という。そのためそれぞれの地域を訪れる頻度は人により異なることになる。

こうしたさまざまな地域のなかでも，住宅街を中心とした地域は多くの人々の日常生活に密着した空間であり，生活空間，消費空間として特徴づけられる。現代社会において，私たちは消費活動なしに日常生活を送ることはできないことから，都市空間のなかで最も重要な役割を果たしている空間ともいえよう。ところが，そうした重要な機能を持つ消費空間は，1990年代以後のわずか20～30年の間に大きく変容することを余儀なくされた。ここでは，消費空間としての側面から，都市変容の特徴とそのメカニズムを説明しよう。

消費空間の二極分化

あなたの日常生活の買い物行動を振り返ってみてほしい。電車やバスなどの公共交通手段を使った通学や通勤の途中に駅前のスーパーやコンビニをよく利用する人，自転車や自動車を走らせて広い駐車場のあるスーパーやショッピングセンターを利用する人，このように地域の特徴により消費行動は大きく二分化されている。前者は大都市型で公共交通の利便性が高く，自動車を使わなくても便利に暮らせる地域に住む人のライフスタイル，後者は大都市の郊外，地方都市，中山間地域に広くみられ，モータリゼーションの影響を受けて日常生活の外出全般で自動車をよく使用す

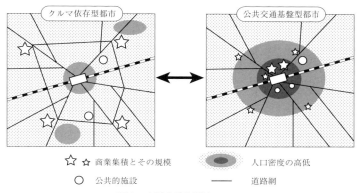

図1 交通体系別都市モデル
出所：山下（2008：174）を一部改変。

るライフスタイルといえる。公共交通と自動車の利用の程度は多様であるため，すべての都市を完全にこの典型的な2タイプに分類できるわけではないが，ここでは便宜的に，前者のようなライフスタイルの住民が多い地域を公共交通基盤型都市，後者のような地域をクルマ依存型都市と呼ぼう（図1）。

　こうしたライフスタイルの二極分化は，それぞれの地域に住む人々の居住地域構造と密接に関連している。つまり，大都市ではマンションなどに居住している住民の割合が大きい。マンションの多くは駅などの公共交通の利便性の高い地域に立地している。好条件の地域は地価が高いため，その負担を軽減して居住可能にするのが集合住宅である。マンションが多く立地する地域は人口密度も高いため，公共交通を整備すれば一定の利用者を確保することは比較的容易である。つまり，人口増加と公共交通の利便性向上の相乗効果が期待でき，自動車を使わなくても日常生活の移動に支障のない地域が形成される。

　他方，大都市でも郊外の公共交通の利便性がそれほど高くない地域や，地方中小都市，中山間地などは，大都市に比べ相対的に地価が安いため，マンションなどの集合住宅のニーズが低く，庭付きの戸建て住宅に暮らす住民の割合が高い。そのため大都市に比べ居住地域の人口密度は低く，バス停が設置されてもその徒歩圏内の人口は少ないので一定数の利用者の確保が困難となり，公共交通の利便性を維持することができない。こうした公共交通の利便性が低い居住地域構造でも，マイカーを自由に使用できれば移動の不便がない日常生活は可能となるため，多くの住民が外出の際には自動車を使用することになる。

Ⅴ　都市と農山漁村の持続可能性

郊外化の進展とその影響　モータリゼーションの進展により，住民の居住地選択への公共交通網の制約がなくなり，道路整備がなされた範囲には住宅地が急速に拡大する。郊外への居住範囲の拡大に伴い，次第に生活関連の店舗や病院なども新たな立地場所を郊外にシフトさせる。モータリゼーション社会では，さまざまな店舗・施設は自動車での利用が便利で広大な駐車スペースを確保しやすい幹線道路沿いの地域など，郊外の各所に分散的に立地するようになる。こうして郊外にさまざまな施設の立地が進んだ結果，本来は都市の中心部から溢出した居住など一部の機能の受け皿であった郊外が，多くの住民の日常生活を充足可能な多機能型の空間へと変容したのである。

　さまざまな店舗や施設の郊外立地が自動車利用を前提として進展した結果，自動車がないと移動がいっそう不便な生活環境となり，公共交通の利用者の減少と利便性の低下の悪循環により，クルマ依存型都市の公共交通は壊滅的な状況に置かれることになる。さらに，クルマ依存型都市は公共交通だけでなく，長年培ってきた都市構造までも破壊してしまう。つまり長年の公共交通網の整備によって形成されてきた交通結節地としての都市の中心部が，公共交通の利用低下によりその中心性を失い，駅などの交通結節地を中心とした旧来型の都市構造（公共交通基盤型）から，さまざまな店舗や施設が郊外に拡散して立地し都市の中心が不明瞭になる都市構造（クルマ依存型）へと変容してしまうのである。

　このようにクルマ依存型都市では，自動車での移動を前提に郊外開発が盛んに行われる。自動車は移動が容易であるため，広域からの集客も期待できる店舗には数千台規模の広い駐車場を備えた大型店もある。品揃えがよく安価な商品を取りそろえたこうした大型店は集客力が強く，地域の消費を一手に集めてしまうパワーを持つ。このような大型店が立地すると，旧来の商店街や身近な地域で食料品などを購入していた消費者の消費行動は一変し，多くの身近な地域の個人商店を閉店に追い込んでいった。

　その結果，1990年代以後日本の小売業では，店舗数は減少の一途をたどりながらも売り場面積は増大し続ける傾向が続き，全国的な店舗の大型化・チェーン化が進行した。1990年代から進行した郊外への大型店の急速な立地拡大は，実際にモータリゼーションが進んだ1960年代後半とはタイムラグが生じている。背景にはまちづくりをめぐる国の制度変更があり，それによって都市の中心市街地の商店街は大きなダメージを受け，中心市街地活性化の取り組みが必要に

なるなど，大きな影響を受けた．

消費空間の変容と買い物難民

現代社会において自動車は最も便利な移動手段のひとつであることは疑いの余地がないだろう．出発地から目的地まで，バスや電車のような駅への移動や待ち時間もなく，Door to Door の移動が可能なため多くの荷物を運ぶことも可能である．ただし，自動車の利用には「運転免許取得」という条件が不可欠となる．そのため，取得できない子どもや，身体などに障害のある人，あるいは高齢となり運転免許証を返納した人が自動車を使用できない．大都市郊外や地方都市では自動車を自由に使える環境にある人は不便のない生活を享受できるが，公共交通の利便性も低く自動車も使えない環境にある人は，思うように外出しにくい日常生活に何らかの不便を感じことも多いだろう．

それぞれのライフスタイルに一長一短はあるものの，概してクルマ依存型のライフスタイルの方が課題は多く，近年しばしば取り上げられる「買い物難民」や「移動困難者」などが発生しやすい．これらは自動車を自由に使えないことに由来する新たな高齢者問題で，身近な個人商店がなくなった地域や，バスが減便や路線廃止した地域などに住む高齢者に降りかかる問題である．

買い物難民や移動困難者への対策では，行政の支援もあり民間事業者やボランティア，社会福祉協議会などによる取り組みが活発化している．スーパーやコンビニによる移動販売車の運行や買い物先への送迎サービス，配食サービスなどはすでに各地で実施されているが，移動販売車の約3割は赤字経営など，その継続性には課題も多い．また大都市圏を中心にネットスーパーも急速に普及しつつあるが，高齢者の利用増加にはデジタルデバイドの課題も大きい．地域の空き店舗を活用した地元のボランティアによる新たな店舗設置や，国土交通省が取り組む「小さな拠点」整備事業など，旧来型の都市構造を再生する動きも顕在化しつつあり，人口減少・少子高齢化に直面する都市が，すべての人にとって住みよい生活環境を取り戻す取り組みからは目が離せない．

文献▷山下博樹，2008，「都市空間の再構築」藤井正他編『地域政策 入門』ミネルヴァ書房．

山下博樹，2014，「大型店の立地展開と規制」藤井正他編著『よくわかる都市地理学』ミネルヴァ書房．

関連項目▷3, 7, 35, 36, 53

35 ネットスーパーと高齢者

白石秀壽

買い物難民・買い物弱者　日用品の購入が困難な人々を買い物難民または買い物弱者という。2015年の経済産業省の調査によれば，その数は700万人に及び，2008年調査に比べて約100万人も増加している。ここでは，近年のネットスーパーの台頭が高齢者の買い物難民・買い物弱者問題を解決しうるのかについて，消費者の買い物行動という視点から検討する。

そもそもなぜ買い物が困難になるのか。その原因を把握することなく，ネットスーパーの影響を語ることはできない。なぜなら，買い物が不自由に至った経緯が異なれば，必要なサービスも異なるからである。ネットスーパーが買い物難民や買い物弱者の問題を解決しうるかは，その潜在的利用者がどのような原因によって買い物困難に陥ったのかを考えなくてはならない。

買い物が困難になる原因はふたつに大別できる。ひとつは，「最寄りの小売店が閉店した」「公共交通機関が弱体化した」といった，自らの事情とは無関係な周囲の事情である。もうひとつは，「加齢に伴い足腰が弱くなった」「運転できなくなった」といった，当人側の事情である（石原 2011）。ふたつの違いによって買い物難民と買い物弱者という用語を使い分ける研究者もいる。大規模小売業者の進出に伴い地域の中小小売店が閉店したことによって買い物が困難になってしまった場合に「買い物難民」という言葉が用いられ，自動車を持たないなどの移動が不便であることによって買い物が困難になってしまった場合に「買い物弱者」という言葉が用いられるという（薬師寺編 2015）。

ネットスーパーの台頭　近年，ネットスーパーが台頭している。ネットスーパーとは，店舗まで出向かなくとも，インターネットで注文し，自宅まで配送してくれるスーパーマーケットのことを指す（清水・坂田 2012）。

日本では2000年に西友がネットスーパー事業を開始した。2010年にはネットスーパーの市場規模は約620億円まで伸び，その後も平均して年10％程度の成長を続けており，市場規模は2016年時点で1372億円に達している。

家に居ながらにして何でも購入できるのだから，ネットスーパーは買い物難民や買い物弱者の救世主となりうる存在だと思われるかもしれない。しかし，ネットスーパーの高齢者利用率は低いと指摘されるように，現時点では，ネットスーパーは買い物難民の救世主になり得ていない（清水・坂田 2012）。

清水信年と坂田隆文は，広島県が本社の食品スーパー株式会社フレスタのネットスーパー事業「エブリデイフレスタ」を例にそのことを説明している。図1は，買い物のための時間がどの程度制限されているか（時間制約）をタテ軸に，買い物のための移動がどの程度制限されているか（移動制約）をヨコ軸にとって顧客を分類したものである。当初，エブリデイフレスタでは，移動が困難かつ介護や育児に追われて時間のない層と，時間には余裕があるものの移動が困難な層がネットスーパーの主要顧客になると予想していたという（図1のA）。しかし，実際には，買い物のための時間的余裕がない共働き世帯と育児に忙しい子育て世帯が主たる顧客になったのである（図1のB）。これは，高齢者は，買い物という行為自体を楽しみにしていたり，介護に忙しい世帯であっても空いた時間に買い物をしたり，妊婦も健康維持や気晴らしのために積極的に買い物に行くためであると清水と坂田は分析している。つまりエブリデイフレスタは，店舗への来店が困難であり，買い物という行為自体に楽しさや気晴らしという意味を見出していない顧客に対して，生活に必要なものを容易に買い揃えるサービスを提供していたというわけである（清水・坂田 2012）。

|宅配サービスの成功事例| 高齢者が宅配サービスをまったく利用しないかというとそうではない。三重県が本社の「スーパーサンシ」は，子育て世帯の顧客層をインターネット注文（ネットスーパー）で取り込みつつ，パソコンを使わない高齢者に対してはカタログやチラシによる電話注文で対応している。高齢者はカタログやチラシを見て，欲しい商品番号をオペレーターに伝えることすら難しい場合もある。そこで同社では，スタッフが10人体制で電話注文を担当し，商品の形状や色を曖昧に伝えられても，希望の商品を割り出すまで根気強く対応するという。また生鮮食品の完熟度の好みについても，可能な限り消費者のニーズに応えている。さらにチャイムだけ鳴らして置いていくのか，それとも手渡しがいいのかなど細かい要望にも対応している。

Ⅴ　都市と農山漁村の持続可能性

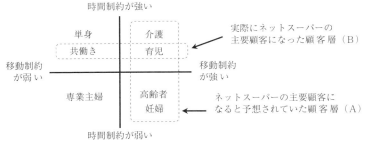

図1　ネットスーパーの顧客層
出所：清水・坂田編（2012：229）より筆者作成。

「無料配達」を売りにするネットスーパーが多いなかにあって，同社の価格設定は決して低くはない。宅配サービスは月額使い放題516円の会費制で，非会員の場合1回あたり104円，購入金額が1544円未満なら別途84円，マンションなど2階以上の家への配達には155円の利用料がかかるという。無料配達サービスは消費者にとっては便利だが，企業は採算が悪くなる。スーパーサンシでは，高価格を設定しつつも個々の消費者に対してきめ細かなサービスを提供することによって，高齢者向けの宅配サービスを実現したのである。

IT化時代の買い物行動　エブリデイフレスタでは高齢者は主要顧客とならなかったが，スーパーサンシはうまく高齢者を取り込むことに成功した。その違いは技術受容モデルによって説明できるだろう（小野 2008）。技術受容モデルとは，新技術採用時の便益を意味する「有用性」と費用を意味する「使用容易性」によって，IT製品をはじめとする革新的技術の採用行動を説明するための理論である。この理論によれば，新技術を採用するかどうかは，その新技術を採用することによる便益が高いだけでは不充分であり，それを採用することによる学習コストが低くなくてはならない。もし高齢者が新技術たるネットスーパーを生活に取り入れることができれば，家に居ながらにして買い物ができ，商品の配送もしてもらえるため，生活利便性を大きく向上させることができる。つまり，ネットスーパーを利用し始めることは，高齢者にとって有用性が高いといえる。とすればネットスーパーは広く利用されるはずである。しかし現実にはそうなってはいない。それは使用容易性が低いためであると考えられる。いくら企業が，ウェブサイトの見やすさや利用しやすさを工夫し，決済や受け取りについて便宜を図ったとしても，高齢者にとっては

ネットスーパーを利用し始めるにあたって発生する学習コストが高く、使用容易性が低いため、採用に至らないのである。

ただし、高齢者にはネットスーパーが普及しないという主張が普遍的に成り立つわけではないことには留意すべきである。というのは、高齢者がネットスーパーを使用しないといっても、それが年齢によるものなのか（年齢効果）、あるいは同じ年代に生まれて同じ経験をしてきたことによるものなのか（世代効果）を区別しなくてはならないからである。つまり、年齢効果が正しければ、いまの時点でネットスーパーを利用している若い世代は、年齢を重ねるとネットスーパーを使わなくなるはずであるが、逆に、世代効果が正しければ、いまの時点でインターネットを頻繁に利用している世代が年齢を重ねれば自然とネットスーパーが普及していくと考えられる。おそらく高齢者のネットスーパーの未利用は世代効果によるものであると思われる。とはいえ、清水たちも指摘している通り、高齢者のなかには買い物という行為自体に楽しさを求めている人もいる。オンラインショッピングに好意を抱くかどうかにあたって、快楽性の提供も重要である。高齢者がネットスーパーを利用することによって、買い物の不自由さを解決するには、世代が変わって使用容易性の問題が解消されるだけでは充分ではなく、それを使うことが楽しくなるようなサービスの提供も必要であろう。

ネットスーパーは買い物弱者問題の解決の一助となる可能性を秘めている。とはいえ、リサーチ会社マクロミルの調査によると、月に1回以上通販を使う人のなかで、Amazonや楽天などのオンラインショッピング全般の利用率は93％に及ぶ一方で、ネットスーパーの利用率は17.6％であるという（2017年7月）。ネットスーパーの普及にはまだまだ時間がかかるかもしれない。

文献▷石原武政、2011、「小売業から見た買い物難民」『都市計画』60(6)。
　　　　小野晃典、2008、「新技術受容の消費者行動論」『三田商学研究』51(1)。
　　　　清水信年・坂田隆文編、2012、『1からのリテール・マネジメント』碩学社。
　　　　薬師寺哲郎編、2015、『超高齢社会における食料品アクセス問題』ハーベスト社。
関連項目▷7, 34, 36, 37, 50

36 まちづくり制度の変遷とその影響

山下博樹

商店街とまちづくり

　まちづくりに関連した法律や条例は都市計画法や景観法など多方面にわたり存在する。安心して快適に暮らせる環境の整備や維持，あるいは魅力あるまちづくりの取り組みへの支援など，多くの人にとってまちづくりに関連した法律・条例（以下，まちづくり制度）の果たす役割は思いのほか大きい。ここでは現在の日本の多くの都市が抱える課題となっている，モータリゼーションの進展によって引き起こされた過度の郊外化や中心市街地の衰退などにみられる旧来型の都市構造の崩壊を，まちづくり制度との関連から考えてみたい。具体的には，人々の生活に密接に関係し都市への影響が大きい，店舗・施設の立地などに関わる制度に焦点を当て，それらのまちづくり制度の変遷とその影響についてみてみよう。

　都市に立地するさまざまな店舗や施設は，不特定多数の人々に利用してもらうためには来街しやすく交通の便のよい場所に立地する必要がある。多くの都市は，歴史的にそうした場所に商店街や市役所・図書館などの公共施設を置き，まちの中心を形成してきた。こうした場所は，今日でも多くの都市で都心や中心市街地と呼ばれ，それぞれの都市の中心として位置づけられている。このように形成されてきた都心や中心市街地の商店街の店舗の多くは，旧来は個人事業者による零細・中小規模の経営であった。呉服店・宝飾店・洋品店など買回り品を取り扱う店舗や百貨店のほか，地域住民の日常生活を支える食料品店や生活雑貨を扱う最寄り品の店舗など，個々の都市の中心商店街の店舗構成は多彩であった。

大店法時代のまちづくり

高度経済成長期には個人の所得も上昇し，消費活動が活発になるにつれて多くの百貨店やスーパーを経営する大手流通チェーンが台頭した。これら大手流通チェーンが経営する大型店は広い売り場面積を持ち，安価で豊富な品揃えは商店街の店舗にとって脅威となった。商店街の店舗の多くは家族経営が中心で，品揃えや価格，営業時間，商店街の定休日など，大型店の企業的経営に比べ制約が多くあった。

1974年に施行された大規模小売店舗法（以下，大店法）は，こうした一般小売商業者の保護を目的に，店舗面積500m^{2}以上の大型店を対象に出店条件について地元商店街とのさまざまな調整を義務づけ，大型店出店の抑制・コントロールに貢献した。同法により，新規の出店・増床などが自由にできなくなった大手流通チェーンは，地方の地元資本経営の百貨店の系列化や，新たな業態だったコンビニエンスストアの経営に着手するようになった。

規制緩和と郊外化

ところが，1980年代後半に日米貿易摩擦問題を議論した日米構造協議によって同法が規制緩和・廃止の対象となったため，それまで強力に規制されていた大型店の立地は，1990年代の同法の段階的な規制緩和に伴い急速に増加することになった。この時期の大型店の出店は郊外の幹線道路沿いに多く，各地で新たに郊外ロードサイド型の商業集積地が形成された。こうしたロードサイド型商業の中心を担った大型専門店はカテゴリーキラーと呼ばれ，それまで百貨店で取り扱われてきた家電，衣料品，家具などを豊富な品揃えと低価格で販売し，百貨店の経営を悪化させた。また自動車社会に対応した大規模な駐車場を設置し，ワンストップ・ショッピングを可能にするショッピングセンターも新たな業態として発展し，大都市や地方都市の郊外のみならず，地価が安価で広大な敷地を用意しやすい田園地域にも進出し，深刻なスプロール現象を引き起こす原因ともなった。出店攻勢の背景に，ショッピングセンターなどの大型店は商業施設でありながら都市計画法ではいわゆる商業系の用途地域以外でも立地可能であったことがある。こうした大型店の郊外化により，中心市街地の人口流出，商店街の衰退など，中心市街地問題が顕在化した。

中心市街地の衰退

大店法が有効に機能していた時期は，大型店の立地拡大が強く規制される一方で，保護された商店街はモータリゼーションの進展や消費者の嗜好の変化などへの対応が遅れることで，徐々に集客力を弱めていった。そのため，商店街は百貨店など中心商業地に立地する大型

店との関係を次第に対立から共存へと変化させていった。しかし，大店法の規制緩和に伴い大型店の郊外での立地が活発化し，頼りにしていた百貨店の集客力も低下すると，それらに対抗するだけのパワーは中心商店街には残されていなかった。元来，大都市の都心部や，地方都市の中心市街地は，都市の政治・経済・文化など諸活動の主要な場として位置づけられてきた。ところが商業以外の機能が脆弱な地方の中小規模の都市では，1990年代以後の過剰な郊外化の進展により，中心市街地はその中心性を急速に低下させた。

> 大店法からまちづくり3法へ

1998年の大店法の廃止に伴い，新たに中心市街地活性化法（以下，中活法），大規模小売店舗立地法（以下，大店立地法），都市計画法からなるまちづくり3法が制定された。大店立地法は大型店の立地による周辺地域の住民生活への悪影響を防ぐことが目的で，中活法と都市計画法が大店法に代わって中心市街地再生の支援や店舗・施設の立地をコントロールする役割を果たすことになった。

まちづくり3法の制定に伴い，日本のまちづくり政策は市場の競争原理に委ねる方向へと転換した。つまり，大型店の立地規制が法的に困難になったことから，主に一般小売商業者によって構成される商店街を大型店との競合から一律に保護するのではなく，個々の店舗あるいは商店街組織が手を組んだ中心市街地と，立地の自由度が大きく増した大型店とを競わせようとした。

大型店に対抗するために中心市街地に与えられるのは，法律による保護ではなく国からの補助金による財政的な支援となった。タウンマネジメントの手法を取り入れた各地での中心市街地活性化の取り組みのうち，中活法に基づく財政的支援は同法施行の1998年7月から同法が改正される2006年8月までの期間に全国の619自治体，690地区に対して実施された。しかし，その目的は充分達成されたとはいえず，むしろ法的規制のなくなったショッピングセンターやアウトレットモールなど多様な郊外型大型店の立地が全国で進み，中心市街地の商店街の衰退はいっそう加速することとなった。そのため2004年の総務省の行政評価・監視報告では，少子高齢化時代に対応したまちづくり3法の改正が強く求められた。

> まちづくり3法の改正

こうした状況を受け，2006年8月には中活法が，2007年11月には都市計画法が改正された。中活法改正によりそれまでの「バラマキ」から「選択と集中」のしくみが導入され，国の認定を受けた計画のみがそれぞれの都市の中心市街地活性化協議会の責任下で実施されるこ

とになった。5年間の計画では中心市街地の活性化を示す複数の指標に数値目標を設定し，目標を達成するためにさまざまな事業に取り組むことになるが，指標や数値目標設定の妥当性あるいはそもそも人口減少期にある状況でさまざまな指標の数値を向上させること自体の困難など，課題は多い。

他方，都市計画法はそれまでとは大きく方向転換し，人口減少社会に対応したコンパクトなまちづくりを標榜し，用途規制の強化および地方都市を中心に商業系用途地域以外での床面積1万m^2超の店舗・各種施設などの大規模開発を原則禁止した。自治体の開発許可権限は，かつての都道府県と政令指定都市のみならず，1990年代には中核市や特例市にも委譲されており，権限を持つ自治体は自地域の事情に応じてこの規制強化に対応可能となった。

まちづくり制度の影響と課題　こうした都市計画法上の実質的な規制強化により，新たに田園地帯などに大型店が立地することはほぼなくなり，大手流通チェーンの新規店舗展開も駅前など中心部を志向するといった変化がみられた。他方で，多くの地方都市では市民生活レベルで自動車利用のライフスタイルがすでに定着しており，いち早く郊外開発規制を導入した青森市ではその旗振り役の市長が選挙で敗れるなど，国が目指すコンパクトなまちづくりの実現には多くの課題が残っている。

多くの資金と労力を費やしてさまざまな活性化の取り組みが行われながらも，多くの都市で衰退傾向は止まず，とりわけ地方中小都市の中心市街地では商店街の空き店舗・非店舗の増加のみならず，中心市街地全体で空き地・空き屋，駐車場などの低未利用地が増加する状況が続いている。

このように多くの中小都市で交通結節地である中心市街地の優位性は失われ，明確な中心と周辺・郊外によって形成されてきた旧来型の都市構造が崩壊した。この「まちづくりの失われた15年」の間に進展した過度の郊外化と中心市街地の衰退の影響はあまりに大きく，まちづくり制度の役割が大きいことをあらためて再確認されることとなった。

文献▷内閣府地方創生推進事務局（http://www.kantei.go.jp/jp/singi/tiiki/chukatu/index.html　アクセス日2018年9月19日）。
関連項目▷7, 34, 35, 53, 62

37 都市ビジョンの変遷

藤井　正

都市ビジョンと地域の変化

産業革命以降の近代化において都市の将来像として描かれたのは，工業による都市の発展であり，それが牽引する経済成長が目標であった。都市ビジョン，すなわち都市の空間的イメージはその背景となる各時代の考え方（時代精神）のもとに国土の交通網などの整備や都市計画が展開する。これは実は古代国家でも近世城下町でも，そして近代都市でも同様に一般化できる社会と空間に関わるメカニズムの一部である（「1」参照）。

近代都市の整備は，転換する時代の価値観に基づき社会によって都市空間が近代的な空間組織へと再編される過程なのである。しかしながら，こうして近代の社会によってつくりあげられた近代都市空間はまた，その後の時代の転換のなかで，次の時代の社会的活動の制約となり，新たな都市ビジョン（例えば都市計画マスタープラン）のもとに再編されていくこととなる。このように社会と空間が相互に影響（規定）し合う関係は「社会＝空間弁証法」と呼ばれる（藤井他 2014）。都市空間は社会と空間の相互規定関係の下，変化を続けてきた。この関係は，実は近代以降に限らず，例えば日本では近世以前の城下町建設においても同様の関係を見出すことができる。武家支配下の近世身分制社会の都市空間への反映が近世城下町の都市プラン・城下町建設であり，近代都市整備は，その城下町を欧米モデルによる近代都市空間へと改造するものであった。

産業革命と「煙都」大阪

1925年と30年の国勢調査において，日本で一番人口の多い都市は大阪市であった。近世の大坂は京とともに全国の中心都市で，人口100万人を超えていたといわれる巨大都市江戸に次ぎ，人口40万人を誇った。京は政治都市であるとともに高級品に関する商工業都市で

あり，大坂は全国物流の中心となる商業都市であった。近代になると大阪は，繊維産業を中心に日本の産業革命を支える工業都市として発展する。大阪市は人口を飛躍的に増加させ，その経済力の下に1919（大正8）年制定の近代都市計画による都市整備事業（例えば都市計画道路としての御堂筋と地下鉄御堂筋線の同時建設など）を先進的に進める。明治期の東京が，次の時代に発展する重工業化の素地を有していたとはいえ，基本的に政治都市であり，1923（大正12）年の関東大震災では帝都は壊滅したといわれるほどの甚大な被害を受けていた。一方，大阪市は1925（大正14）年4月に周辺町村を合併し，郊外化に備えた土地区画整理事業などを展開していくこととなる。

　この大正から昭和初年にかけての先駆的近代都市整備を進めた大阪市を象徴するのが「煙都」大阪という言葉である。もちろん近世大坂の特徴である水都をもじったものであるが，決して公害都市というネガティヴなイメージではなく，近代的な工場の煙突群は発展の象徴であった。また，大阪の経済発展と急激な周辺への都市化の展開は「大大阪」という言葉も生んでいる。工業による都市や地域の発展という大阪などの工業都市が先導したビジョンは，高度経済成長期の国土計画における総合開発のモデルとなる。それは大正から昭和戦前期における八幡市の成長，1963年の5市合併による7番目の政令指定都市北九州市の誕生，茨城県日立市や宮崎県延岡市など地方の企業城下町や京浜・阪神の臨海工業地帯の発展という事実をふまえている。しかしながら，高度経済成長期にはすでに都市の成長要因は第3次産業に移っていた（「**4**」「**6**」参照）。これは，1970年代に工業ではなく支店経済などのオフィス活動によって県域を越える地方の中心都市として急成長した「広域中心都市」である札幌市や福岡市などが「煙突のない大都市」と呼ばれたことに象徴される。

世界都市と多様な都市構想　1980年代後半から東京は世界都市になりつつあるといわれ，日本では人口や経済の東京一極集中が進んだ。この「世界都市」も，都市成長の姿を示す将来ビジョンのひとつであった。大都市の成長の一方で，1970年代から脱工業化によるインナーシティ問題が，雇用喪失による貧困化や施設の老朽化によって大都市旧市街地における社会経済問題として顕在化する。1980年前後から論じられたオランダの都市経済学者クラーセンらによる「都市の発展段階」説においては，都市発展は「都市化」「郊外化」から大都市圏全体の人口が減少する「逆都市化」あるいは「反都市化」へという衰退期を迎える。これを脱して新たな発展の循環（「再都市化」の

段階）を呼び込むために，世界都市化による都心周辺の再開発を進めることなどが図られたのである。しかし，このような都市整備は，YUPPIE（Young Urban Professionals）はじめ若い高所得層向けの高級マンションなどの開発による，従来の住民の追い出しをまねくジェントリフィケーションをもたらし，所得格差の拡大による都市社会の二極化を結果することも多かった。日本のバブル経済期の大都市で行われた「地上げ」がこうした開発に近い現象と考えられるが，日本では商業開発が主であった。また，世界都市になり得るのは首都クラスの大都市に限られることが次第に知られるとともに，こうした大都市が生み出すさまざまな問題に対峙する他の都市ビジョンも次々と提示された（加茂2007）。

不夜城ともいえる世界都市は巨大なエネルギー消費の空間であり，地球温暖化や資源の有限性の顕在化とともに，都市の環境負荷の大きさが問題となる。その課題克服のためにヨーロッパで主張されたのが「サステイナブルシティ」であり，これは新たな都市ビジョンの代表といえよう。また環境負荷の少ない都市の形態を目指すビジョンとして登場し，現在では都市計画などの基本的な考え方や議論のベースとなっている「コンパクトシティ」もこうした新たな都市ビジョンのひとつである。これらのビジョンはまた，20世紀末の価値観の転換とも相まって，経済成長から生活の質の重視に転じたことを示す「リバブルシティ」の考えとも軌を一にするものである。さらに90年代半ばから注目され始めたのが「創造都市」（「38」参照）であった。創造都市論の原点でもあるふたつの考え方には世界都市の光と影が反映されている。そこにはアメリカのR. フロリダによる成長都市と創造産業の関連分析，ならびにアートによる社会政策としての性格を持つイギリスのC. ランドリーの研究や実践という，まったく性格の異なるふたつの主張が含まれるのである。

「小さな世界都市」豊岡　兵庫県北部の但馬に位置する豊岡市は人口8万人余りの地方都市である。しかしながらこの町はコウノトリの野生復帰による環境共生都市というビジョンを打ち出し，コウノトリとの共生のための有機農業によって，米をブランド化（ローカル認証）することに成功してきた。さらに最近では市内の城崎温泉にある県立の宿泊施設とホールを市がパフォーミングアートの滞在制作施設として再生・活用し，演劇により世界的なアーティストとのつながりが生まれている。さらに東京から演劇集団が移転することになり，演劇によるコミュニケーション教育の展開もはかってい

表1 近代以降の日本の人口上位10都市　　　　　　　　　　（万人）

	1908年		1930年		1940年		1980年		2000年		2015年	
1	東京	218.6	大阪	245.4	東京	677.9	東京	835.2	東京	813.0	東京	927.3
2	大阪	122.7	東京	207.1	大阪	325.2	横浜	277.4	横浜	342.7	横浜	372.5
3	京都	44.2	名古屋	90.7	名古屋	132.8	大阪	264.8	大阪	259.9	大阪	269.1
4	横浜	39.4	神戸	78.7	京都	109.0	名古屋	208.8	名古屋	217.1	名古屋	229.6
5	名古屋	28.8	京都	76.5	横浜	96.8	京都	147.3	札幌	182.2	札幌	195.2
6	神戸	28.5	横浜	62.0	神戸	96.7	札幌	140.2	神戸	149.4	福岡	153.9
7	長崎	17.6	広島	27.0	広島	34.4	神戸	136.7	京都	146.8	神戸	153.7
8	広島	14.3	福岡	22.8	福岡	30.7	福岡	108.9	福岡	134.1	川崎	147.5
9	金沢	11.9	長崎	20.5	川崎	30.1	北九州	106.5	川崎	125.0	京都	147.5
10	呉	10.1	函館	19.7	八幡	26.1	川崎	104.1	広島	112.6	さいたま	126.4

注：人口は市域。ただし，1980年以降の東京は特別区部人口。
出所：『日本帝国統計年鑑』と国勢調査。

る。このような活動をもとに豊岡市は「小さな世界都市」のビジョンを打ち出している。これは，先に論じた世界都市のビジョンがインターネットなどの発展のなかで姿を大きく変え，サステイナブルシティや創造都市など他の都市ビジョンも取り入れながら大都市圏以外の地域の新展開に組み込まれた例といえよう。そしてまた，平成の大合併で周辺の自治体と合併した豊岡市は，旧出石町の伝統的建造物群保存地区の活用，伝統産業の柳行李から発展した旧豊岡市の鞄産業の再生，山陰ジオパークの一部となる旧竹野町なども含め，合併前の旧町村の個性である「真珠」をたばねた「真珠のネックレス」をビジョンとしてうたった。これはコンパクトシティ論が複数の核を持つ多極型の都市構想を基本とするものとなり，それらの核に個性的な魅力を持たせようという主張に展開した流れを，小都市においてその組み合わせを具現化しつつあるといえよう。

文献▷加茂利男，2007，「世界都市と創造都市」佐々木雅幸他編『創造都市への展望』学芸出版社。
戸所隆編，2016，『コンパクトなまちづくり』古今書院。
藤井正他編著，2014，『よくわかる都市地理学』ミネルヴァ書房。
関連項目▷4, 6, 7, 38, 63

38 創造都市論の発展

竹内　潔

創造都市の理論　産業構造の変化によって脱工業化が進むと、それまで隆盛を誇っていた近代的工業都市は、工場の閉鎖による失業問題などの社会問題に悩まされるようになる。問題がいち早く顕在化した欧米の諸都市のなかには、文化や芸術が持つ創造性を活かして苦境を乗り越える例がみられた。それらの都市の研究から生まれたのが創造都市論である。この理論の構築に貢献した代表的論者としてリチャード・フロリダとチャールズ・ランドリーが挙げられる。

フロリダは、アメリカの都市を研究するなかで、産業構造の変化に対応し経済的に成功している都市には科学者や芸術家（アーティスト）など新たな価値を創造する人々が集まっていることに注目した。フロリダはそうした人々を「創造階級（creative class）」と呼び、彼らが異質なものに対して寛容で多様性のある都市を好むことを指摘した。そして、そのような環境を醸成する都市政策の重要性を示唆した。彼の研究では創造階級を惹きつける都市の寛容性の指標として、同性愛者や芸術家の多さを示す「ゲイ指数」「ボヘミアン指数」や外国で生まれた人の人口割合が用いられ、それらがハイテク産業の集積や都市の経済発展と高い相関があることが示されている。ただし、芸術家など創造階級が集まった都市が経済発展をしたのか、経済発展している都市に彼らが集まっているのかという前後関係には議論の余地がある。

ランドリーは、欧州の諸都市で都市再生に関わった経験から、都市再生に成功する要件として創造性を重視し、「創造都市（creative city）」の概念を提唱した。フロリダがある種の優れた創造性を備えた人々を「創造階級」と呼び、いかにして地域に彼らを惹きつけるかを論じたのに対し、ランドリーは地域に住

むすべての人々が潜在的に持っている創造性をいかにして引き出し，参加を促すかという視点から論じている。したがって，ランドリーの創造都市の概念には，マイノリティや高齢者，女性，ホームレスといった社会的弱者の社会的包摂の要素が含まれている。また，ランドリーは，創造的なアイデアの実践が次のアイデアを生み出す能力を高めるという好循環を「創造性のサイクル」と呼び，このモデルで創造都市のプロジェクトを評価することを提案している。例えば，ドイツ・ルール地方の「エムシャーパーク」では，廃墟となった採炭施設などの負の遺産をリノベーションによって観光施設に蘇らせた。ランドリーは，こういった事例をもとに，アイデアによって地域の資源に新たな価値を見出せば都市再生につなげられることを示している。

創造都市と文化・芸術 フロリダは創造階級の典型例として科学者とならんで芸術家（アーティスト）を位置づけている。またランドリーは，ラジオ放送，劇場産業，文化遺産などのさまざまな文化資源を都市再生に活用してきた経験から，それらの有用性を強調している。このように，創造都市論において文化や芸術は重要な意味を持つとされる。そこで以下に，創造都市論の実践ともいえる「欧州文化首都」と「創造都市ネットワーク」のふたつを紹介する。

　EUでは，域内の都市を1年間にわたりさまざまな文化イベントを展開する「欧州文化首都」に指定する事業を1985年から実施している。欧州で創造的な都市再生プロジェクトに取り組む都市の多くが，この欧州文化首都に選ばれ，その取り組みを発展させている。例えば，かつて製鉄業や造船業で栄えたグラスゴー（イギリス）は，1929年の世界恐慌を境に衰退し始め，1980年代には高い失業率に悩まされていた。そこで，芸術活動や文化遺産を活用する方針を立て，美術館を整備しコンテンポラリーダンスや演劇などの文化事業を継続的に実施したところ，徐々ににぎわいを取り戻していった。その成果が認められ1990年に欧州文化首都に指定されると，その魅力はさらに広まり，大規模な文化イベントの定期的な開催の効果もあって，多くの観光客を惹きつけている。

　UNESCOでは，20世紀の終盤に「文化帝国主義」が問題となった。経済のグローバル化が進むなかで，特定の文化的商品が世界中に広がり，地域の伝統的な文化が消滅の危機にさらされているという認識が共有され，対応策の検討が叫ばれたのである。UNESCOは，2001年には「文化的多様性に関する世界宣言（文化多様性宣言）」を採択し，2005年には「文化的表現の多様性の保護及

び促進に関する条約（文化多様性条約）」を発行させた。この宣言と条約の理念を実現するために始まった事業が「創造都市ネットワーク」である。この事業では、文学、映画、音楽、工芸・民衆芸術、デザイン、メディアアート、食文化という7つの創造産業別に加盟都市を募り、固有の文化に基づく創造産業とそれによる地域（都市）の内発的発展を促す取り組みを行っている。ネットワークへの加盟都市は、2017年10月31日時点で72ヶ国180都市まで広がっている。

日本における創造都市

日本で創造都市の研究と実践を牽引してきた佐々木雅幸は、創造都市の国内における代表例として金沢市を挙げている。金沢市は名古屋市と同じ規模で近世から栄えた都市だが、近代の産業発展、特に重工業化の恩恵を受けなかった。さらに、繊維産業の国内空洞化による経済衰退の危機を乗り越えて現在に至っている。その理由について佐々木は、加賀藩時代からの職人によるものづくりの伝統にみられる創造性を背景として内発的発展を実現したためと分析している。具体的にはまず、伝統的工芸品産業を支える美術工芸技術の継承や、歴史的なまちなみの保存と伝統建築の修繕に関わる技術の伝承の取り組みが注目される。それだけでなく、現代美術を専門に扱う金沢21世紀美術館や「24時間365日利用可能な市民の芸術文化活動の拠点」である金沢市民芸術村を整備するなど、最先端の芸術に触れる機会や市民の創造活動の場の確保にも余念がない。こういった一連の文化資本への投資によって金沢市は「『創造の場』に富んだ都市」となり、大量生産型の工業都市から脱して着実に付加価値を生む取り組みによる内発的発展を続けているとみることができる。

全国的には、1970年代から文化政策とまちづくりが接近し、国および自治体が「文化によるまちづくり」に取り組むようになった。1990年代後半に創造都市論が紹介されるようになると、金沢市や横浜市などの自治体が創造都市を標榜しはじめ、文化庁も2007年から文化芸術創造都市の長官表彰を開始し、2009年からは文化芸術創造都市推進事業として創造都市を掲げる自治体を支援するようになった。そして2013年には「創造都市ネットワーク日本」という団体が発足する。金沢市のように地域の伝統に根ざした創造的な取り組みを行う都市のほか、アーティスト・イン・レジデンス（AIR）や大型の国際芸術祭などに取り組む都市が加盟団体として数多く名乗りをあげ、2019年1月4日時点で109自治体、NPOなどその他の団体が41団体加入している。

|創造農村への展開|

　創造都市論においては人口や都市機能がある程度の密度で集積した地域が前提とされる傾向にあった。しかし，日本国内における実践のなかでは，必ずしもそうした集積がない過疎地域であっても，創造都市の本質である「創造の場」に富んだ地域となり「創造性」を発揮して内発的発展を実現できると考えられている。実際，創造都市ネットワーク日本の加盟団体のなかには，都市地域だけでなく，農村地域の団体が含まれている。「美しい村」づくりに取り組んでいた長野県木曽町では，町長が創造都市という考え方の農村への適用を模索していたという。創造都市のネットワーク化を目指して2011年に神戸市で開催された会議には，木曽町のほか，群馬県中之条町，兵庫県篠山市，秋田県仙北市などが参加した。このとき，篠山市で活動する一般社団法人ノオトが「創造農村」を掲げた政策提案を行った。

　篠山市の位置する地域は，古くから京都と山陰・山陽を結ぶ交通の要衝として栄え，丹波篠山城とその城下町，街道沿いの宿場町とそれらを支える周辺の農村集落といった歴史的なまちなみが残り，現在ではふたつの重要伝統的建造物群保存地区を擁する。同市は1999年に平成の大合併によって誕生したが，合併特例債などを駆使して地域振興のために整備した施設の運営に行き詰まり，一時は財政難に陥った。しかし，その後，地域に残る歴史的・文化的な資産に注目して魅力を発信し，これに価値を見出す移住者を呼び込むなどして地域の再生につなげている。古民家を再生した宿「集落丸山」などを手掛け，篠山市の取り組みの核となっている一般社団法人ノオトは，同社の使命（ミッション）として「現代社会の価値観で否定されてきたもの。つまりは，農業，林業，里山，歴史的建築物，地縁型のコミュニティといった営みに，もう一度，光を当てること。（略）地域課題に対して，創造的な解決策を処方すること」を掲げている。

　このように，文化や芸術の創造性に着目して地域創造を行う取り組みは徐々に広がりを見せており，衰退や消滅の危機にあえぐ地方都市や農山漁村が今後目指すべき地域像として注目されている。

文献▷佐々木雅幸他，2014，『創造農村』学芸出版社。
　　　フロリダ，R., 2014，『新クリエイティブ資本論』井口典夫訳，ダイヤモンド社。
　　　ランドリー，C., 2003『創造的都市』後藤和子訳，日本評論社。
関連項目▷5, 37, 53, 63, 64

39 復興が生み出す社会問題

稲津秀樹

被災地となる地域　大阪北部地震，西日本豪雨災害，北海道胆振東部地震，そして大型台風に伴う高潮被害など，今年の漢字に「災」という字が選ばれた2018年だけをみても，自然災害は次々と発生している。自然現象が災害たりえるのは，自然現象が人間の社会に何かしらの被害をもたらすことによってである。もしそこに人間がいなければ，それは単なる自然現象であって災害とはみなされない。これに加えて，災害とみなされる上での被害の程度もある。被害を受け，人間が自然現象を災害として認知したとき，その地域は「被災地」と呼ばれる社会空間へと変化する。

　ここで考えたいのは，被災地に関わる政策が，日常生活上に新たな課題を引き起こす問題である。それは空間の開発に関わるさまざまな政策ビジョンが，ある地域が被災地に変化したことを契機に実現されたことと無縁ではない。そこで問われるのは，被災した人間が日常生活を再び立てなおす上で望ましい空間のあり方である。このとき「復興」という言葉が，被災地での生活と政策の間に生じる社会問題を構造的に理解する上で欠かせないキーワードとなる。

阪神・淡路大震災の復興論　この課題は，阪神・淡路大震災後の復興過程で長らく議論されてきた。1995年1月に兵庫県南部を襲った震度7の大地震は，6400人以上の死者と4万人を超える負傷者を生み出した。家屋倒壊による死者がその半数以上を占め，住宅被害は63万棟以上，うち全壊被害は10万棟超に上ったといわれる。この震災を受け，国は「被災市街地復興特別措置法」を定め，自治体は復興計画を諮る審議会を市民に非公開で開催した。そして，火災被害の大きかった神戸市長田区などを主たる対象に，西日本で最大規模といわれた再開発計画が発表された。このときつくられた言葉が，後の

39 復興が生み出す社会問題

東日本大震災や熊本地震の折にも用いられる「創造的復興」である。「阪神・淡路震災復興計画」（1995年7月）では，その思想を，「復興にあたって重要なことは，単に1月17日以前の状態を回復するだけではなく，新たな視点から都市を再生する『創造的復興』を成し遂げることである……関西国際空港開港，大阪湾ベイエリア整備，明石海峡大橋建設等により世界都市関西の形成が期待されるなか……新しい都市文明の形成をめざす」と集約している。

ここには災害からの現状「回復」が謳われながらも，「新しい都市文明の形成」が，すなわち「復興」であると明確に主張されている。後述のように，この意味での復興は，空間の開発とほぼ同義である。この主張，そして復興計画の策定から実現へと至る政策過程の不透明さに対し，市民による異議が噴出したことは見逃せない。計画が発表されると行政への意見書は2000件を超え，庁舎に抗議に向かった市民も多くいた（『神戸新聞』2012年8月22日）。このとき可視化された復興における生活と政策の間のギャップは，いまも「復興災害」と呼ばれて注目されている。

「復興災害」という視点

「復興災害」とは，一言で言えば「自然の猛威でなく，社会の仕組みによって引き起こされる人災」を問題化する視点である（塩崎 2014：ⅱ）。先ほど，地震発生時に生じた被害として人や家屋の被害の概要を述べたが，これは自然災害に直接起因する被害である。私たちは災害被害をこうした認識でのみ捉えがちである。しかし，災害から数年，場合によれば数十年にわたる期間を通じて，人の手でつくられる「被害」がある。それが，復興政策に起因する人為的被害としての「復興災害」である。

阪神・淡路大震災の被災地では，仮設住宅，復興住宅への入居過程で生じた「孤独死」と地域コミュニティの分断，そして再開発地区での新生活に伴う被災者の経済的苦境といった問題が，災害後の復興期間に次々と現れてきた。なかには復興住宅からの強制退去訴訟のように，震災から20年以上が経過してはじめて，行政と住民の間で争点化した問題もある（塩崎 2014）。

このように被災地の被害は，災害直後に生じる人や家屋の被害にとどまらない。むしろ，その後の長期間にわたる復興政策に起因する人為的被害があることを，阪神・淡路大震災の被災地から生まれた「復興災害」の視点は教えてくれる。

復興による空間の開発

復興が生み出す社会問題の例を知ることで，私たちはそうした問題の背景にある復興の論理について考えることができる。例えば，阪神・淡路大震災後の大規模再開発ビル，東日本大震災後の東北

167

沿岸部の盛り土や防潮堤建設など，災害前の生活風景からの極端な変化が被災地にもたらされる事態を，報道を通じて見聞きした人もいるだろう。

復興政策によって一変した被災地を訪れるとき，私たちはそれが復興の名の下に行われた空間の開発でもあるということに気づかされる。開発は高層ビルや防潮堤，仮設住宅や復興住宅，場合によれば大都市そのものといった人間の生活する空間のあり方に直接影響を与えるものだ。実際，大都市や地方都市の近代的景観は，自然災害のみならず，大火や戦争の後に策定された復興計画で形成されてきた。復興政策を通じた空間開発は，1922年9月の関東大震災後の「帝都復興」に始まり，戦争後には「戦災復興」という形をとりながら，高度経済成長期の国土開発にも結びついてきた（越澤 2012）。

復興という言葉は，被災地へと変貌した都市や地域の空間を，現状復帰以上に成長させるという開発の論理に貫かれてきた。その端初となったのが関東大震災である。これ以前は「復興」という言葉ではなく，現状復帰という意味の「復旧」という言葉が主に使われていた。阪神・淡路大震災の後に「創造的復興」が唱えられた際に，「新しい都市文明」という語で性格づけられたことは，まさに開発の論理が貫徹した証左といえる。

|災害資本と「復興五輪」| 近年，復興を通じた空間開発の論理に，ある変化がみられるようになった。これについて東日本大震災後に注目されたのが災害資本主義論である。N. クラインは災害，戦争，テロといった惨事後にもたらされる資本（災害資本）の動きによって，人間の生活空間が強制的に改変される問題が世界中で起きていることを警告した（クライン 2011）。

「復興」のかけ声は，空間の開発だけでなく，N. クラインの言う災害資本の誘導にも深く関わる。例えば，東日本大震災からの「復興五輪」が謳われる東京オリンピック・パラリンピック大会（以下，東京大会）がある。震災後の東北被災地では仮設住宅や復興住宅建設の遅れが長らく指摘されてきた。東京大会の招致決定後は，「五輪特需」と呼ばれる首都圏の経済バブルや建設ラッシュが加速し，被災地復興のさらなる遅れが指摘されるようになった。

ここにみられるのは空間開発と資本投下の対象が，「復興」のかけ声とともに，東北地方から首都圏へと移り変わる現象である。復興の論理を考えるにあたっては，空間開発のみならず，それを促す資本の動きとともに捉えることが求められる。つまり，復興が生み出す社会問題は，被災地に限定されない課題だとする見方が，東日本大震災後ますます求められるようになっている。

被災者・避難者の復興論へ

　災害を契機とした資本の動きに関連して問われたのが，被災者の避難という人の動きである。特に東日本大震災では災害被害の広域性に加えて，被災県外に移動する避難者の広域性も指摘された。広域避難により災害の直接的な被災地ではない地域でも，避難者の受け入れを通じた復興政策の実施が，新たに求められるようになったのである。

　広域避難の背景には，言うまでもなく地震と津波に伴う原子力災害（原発事故）の影響がある。国・自治体による帰宅困難区域指定を受け，強制避難を余儀なくされた人たちは（指定のない自主避難者も含めて）2015年時点で11万人以上いたといわれる。だが2017年3月末で，国や福島県は避難者への支援（住宅無償提供や一部補助など）の打ち切りを発表した。これにより避難者の「自主避難者化」が進んでいる。他方，終息のみえない原発事故を横目に，国は帰宅困難区域の指定解除を進め，避難者に自立を促し，帰還政策をもって復興を終えようとしている。現在，避難先となった地方自治体ごとの独自対応も引き続き模索されているが，対応には差があり，平等には程遠いともいわれている。なかには阪神・淡路大震災時の「復興災害」事例同様に，避難者が行政から訴えられ強制退去訴訟に至るケースもある。

　このように復興が生み出す社会問題が提起する生活と政策の間のギャップは，災害被災地に限らず，被災者・避難者の移動先の地域においても問われる。他方，「復興」という言葉の中心にある開発の論理は変わらずに，災害資本の誘導に従うがまま，被災地の生活再建が置き去りにされていく現状がある。こうした東日本大震災以降の構造的条件のなかで，当事者（被災者・避難者）本位の「復興」のあり方が，ますますみえなくなっている。社会問題として捉えられた阪神・淡路大震災の復興論以降，開発本位の「創造的復興」ではなく，当事者本位の「人間の復興」の必要性が，繰り返し希求される所以である。

文献▷関西学院大学災害復興制度研究所他編，2015，『原発避難白書』人文書院。
　　　クライン，N.，2011，『ショック・ドクトリン』（上・下）幾島幸子他訳，岩波書店。
　　　越澤明，2012，『大災害と復旧・復興計画』岩波書店。
　　　塩崎賢明，2014，『復興〈災害〉』岩波書店。

関連項目▷1, 4, 13, 17, 22

V　都市と農山漁村の持続可能性

📖 発展的学習・研究のためのブックガイド

31　日本村落研究学会編，2005，『消費される農村——ポスト生産主義下の「新たな農村問題」』農山漁村文化協会。

宮口侗廸，2007，『新・地域を活かす——一地理学者の地域づくり論』原書房。

宮口侗廸・木下勇・佐久間康富・筒井一伸編著，2010，『若者と地域をつくる——地域づくりインターンに学ぶ学生と農山村の協働』原書房。

32　筒井一伸監修，嵩和雄著，2018，『イナカをツクル——わくわくを見つけるヒント』コモンズ。

中塚雅也編，2019，『農業・農村の資源とマネジメント』神戸大学出版会。

33　中村英夫編著，2017，『インフラストラクチャー概論——歴史と最新事例に学ぶこれからの事業の進め方』日経 BP 社。

藤井聡，2015，『超インフラ論——地方が甦る「四大交流圏」構想』PHP 研究所。

34　新雅史，2012，『商店街はなぜ滅びるのか——社会・政治・経済史から探る再生の道』光文社。

公益財団法人日本都市センター編，2018，『都市自治体による持続可能なモビリティ政策——まちづくり・公共交通・ICT』公益財団法人日本都市センター。

土居靖範・可児紀夫・丹間康仁編著，2017，『地域交通政策づくり入門——人口減少・高齢社会に立ち向かう総合政策を［増補改訂版］』自治体研究社。

村上稔，2014，『買い物難民を救え——移動スーパーとくし丸の挑戦』緑風出版。

35　石原武政・渡辺達朗編著，2018，『小売業起点のまちづくり』碩学舎。

渡辺達朗・原頼利・遠藤明子・田村晃二，2008，『流通論をつかむ』有斐閣。

37　佐々木雅幸・総合研究開発機構編，2007，『創造都市への展望——都市の文化政策とまちづくり』学芸出版社。

藤井正・神谷浩夫編著，2014，『よくわかる都市地理学』ミネルヴァ書房。

38　経済協力開発機構（OECD），2014，『創造的な地域づくりと文化——経済成長と社会的結束のための文化活動』寺尾仁訳，明石書店。

佐々木雅幸，2001，『創造都市への挑戦——産業と文化の息づく街へ』岩波書店。

39　岡田知広，2012，『震災からの地域再生——人間の復興か惨事便乗型「構造改革」か』新日本出版社。

山本薫子・高木竜輔・佐藤彰彦・山下祐介，2015，『原発避難者の声を聞く——復興政策の何が問題か』岩波書店。

VI

コミュニティの持続可能性

人々は，法律や文字に記された規則以外にも，地域で受け継がれてきた習慣やしきたり，あるいは，自分たちで認め合った取り決めや約束に従って，日常の生活を営んでいるのである。

どうやら私たちは，生活保障の方向性を問い直す時代に生きている。

40 コミュニティを支える生活規範

家中　茂

生活規範への注目　コミュニティの運営や地域づくりについて考える上では，人々の生活のなかで，それと知らずに働いている地域の「生活規範」に注目することが重要である。生活規範とは，例えば，朝に顔をあわせたら「おはようございます」と挨拶をかわすように，人々が当然のこととして行っている生活上の習慣のようなものと理解しておけばよいだろう。そこには互いを認めあう心遣いや日常を無事に暮らしていく知恵がみられる。目に見えない生活文化といってもよい。人々は，法律や文字に記された規則以外にも，地域で受け継がれてきた習慣やしきたり，あるいは，自分たちで認め合った取り決めや約束に従って，日常の生活を営んでいるのである。

所有をめぐる生活規範　生活規範が人々の生活の上で大きな役割を果たしていることを，土地の所有という例を手がかりに考えてみよう。

日本では近代国家である明治政府成立以降，私が所有するモノは私のモノであって他の人のモノのではない，またあるモノが私の所有であると同時に他の人の所有であることはないということが，法によって明確に規定されている。このような近代的所有の考え方には，私のモノであるか私のモノでないか，すなわち，所有が有るか無いかの区別しかない。近代的所有はこのように「排他的独占的権利」としての性格を持つことから，「私的所有」と呼ばれる。現代社会ではこの排他的独占的な私的所有の原理に基づいて，モノを売ったり買ったり，契約したりということが成り立っているのである。

しかしながら，私たちが意識せずに過ごしている日常生活のなかでは，この近代的所有の原理が必ずしも貫徹されないことがある。かつて，むらでよくみられたことだが，田の売却処分はその名義を持つ所有者の意思で決められない

ことがあった。というのも，田に水を引くにも耕作するにも，むらの集団の労働を必要としていたからである。そうである以上，田には名義のある所有者以外のむらの人々の働きかけが行われていることになる。さらには，代々の耕作を通じて先祖からの働きかけも蓄積されている。このような働きかけを無視して，「私的権利を有する者」だけの意思決定では処分できなかったのである。土地に対する人々の働きかけに応じて発生する所有は，近代的所有と区別して「本源的所有」と呼ばれる。それは，有るか無いかのいずれかではなく，濃淡があることに特徴がある。

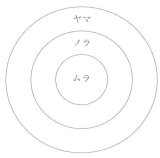

図1 むらの領域（空間）
出所：「ムラの領域模式図」（福田他 2009：107）より筆者作成。

　むらには領域というものがあり，典型的には同心円状に「ムラ−ノラ−ヤマ」と広がっている（図1）。屋敷地のある「ムラ」は，むらの中心であり，祭礼のときにはノラとの境界に結界が現れる。その外に農地の「ノラ」，里山から奥山へと連なる「ヤマ」がある。私的所有の感覚はこの順に濃から淡へと推移する。そこには，むらの「土地所有の二重性」がみられる。個々の近代的所有の基底に，生活のなかで本源的所有の感覚が働いているのである。言い換えると，私有地であろうと共有地であろうと，むらにある土地はむらのみんなの土地であって「総有」されているのである（図2）。

　このような働きかけを通じた本源的所有の発生は，伝統的なむらに限ったことではない。現代においても，自分たちにとって好ましい生活環境を創りだそうとする住民の活動のなかにその現れをみることができる。例えば，住民には所有権がない河川敷や公園などの利用・管理に対して，地域づくりの活動を通じて住民に発言権が認められることがある。景観まちづくりにおいては，住民個々の私的所有を超えた取り組みを通じて，その地域らしい個性ある町並みが維持されるようになる。

　近代的所有の考え方に基づくならば，その土地に私的権利を有する者ではない地域住民が発言権を持つはずはない。しかしながら実際には，住民たちは自分たちの住む地域の土地や河川の使い方に自分たちの意見が反映されることは当然だと考え，行政もそれを認めている。すなわち，「その土地に住む」という働きかけを行っている住民たちの意見が力を持つのである。このようなコ

173

Ⅵ　コミュニティの持続可能性

図2　むらの土地所有の二重性

注：a＋b＋c＋dの各々は持分権。
出所：「村落の土地所有の二重性」（鳥越［1985］1993：99）より筆者作成。

ミュニティの環境管理における住民の発言権や支配権は各地で広くみられることから，「共同占有権」として位置づけられる。「住む」ということによる土地への働きかけを認める本源的所有の感覚は，時代を越えて現在も生活規範として生きているのである。

　　コモンズと生活規範　　持続可能な発展が世界的な課題となるにつれて，コミュニティによる地域資源管理が注目されている。それは「コモンズ」と呼ばれ，コミュニティの生活規範やローカルルールに基づき地域資源の持続的利用を可能とする社会的なしくみである。里山で薪を集めたり採草したり，むらの前浜（地先）で魚や貝，海藻を採捕したり，稲作のために田に水を引いたりすることは，むらの生活を維持するために必要であり，資源を枯渇させないように共同で維持管理されてきた。そのような慣習は「山の入会」や「海の入会」と呼ばれ，公序良俗に反しない慣習は法と同じ効力を持つとして（法例第2条/法の適用に関する通則法第3条），明治以降の近代的法体系のなかで「入会権」「漁業権」「慣行水利権」などとして位置づけられてきた。かつてそれらは近代以前の旧い慣習として消滅すると考えられていたが，しかし，現代では「コモンズ」として再評価されるようになっている。

　コモンズは「みんなのもの」であることから，一般的に，外部者のアクセスを排除するのが難しく，また，利用者が増えると他の利用者の効用を低下させてしまうという性質を持つ。そのことから，資源利用のルールを守らない「フリーライダー」による資源の枯渇という問題，すなわち「コモンズの悲劇」が起きる可能性がある。現代においてコモンズの「地域共同管理」が注目されるのは，コミュニティの信頼関係に基づいてルール違反を抑制したり，資源の状態や環境変化に対応してルールを変更することが効率的にできるからである。資源利用の協調行動を促す「ソーシャル・キャピタル（社会関係資本）」を豊かにする上で，コミュニティの生活規範やローカルルールが重要な役割を果たす

のである。このことから，都市における公園や集合住宅などにもコモンズの地域共同管理の考え方が適用されるようになっている。

　　生活の創造性　　これまでみてきたように，コミュニティには「目に見えない生活文化」が保持されている。それはコミュニティの活動に参加することを通じて人々に享受され，継承される。例えば「祭」はその仕掛けである。コミュニティの一員として祭に参加することで，地域で暮らしていく上でのさまざまな生活文化を身につけることができ，周囲からは構成員として認知されるようになる。それは，伝統的な師弟関係において弟子が師匠から技芸をこと細かに教わるのでなく，料理の下拵えや稽古の準備，そして後片付けなど周辺的なことをしているうちに自ずと修得していくプロセスに似ていることから，「正統的周辺参加」と呼ばれる。言い換えると，コミュニティとはそのような実践のなかにこそ立ち現れるのであって，そのプロセスに注目すれば「実践コミュニティ」と捉えることができる。

　生活規範は，このように生活組織であるコミュニティのなかに息づいている。人々の生活の実際は生活組織を通じて営まれており，変化し続ける社会のなかで生活を安定させようとして，生活組織そのものが再編されていく。生活条件の新たな変化に対して，何を受け入れ，何をやり過ごし，何に抵抗するのか，その対応の基準となるのが生活規範である。このような生活条件への対応を通じてなされる生活組織再編のプロセスのなかに，人々の創造性の発揮が見出されるのである。

文献▷秋道智彌編著，2014，『日本のコモンズ思想』岩波書店。
　　　井上真他編，2001，『コモンズの社会学』新曜社。
　　　高村学人，2012，『コモンズからの都市再生』ミネルヴァ書房。
　　　鳥越皓之，[1985] 1993，『家と村の社会学 [増補版]』世界思想社。
　　　鳥越皓之他，2009，『景観形成と地域コミュニティ』農山漁村文化協会。
　　　鳥越皓之他編著，2018，『生活環境主義のコミュニティ分析』ミネルヴァ書房。
　　　福田アジオ他編，2009，『図説日本民俗学』吉川弘文館。
関連項目▷9, 41, 42, 58, 63

41　暮らしのなかの生活保障

村田周祐

いまなぜ暮らしなのか　20世紀は，私たちの生活保障が家族や地域から国家や市場を中心とした制度やサービスへ移行していく時代であった。たしかに，その成果に囲まれた現在の私たちは安心・安全な社会を生きている。生死の医療化は，死を私たちの日常から遠ざけ「生きがい」を問う社会を実現させた。社会保障や金融をめぐる制度の確立は，完全失業や経済恐慌という危機を遠いものとした。しかしいつからだろうか，自宅で家族に囲まれて生を全うしたいという「死にがい」を求める声が聞こえてくるようになったのは。将来を保障するはずの奨学金やローンが「多重債務」と呼ばれて，現代人の首を締めあげる社会問題となったのは。どうやら私たちは，生活保障の方向性を問い直す時代に生きている。

なぜいま「暮らしのなかの生活保障」なのかと問うてみると，その応答には大きくふたつのアプローチがあることに気づく（藤村 2007）。ひとつは，「制度」の観点からの俯瞰的なアプローチである。財源問題に代表される再分配機能をめぐる限界性の指摘，社会保障の資格をめぐる社会・人間像への批判，福祉国家の相対化は，生活保障制度の限界という消極的な立場から暮らしのなかの生活保障への注目を高めている。

もうひとつは，「個人」という観点からの微視的なアプローチである。末期治療における延命・緩和・ホスピスなどのケアの選択，体外受精や出生前診断といった生殖の選択，臓器や精子の商品化など，個人の自己決定とその裏にある自己責任の領域の拡張は，ひとりひとりの潤いある生や死をいかに実現するのかという積極的な立場から暮らしのなかの生活保障への注目を高めている。

ここではこれらに学びつつも，制度と個人を切り離さないアプローチから生

活保障を考えていきたい。私たちは生活保障について語るとき，制度と個人を切り離し，どちらか一方を語るきらいがある。この分断する思考や語り口こそが，生活保障をめぐる先行きが不安と感じさせることの根底にあるのではないだろうか。では，制度と個人を切り離すことのない生活保障のありように，どのようにすれば私たちは光を当てることができるのであろうか。そこでここでは，ある中山間地に暮らす人々の営みを取り上げ，彼らに学んでいきたい。

> 暮らしを安定させる

宮城県刈田郡七ヶ宿町湯原地区は，宮城県下で最も積雪量の多い地域のひとつであると同時に，最も高齢化の進んだ地域（2018年6月時点で，人口196人，世帯数78戸，高齢化率45.5％）のひとつでもある。蔵王連峰に位置する湯原の最大の生活課題のひとつが「雪」である。雪といっても湯原の雪は深い。雪かきを怠れば，屋根から軒先に落ちた雪が積み重なり，室内はたちまち暗闇に閉ざされてしまう。そればかりか，雪の重さによって，屋根が崩壊する危険もある。湯原では，家を取り囲む雪の壁を破壊し，屋内に光を入れ，軒先の雪をかいて開けた空間を作り出す作業を「軒先を空ける」と呼んでいる。この「軒先を空ける」作業は，重機が使用できない手作業のため，成人男性ひとりで行った場合，1軒につき半日がかりの作業となるほどの重労働である。

私たちが隣家の生活に干渉しないように，湯原においても自宅の雪かきは原則的に各戸自前の労働力で対応すべきものとされている。ところが過疎化や少子高齢化が進行した2000年頃から各戸の労働力不足が顕在化し，親族間での労働力の貸し借りが始まった。その一方で，「公の組織」である「契約会（自治会）」とそれを構成する4つの「組」に雪かきを手伝ってもらうことは，特定の家を特別扱いすることになるので難しかった。一般的には，災害対策の機能を担う「年序集団」で対応する場面が多いが，青壮年男性によって構成される消防団は公民館・神社などの公共施設の雪かきに追われており，個人宅まで手を回すことは難しかった。そのため，村内有志（仲間集団）による無償ボランティア組織「スノーフィールズ」が1998年に立ち上がった。ところが意外にも無償であることが活動の障壁となったのであった。お返し（反対給付）が問題となったのである。ボランティア側が「お返しはいらないよ」と断っても，半日がかりの重労働に対するお返しがなくなることはなかった。これは，返礼によって対等な関係を維持しようとする規範の具体的な現れであろう。さらに，「トナリがあれぐらいなら，うちは」と徐々にお返しの金品は高騰してしまっ

たという。その結果，依頼する側もされる側も気軽にスノーフィールズを利用しにくくなり，村内無償ボランティア活動は機能不全に陥ったのであった。

これを受けて湯原の人々は，2006年に行政補助制度の受け皿として，契約会の傘下に「雪害防止対策本部」を設立した。その意図は，雪かき作業を有償化することで反対給付を定額にし高騰するのを防止すること。さらに，契約会を窓口とする有料サービスを開設することで，みんなが平等かつ気軽に「軒先を空ける作業」を親族以外に依頼できる選択肢を創り出すためであった。

ところが，2010年頃になると，肝心の「雪害防止対策本部」の担い手の高齢化や，たび重なる雪かき料金発生で支払いに困る家が顕在化しはじめた。そこで，湯原の人々は「雪害防止対策本部」の機能や役割を拡大させ，収入が安定せず困っていたIターン移住者の労働の場，さらに都市からの雪かきボランティアの受け入れの場に再編したのであった。その上で，無償ボランティア組織スノーフィールズの活動も再び活性化させた。その結果，現在，湯原の人々は契約会（自治会）・親族・消防団（年序集団）・スノーフィールズ（仲間集団）の住民組織（「9」参照）および村外からの雪かきボランティアを，状況や懐事情に応じて臨機応変に使い分けたり組み合わせたりしながら，生活課題に対応する暮らしのなかの生活保障のしくみを創造しているのである。

より豊かに暮らす

湯原の人々の言動につぶさに寄り添っていると，統計上は限界集落化した湯原の日常の至るところで，他所に暮らす子ども，いわゆる「他出子」の姿に気づく。頻繁に湯原に通う彼らの存在は，ムラの共同作業から実家の農作業や食卓にまで，湯原の暮らしに張り合いと潤いを与えている。

湯原の人々は，上述したように，有料・無料の住民組織・村外ボランティアという自前の除雪サービスを整えているにもかかわらず，たとえ独居老人であっても，すぐに自宅の除雪作業を手伝うことはしない。例えば，屈強な若者が都会から集う年に数回の雪かきボランティアのときであっても，「独居老人宅」には手をつけない場合がある。それは，その人や家をいじめたり懲らしめたりするためではない。そうではなく，近くに暮らす子どもがその家に帰ってくる機会を奪わないためである。それゆえあえて雪を残しておくのである。

この配慮には，「生活の単位」からその独居老人の暮らしぶりを見つめ見守ろうとする世界観がある。そうすることではじめて他出子の存在は浮かび上がり，その家と他出子の関係を遠ざける行為は選択されないのである。たとえ短

期的にみれば，頼まれずとも雪をかくことはその独居老人にメリットがあるとしても。そうやって，湯原の現住者だけでは地域生活が再編できない現状を乗り越えるのみならず，子どものいる暮らし，この土地でともに暮らす日々を湯原の人々は守ろうとしている。湯原の人々にとって暮らしのなかの生活保障とは，地域生活に安定をもたらすばかりか，より豊かに暮らすためのしくみなのである。

生活という視点　最後に忘れてはならないことがある。それは，暮らしのなかの生活保障とは，社会構造や世の中の流れを転覆させるほどの力は有していない点である。言い換えれば，「この状況のなかでどうにかしなければならない」という強いられた現状のなかで創発される庶民の創造力でしかないという点である。だからこそ，私たちは生活保障をめぐる制度を充実させてきた歴史を忘れてはならない。とはいえ，私たちの生存をめぐる制度が一定程度確立した現在，より豊かな個人の生を同時に希求する時代がやってきた。そのとき湯原の人々から学べることは，「生活」という視点から生活保障を捉えていく世界観であろう。個人の暮らしぶりに寄り添い，そこを始点に生活保障を紡ぎ上げていく世界観である。このように，「生活」という視点は制度を個人に結びつけていく実践的で有効的な概念のひとつなのである。

文献▷藤村正之，2007，「医療福祉と自己決定」『社会学』有斐閣。
　　　村田周祐，2016，「限界集落におけるスポーツによる地域づくりの社会的機能・特性に関する研究」『平成27年度笹川スポーツ研究助成研究成果報告書』。
関連項目▷9, 28, 40, 45, 48

42 町内会の公共性

丸　祐一

> 町内会のイメージ

あなたは町内会と聞いてどのようにイメージするだろうか。町内会費を払ったり，環境美化活動に参加しなければならなかったりと，関わるのは面倒くさいというマイナスイメージがあるかもしれない。他方，子ども会や祭の担い手だとか，防災・防犯に一役買っているといったプラスのイメージを持っているかもしれない。なかには町内会とはそもそも何なのか知らないという人もいるだろう。町内会は，防災・防犯・掃除・祭・見守り・リサイクルなどの地域が抱える課題を解決することを期待されている住民組織である。自治会，町会，部落会，区会などとさまざまな呼ばれ方をする地縁に基づく住民組織をここでは総称して町内会と呼ぶことにする。総務省によると2013年4月1日時点で，日本全国に29万8700団体ほど存在している。

> 日本における
> 町内会の歴史

町内会の起源については，律令時代の里制度や江戸時代の五人組制度を起源とする説や，地縁・血縁に基づいて自然発生的に形成された自然村を起源とする説がある。行政の末端としての性格を持つとともに，住民の自治組織でもあるという町内会のふたつの側面がここから読み取れる。明治になると自然村は合併され新しく村（行政村）が成立することとなった。これは行政上の効率を促進するための単位として成立した村であり，現在の市町村へとつながる。このように行政が広域化しても，自治組織はなくなりはしなかった。何らかの形で住民自治組織は必要とされたのである。それが次第に行政の末端としての性格を色濃くしていくことになる。1940年の内務省訓令によって，住民自治組織は「国策万般ノ円滑ナル運用」のために町内会，部落会として整備され，「市町村ノ補助的下部組織トシテ……

必要ナル任務ヲ遂行セシムル」ものとされたのである。町内会はこうして，供出，配給，防空などを遂行する国家総動員体制の末端として大きな役割を果たすことになる。戦後，GHQ によって町内会は戦争協力組織として禁止されるが，1952年に日本が主権を回復すると GHQ の禁止令は廃止され再び各地で町内会が組織された。町内会はいまでは，多くの自治体により住民の自主的組織と位置づけられ復活を遂げている。

| 政治思想史からみた町内会 |

町内会は，戦時中は極端にそうであったように，個人を抑圧する可能性のある社会的権力であり，個人の解放を阻むので解体すべき存在なのだろうか。それとも，国家に権力が集中することを回避するために必要な中間団体なのだろうか。町内会は捉え方によってまったく異なる結論が導かれる。これは個人とコミュニティの関係をどう考えるかという哲学的な問題でもある。政治思想史を振り返れば，前近代において，個人は何らかのコミュニティ（ギルド・身分・農村共同体など）に埋め込まれて生きていた。個人に先立ちコミュニティが存在していたのである。それが市民革命によって個人は国家やコミュニティから解放され，主権者として自由と平等を獲得した。そのため近代になってからは独立した個人が集まってコミュニティが構成されていると理解されるようになった。つまりコミュニティに先立ち個人が存在するという思想的な転換が起きたのである。市民革命の観点からすると，先述したように，コミュニティは個人を抑圧する可能性のある社会的権力であり，解体すべき存在だとなる。コミュニティに存続の余地が残されているとしたら，コミュニティが個人の自由と平等確保のために必要な限りにおいてである。以上がフランス型のコミュニティの捉え方であり，基本的には国家も中間団体も個人を抑圧するものだ，と考える。これに対してコミュニティと個人の関係の捉え方にはアメリカ型もある。イギリスから独立を遂げたアメリカでは，何か地域の課題があった場合，いきなり国家が登場するのではなく，まず地域で話し合うという民主主義の伝統があった。アメリカはこのような伝統のもと，憲法でも「結社の自由」を保証することで国家に権力が集中することを回避し，そのためにはコミュニティが必要だと考えたのである。

　日本の町内会には戦前の経緯から個人を抑圧する負の側面があることは確かであるが，地域の抱えている問題を解決するためのコミュニティづくりなどを担う組織として町内会が期待される面もある。実際，町内会は長きにわたって地域コミュニティを支えてきたことから，アメリカ型の民主主義の基盤として

Ⅵ　コミュニティの持続可能性

その役割を果たしてきたといえるかもしれない。

町内会の地域代表性　町内会はどのような特徴を備えているのか。社会学者の中田実が町内会の特徴をいくつか指摘しているが，その中でも特に注目したいのは「原則として全世帯（戸）加入の考え方に立つ」という特徴である。これはすなわち，町内会が想定する構成員は，その区画の全住民だということであり，町内会には原則として全住民が加入することになっているのである。このことによって，町内会は地域代表性を持つことができると考えられる。例えば，ひとりの住民が街灯設置の必要性を訴えても行政はなかなか動いてくれないが，町内会として声を上げれば行政も「地域の声」だからということで対応してくれる。問題は，都市化や少子高齢化に伴い，町内会への加入者が減少していることである。これに伴って会費収入は減少し，自治体からの補助金も減少するなど，町内会それ自体をいかに存続させるかということが課題になっている。また，加入者が減っているということは，結果として町内会の地域代表性という性質を弱体化させることにもなっているといえよう。

町内会への加入義務　加入率が下がっているならば，町内会への加入を義務とすればよいのではないだろうか。これについては，町内会からの退会が問題となった判例がある。2001年，埼玉県住宅公社の住宅3棟で構成された自治会で，役員らの方針や考え方に不満があることを理由として住民が退会を申し入れるとともに自治会費の支払いをやめた。これに対して自治会側は退会を認めず，自治会費の支払いを求めて裁判を起こしたという事案である。一審・二審では退会を認めず，自治会費の支払いを命じたが，最高裁は2005年に，「自治会の会員は，いつでも当該自治会に対する一方的意思表示によりこれを退会できる」と判決を下した。町内会から退会する自由があることを示しており，法的には町内会への加入は義務ではないと判断したのである。最高裁の判決によって加入義務が否定されたことで，町内会の地域代表性の基盤はさらに脅かされているといえよう。

町内会に求められる公共性　とはいえ，このまま町内会が力を失っていくのを見過ごすことはできない。町内会としては，地域代表性を維持するためにも，「公共性」を有する存在であることを確実にしておく必要がある。ここでいう公共性とは，手続き的に確保される公共性と，町内会での決定内容が持たなければならない公共性である。前者については，町内会活動の透

明化ということが必要である。町内会がどのような活動を行っているのかがわからないのに会費だけ徴収されるというのでは、町内会から退会しようとする人が出てきても不思議ではない。会費の使途の明確化をはじめとして、町内会がどのような活動をしているのかを会報などを通じて明らかにすることが必要である。また、町内会のさまざまな活動をどのように実施するのか意思決定過程を透明化することも必要である。多様な価値観を持つ住民の意見は必ずしもひとつにまとまるものではないということを前提としつつ、それでも少数派の意見を軽々しく排除することのない民主的な意思決定をしなければなるまい。

　町内会で決められた内容が公共的であるか否かも重要である。それが公共的であれば、少数派に対してもその決定に従うように主張できる倫理的正当性を確保できる。「自己と他者のおかれた状況のみならず、自己と他者の視点を反転させたとしてもなお受容すべき理由により、自己の他者に対する要求が正当化可能か否かを我々に反実仮想的に吟味・テストさせる」と井上達夫がいう「反転可能性」テストをクリアできれば、決定内容は公共的だといえるであろう。要するに、相手の立場になったとしても受け入れることができるような決定であるか否かということが決定を公共的なものとするのである。

　たしかに町内会活動への参加は面倒かもしれないが、町内会が手続きにおいても決定内容においても公共性を備えることで、町内会活動に参加を求めることが倫理的にも正当化される。そしてこのような公共性を備えた町内会であれば、加入者の退会を防ぎ、引き留めることにつながるのではないだろうか。

　それでも町内会に加入しない人たちは存在するだろう。このような人たちを無視してよいのだろうかという問題や、さらに、町内会の会合に出席する機会を持ちにくい若者や女性の意見をいかに地域づくりに反映させるかという問題もある。現在、このような人々も参加できる組織として、町内会よりも広範囲を単位に、地域運営組織や地域自主組織が構築されつつある。町内会には今後、このような町内会を補完する組織と協働して地域の課題に取り組むことが求められるだろう。

文献▷井上達夫編, 2006,『公共性の法哲学』ナカニシヤ出版。
　　　鳥越皓之, 1994,『地域自治会の研究』ミネルヴァ書房。
　　　中田実, 2017,『新版 地域分権時代の町内会・自治会』自治体研究社。
関連項目▷9, 40, 41, 45, 55

43 家族のいま

東根ちよ

家族の変化　多くの人にとって家族は身近な存在だろう。そのため、家族はかけがえのない存在だと思う人もいれば、重荷だと感じている人もいるのに、私たちは家族について考えるとき、自分が思い描く家族像からなかなか自由になれない。家族像の揺らぎは個人だけではない。政策にとっても、家族をどのように捉えるのか明確な枠組みを描けずにいる。ここでは、家族という身近な存在と政策との関わりを長期的に振り返ることで、今後の方向性について考えてみることにしたい。

　当然のことながら、社会の変化とともに家族のありようも変化しており、社会の工業化は、家族の形態にも大きな変化をもたらした。戦後、農村から都市への人口移動が起きると、出稼ぎとは異なり、家から経済的に自立し家族単位で都市に移住する人々が増加した。都市では工場や会社に雇われて働く雇用労働が一般化し、同時に、経済的に独立した男性（夫）が外で働いて稼ぎ、女性（妻）が家事全般を担うという性別役割分業体制に基づく「核家族」（夫婦と子どもからなる家族）が増加した。このように戦後の工業化に伴い構築された核家族という形態は、「近代家族」と呼ばれる。

　現代に生きる私たちには、夫が外で働き、妻が家事に責任を持つという家族のあり方は古風なものに思え、なぜこれが「近代」家族なのかと違和感を抱くかもしれない。しかし、工業化に伴う雇用労働が増える以前には、多くの女性も農業や家業に従事し男性とともに働いていた。それまでの農村でのありようから家族や仕事の形が変化したこと、また結婚も男女の自由意思で形づくられるようになったことが近代家族を生んだ。そのため、性別役割分業に基づく核家族は近代以前の社会にはなかった家族形態であり、工業化によってもたらさ

れた，いたって近代的な家族のありようといえる。

家族と世帯　家族の現状を分析したり考えていく際の手がかりとなる言葉に，「世帯」がある。日常では家族という言葉ほどなじみはないかもしれないが，世帯主，世帯年収など，どこかで見聞きしたことがあるだろう。世帯は，国民生活を調査するためにつくられた行政用語である。

　農村のコミュニティ機能が弱まり，個人化が進行するなかで，政府は救貧と治安維持のため人々の生活実態を把握しようとした。しかし，それまで国民生活を把握する際の単位であった戸籍上の家は形骸化し，人々の生活実態とはかけ離れたものとなっていた。そこで，政府はより現実的に人々の生活実態を把握する単位として，親族関係に基づく家ではなく消費単位である世帯に注目をした。消費単位の方が人々の生活実態をより明らかにすることができると考えられたのである。こうして，住居と生計をともにする者の集まりとしての世帯は，1910年代に国民生活を調査するための行政用語として登場し定着するようになった。

　世帯を近代的な家族の実態分析のための概念としてはじめて適用したのが，日本家族社会学の創始者ともいわれる戸田貞三である。戸田は，日本の家と西洋の家族（family）との差異に関心を抱いていた。そこで，第1回国勢調査（1920年）の1000分の1抽出サンプルをもとに，工業化のなかで形成される家族がどのような世代構成になるかを分析するため，家族構成に基づき世帯を分類しその構成比を把握する方法を考えた。その結果，すでに1920年の時点で1世代および2世代で形成される家族の合計が71％を占め，3世代以上の世帯は29％にすぎないことが明らかとなり，近代家族の分析にあたっての世帯概念の有効性を浮かび上がらせた。戸田が開発した家族構成に着目して世帯を分類し構成比を把握する方法は，現在に至るまで国勢調査や国民生活基礎調査で採用されている。

　このように，もともとは調査のための行政用語として登場した世帯だが，1967年に住民基本台帳制度が開始して以降は，単なる調査概念にとどまらず，行政サービスを受けるための住民登録の単位としても機能している。もはや行政サービスについて考え政策を構想する際には，家族という言葉以上に世帯は重要な概念となっている。

家族への着目　男性稼ぎ主と専業主婦と子どもという核家族の形態は，雇用労働者世帯数が農林業および商工自営業世帯数を上回る1960

年代には、近代家族の標準モデルとして定着した。一方、1970年代以降、家族に対しては主に次のふたつの視点から、急速に社会の関心が高まるようになった。

ひとつ目は、性別役割分業体制を特徴とする近代家族が、分業の固定によって社会的な性（ジェンダー）による差別の原因になっているとするフェミニズム視点からの批判である。国際連合が1975年を国際婦人年と定めるなど、1970年代には女性の地位向上と、男女差別撤廃を目指す社会運動が活発になった。女性の解放を説くフェミニズムの原点には、男性に比べて社会のなかで女性が抑圧されているという認識がある。また、フェミニズムは単に女性の権利主張にとどまらず、社会的弱者やマイノリティの復権という形で、近代家族が前提とする人間像の問い直しを強く求めた。

ふたつ目は、人口の高齢化を背景として発生する家族政策の要請である。1970年代は、日本の合計特殊出生率（ひとりの女性が生涯に産む子ども数に相当する指標）が人口置換水準（現在の人口を長期的観点から維持するのに必要な合計特殊出生率）を下回るという意味での少子化の起点となった時期であるが、当時、少子化に先んじて着目されたのが高齢化であった。来るべき高齢化社会のなかで生じる介護問題を描き出した有吉佐和子による『恍惚の人』（1972年）がベストセラーとなるなど、高齢化に対する意識は社会的な高まりを見せた。同時に、女性の高学歴化と雇用労働への進出、それに伴う共働き世帯の増加など、家族をめぐる環境の変化による家族の福祉機能の低下が指摘されると、家族の維持強化を全面に打ち出す政策が展開されるようになった。それまで家族という私的領域への介入に対しては慎重であった政府が、家族政策という新たな政策領域を展開するようになったのである。1980年代には、家庭基盤の充実を求め、家族を福祉の含み資産であると捉える日本型福祉社会の考えが打ち出され、その基軸として家族が位置づけられるようになった。このような政策動向は、社会経済構造、政治構造との関連のなかで揺れ動く家族のすがたを浮き彫りにした。

| 少子高齢化と家族政策 | このような家族に対する政策要請は、1990年代以降急速に進行するようになった。その背景にあるのは、まぎれもなく少子化である。1.57ショック（1989年の合計特殊出生率が過去最低であった1966年の1.58を下回ったという衝撃を示す言葉）による少子化問題がクローズアップされた1990年代以降は、フェミニズムからの視点にとどまらず政策が前提とする家族像の見直しが盛んに議論されるようになり、今日では以前に比べ多様な家族形態を想定した政策が展開されつつある。

一方，家族政策はあくまで結婚や出産は個人や夫婦の自由な意思によるという基本原則に基づきながらも，少子化対策という今日的な状況への関心が高まるにつれ，人口政策としての意義が全面的に打ち出されていることは否めない。1990年代以降に展開される少子化対策の背景には，それまで明確ではなかった合計特殊出生率低下に対する危機感が存在しており，出生促進策としての政策意図がうかがえる。家族政策は，あくまで結婚や出産は個人や夫婦の自由な意思によるという基本原則に立ちながらも，家族に対して社会的サポートを行う政策である。同時に，それが人口に対して何らかの影響を与える限り，広義の人口政策に含まれると考えることも可能だろう。しかし，家族のウェルビーイングを高める政策ではなく，国家の利益に寄与する人口政策としての側面が顕著になると，戦前のような「産めよ増やせよ」のネガティヴな家族政策像が表れることになる。

2000年代以降の家族のありようはさらに急速に変化している。1950年国勢調査では男性1.5%，女性1.4%であった生涯未婚率（45〜49歳と50〜54歳の未婚率の平均値であり50歳時の未婚率）が，2020年国勢調査では男性28.3%，女性17.8%にまで達した。単身世帯が増え，離婚，再婚，ひとり親世帯が増加するなど，家族の多様化はもはや周知の事実となっている。加えて，家族内で発生する児童虐待，介護殺人，配偶者等の暴力（DV）などの痛ましい出来事は，家族そのものが抱える課題と社会的サポートのあり方について私たちに問いかけている。

一方で，戦後の社会経済的変動や社会的サポートの拡大は家族の役割をたしかに変化させたものの，未だ家族内の情緒的・経済的な支え合いは，特に子どもの成長や発達にとって，また高齢者や障がい者や傷病時のケアにとって重要なものであり続けている。さらに，家族を重要視する傾向は，人々の意識のなかで年々着実に高まりをみせていることも見過ごせない（統計数理研究所「日本人の国民性調査」）。このような状況において，現在進行しつつある高齢化，人口減少，加えて家族をめぐる環境の変化は，個人，家族，政府の間での社会的責任の分担について再検討を迫るものといえるだろう。

文献▷杉田菜穂，2010，『人口・家族・生命と社会政策』法律文化社。
　　所道彦，2012，『福祉国家と家族政策』法律文化社。
　　戸田貞三，2001，『家族構成［新版］』新泉社。
関連項目▷2, 9, 16, 44

44 ワークライフバランスの推進

東根ちよ

働き方を考える

　人々の働き方は産業構造の変化によって変わってきた。しかし，近年みられる働き方の変化は，これまでと大きく異なる。例えば，一家の稼ぎ手がパートや派遣といった働き方をしていたり，企業が中核的な役割を担う正社員の数を限定し，限られた正社員にはノルマが重くのしかかったり，長時間労働が時に過労死や過労自殺などの深刻な事態を引き起こしたり，共働きが増えて仕事と家事や育児・介護の両立が困難になったりしている。こうした例のひとつひとつが働く人を追いつめている。

　このような現状は人口減少社会において，短期的には貴重な労働力の活用を抑制し，長期的には合計特殊出生率の低下から社会の持続性に悪影響を及ぼすとまで指摘される。にもかかわらず事態は一向に改善しない。いま，労働現場が抱える問題は日本社会にとって大きな課題となっている。

　労働現場における問題解決のための糸口として，ワークライフバランスという言葉を見聞きするようになった。ワークライフバランスは，近年では実に多面的に使用される言葉となっている。しかし，もともとは工業化による女性の有償労働（賃労働）への進出に伴い，有償労働と無償労働の調和について考えるなかで発生したという経緯を持つ。そのため，ここではワークライフバランスが提起された原点に立ち返り，これまでの経緯をふまえながら，日本の労働現場を取り巻く現状について考えることにしたい。

有償労働と無償労働

　私たちの生活は，異なる性質を持つふたつの労働から成り立っているとみることができる。まず思い浮かべるのは，金銭的な対価が発生する有償労働（ペイド・ワーク）だろう。私たちは企業に勤めたり，自営業を営んだりすることで，生きていくために必要な金銭を得

ている。一方で，家事や育児・介護など，家族が行う場合には金銭的な対価は発生しないが，生活する上で必要な労働がある。これを無償労働（アンペイド・ワーク）という。私たちは誰もが，何らかの形で対価が発生する有償労働とケアすることに代表される無償労働の配分をやりくりしていかなければならない。

有償労働と無償労働をどのように配分するか。この問題は，夫婦のいずれが稼ぎ，あるいは家事・育児を担うのかというような，単なる家族内の配分問題にとどまらない。その配分の仕方は国によっても大きく異なっている。

例えば，北欧諸国はかつて家族内で行われていた家事や育児・介護などの無償労働を，現在では主に公的機関に雇われた公務員が有償労働として担っている。これらの国々では，有償労働に就く女性の実に6割が公的機関で働いており，その大半が保育や介護の労働に従事している。また，アメリカやカナダなどの北米諸国では，保育や介護の民間労働に占める移民労働者の割合が高い。それゆえ，主としてコストが抑えられた民間のケアサービスを購入することで，共働き社会に対応している。

一方で，日本はそのいずれの形にもあてはまらない。家事や育児・介護は無償労働として家族内の主に女性が担っており，北欧諸国のように主に公的機関が担っているわけでも，北米諸国のように主として民間企業が担っているわけでもない。そのなかで進行する女性の有償労働への進出は，男性労働者と無償労働を引き受ける女性のペアを前提とした日本的雇用システムのあり方に影響を及ぼさずにおかない。

日本的な働き方の特徴　日本において，無償労働は女性が担い，北欧や北米のように有償労働として外部化する方向に進まなかったのはなぜだろうか。その説明として，日本は諸外国に比べ「男性が外で働き，女性が家庭を守る」という性別役割分業意識が強いためだという説明がよくされる。ただ，それはあまりにも一面的すぎる見方であり，それだけではこの事態をうまく説明できない。日本で無償労働の外部化が進行しなかった背景には，戦後成立した日本の働き方をめぐる構造的な状況があるとみる方が妥当だろう。

戦後，日本における雇用のあり方の特徴とされてきた年功賃金，終身雇用，企業別労働組合は「三種の神器」とも呼ばれ，日本経済の成長を下支えした特徴であることはよく知られている。しかし，より根源的な特徴は，雇用における三種の神器を可能にした企業内の強い連帯体質にある。このようなあり方は，欧米で広く普及している「ジョブ型」に対し「メンバーシップ型」と呼ばれる

日本の雇用の特徴である（濱口 2009）。

　ジョブ型雇用がある程度決められた職務に就くことを想定した雇用形態であるのに対し，メンバーシップ型雇用は企業のメンバーの一員になることを意味する。どのような仕事に就くか，どこで働くかなど職務の内容は，メンバーの一員となった後，適性と必要に応じて決められる。そして，適性と必要に応じて転勤や長時間労働を受け入れる代わりに，労働者には家族を扶養するための比較的高い賃金と長期雇用が保障される。こうして，企業に雇用される男性労働者が日常生活に必要な無償労働を引き受ける女性とペアになり，その賃金で家族の生計を成り立たせるライフスタイルが高度経済成長期に一般化した。

　メンバーシップ型を特徴とする日本の雇用形態はきわめて有効に機能し，日本経済の黄金期を雇用面から支え，日本的雇用システムとして定着した。しかし，日本的雇用システムは安定した雇用が保障されるという望ましい側面を持つ一方で，家族に対する稼得責任を負った男性労働者の転勤や長時間労働を常態化させた。加えて，その対象が大企業で正社員として働く男性労働者というように著しく限定されることで，男性と女性，あるいは正社員と非正社員の雇用格差をまねくなど，近年では課題が表面化している。

|女性の有償労働への進出|

　このように，戦後の日本では男性賃労働者と無償労働を引き受ける女性を前提とした日本的雇用システムに基づくライフスタイルが構築される一方で，1970年代からは女性の有償労働への進出も同時に進行した。このような状況を前に提起されるようになったのが，ワークライフバランスである。

　女性の有償労働への進出が進行するなか，1972年に制定された「勤労婦人福祉法（現在は男女雇用機会均等法に改称）」は，目的に「職業生活と育児，家事その他の家庭生活との調和」をかかげた。また，1992年に性別を問わず対象にする育児休業法が施行され，1995年の育児・介護休業法への改正時には，「職業生活と家庭生活との両立」が全労働者を対象とするものとして法制化された。

　このような仕事と家庭の両立支援からの転換が，ファミリー・フレンドリー施策である。ファミリー・フレンドリーは，1970年代末に男女の雇用機会均等を求める運動のなかで唱えられ，1980年代以降先進諸国で普及し，1990年代からは経営理念としても市民権を得たとされる。労働者の家庭責任に配慮したという意味を持つが，それまでの労働者の視点に立った職業生活と家庭生活との調和政策に比べ，政策・企業サイドから提唱されている側面が強い。

1999年には労働省(現厚生労働省)のファミリー・フレンドリー企業表彰制度により日本の政策にも取り入れられ，経営戦略としての有用性が主張された。政策としては，在宅勤務による就業場所の柔軟化や就業コースの多様化を含めた柔軟な働き方を推進するもので，企業に根づく長時間労働についても見直しを迫るものであった。

長時間労働と両立支援　このように，女性の有償労働への進出とともに展開されてきたワークライフバランス政策は，現在でも女性労働者に対する有償労働と無償労働の両立支援としての側面が先行している。しかし，日本的雇用システムにおいて同時に深刻な問題となるのが，常態化する長時間労働である。

　過労死，過労自殺という深刻な問題を生じさせる長時間労働を，政府がはじめて真正面から取り上げたのは2004年の「仕事と生活の調和に関する検討会議」報告書である。同報告書では，生活時間を確保し，生涯を通じて納得した働き方を選択できるようにするためには，現在の労働時間のあり方を見直す必要があるとの問題意識が明確に打ち出された。

　日本の経済成長を下支えしてきたメンバーシップ型雇用では，ひとりひとりの受け持つ責任が全体で共有されていることが欠かせない。そのことは，容易に長時間労働をまねく。ワークライフバランスのためには，日本的雇用システムのもとで受け入れられてきた働き方を男女ともに改善する必要がある。長時間労働の緩和に対する働きかけが希薄なまま行われる両立支援は，日本的雇用システムのなかで構築されてきた男性的働き方のなかに，女性労働者や男性的働き方が困難な労働者を組み入れる方向に作用する。

　性別や年齢に関わりなく，能力を充分に発揮できる社会を実現するためには，男性中心の職場では当然とみなされてきた長時間労働や画一的な働き方の見直しが必要である。つまり，長時間労働の緩和と両立支援は車の両輪として機能することが求められているといえよう。

文献▷筒井淳也, 2015,『仕事と家族』中央公論新社。
　　　濱口桂一郎, 2009,『新しい労働社会』岩波書店。
　　　法政大学大原社会問題研究所・原伸子編著, 2012,『福祉国家と家族』法政大学出版局。

関連項目▷6, 16, 29, 43

45 住民参加でつくる地域の支えあい

竹川俊夫

地域における支えあい活動

少子高齢化の進展によるニーズの増大によってますます社会保障財政が厳しさを増すなか，福祉システムの強化とともにその持続可能性を高めることが喫緊の課題になっている。さらに，地方分権の時代にあって自治の担い手としての住民の役割への期待が高まるなか，地域福祉においても，住民の自発的な参加と協力で取り組まれる支えあい活動への期待がますます高まっている。

住民主体の支えあい活動には，生活課題の多様性を反映してさまざまなものがあるが，なかでも自治会から小学校区程度の比較的狭いエリアに密着して取り組まれている活動は「小地域福祉活動」とも呼ばれ，支えあい活動の中心を占めている。代表的な活動としては，「見守り支援活動」「交流活動」「介護予防・生活支援活動」「福祉学習活動」などが挙げられる。それぞれの具体的な活動内容は表1の通りである。

社会福祉協議会の役割

地域の支えあい活動は，小地域を基盤に自治会や集落などの地縁組織が地域に密着して取り組んでいるものや，NPO（非営利組織）が自ら関心のあるテーマのために取り組んでいるものなど多様である。こうした活動を安定的・継続的に行うには，個人がバラバラに動くのではなく，組織として自律的・主体的に取り組めるよう条件整備することが必要になるが，組織づくりから活動の企画・実施までの取り組みを総合的に支援する専門機関が社会福祉協議会（以下，社協）である。

社協は，自治会や民生委員など，主に地縁組織と連携しながら地域福祉活動の発展を支援している民間組織である。戦後の福祉改革の一環としてGHQからの要請を受けて1951年に設立されたもので，日本社会事業協会・全日本民生

表1 主な住民主体の支えあい活動

	活動名	活動内容
1	見守り支援活動	①小地域ネットワーク活動　独居高齢者や障害者などの地域生活に不安を抱える人を発見するとともに，必要に応じて住民が個人またはグループで安否確認を行う活動で，定期的に弁当を届けて安否確認を行う「配食サービス」もこれに含めることができる。その担い手として重要な役割を果たしているのが，厚生労働大臣によって委嘱される民生委員であり，最も身近な相談役であると同時に見守り支援活動のリーダー的存在として全国に約23万人が活躍している。
		②ふれあいいきいきサロン　身近な地域で住民同士が集まって気軽に交流する活動で，サロン活動を通じて世話役が参加者の生活状況の把握や安否確認を行う。社会福祉協議会が全国的普及に努めており，2015年時点で6万7903ヶ所まで増加している（全国社会福祉協議会調べ）。主な参加対象者は，高齢者が82.1％と最も多く，対象者を限定しない複合型（8.1％），子育て家庭（6.1％）がこれに続く。
2	交流活動	地域のなかで孤立する住民が増加する傾向にあるなか，地域で支えあい活動を推進するには，住民相互の顔の見える関係づくりが不可欠である。そこで，高齢者同士のような同世代型の交流活動から子どもと高齢者が地域の伝統文化や昔遊びを通じて交流するような多世代型の交流活動まで，住民相互の交流促進を目的とする取り組みが各地で広く実施されている。
3	介護予防・生活支援活動	住み慣れた地域で健やかに安心して暮らし続けるには，住民が主体となって体操や筋力アップなどの健康増進プログラムに取り組む介護予防活動や，庭木の剪定やゴミ出し，買い物や通院支援のような介護保険制度ではカバーできない困りごとに柔軟に対応できる生活支援活動も重要な役割を果たしている。特に近年は，人への信頼やお互い様の関係性を意味する「ソーシャル・キャピタル（社会関係資本）」による介護予防や生活課題解決への有効性に期待が集まるなか，こうした活動を行政が積極的に支援して地域に広げようとする取り組みが活発になっている。
4	福祉学習活動	人々の生活課題や福祉ニーズを自らの問題として捉えられるよう，社会福祉について広く学ぶ取り組みのことで，さまざまな学びを通じて住民の支えあい活動への参加意識や住民自治の担い手としての主体的な行動力を育むことを目的としている。

出所：筆者作成。

委員連盟・同胞援護会の3団体が統合して中央社会福祉協議会（現在の全国社会福祉協議会）が誕生した。これに続いて都道府県や市町村レベルでも社協の設立が進んだが，民間組織でありながらGHQや行政からのトップダウンによって設立が進められた経緯が物語るように，設立当初より行政の関与や財政支援を前提としていた。在宅福祉化が進んだ1980年代以降は行政から多くの在宅福祉事業を受託運営してきたために，住民にとってはさらに組織本来の性格がみえづらくなっている。

社協の使命である住民主体の福祉活動への支援の方法は「コミュニティワーク」と呼ばれ、地域福祉担当の専門職であるコミュニティワーカーがこれを担う。特に人口が密集する都市部では、小地域を単位に支えあい活動を推進するための住民組織（地域福祉推進基礎組織。以下、基礎組織）を設置することが重視されており、公民館や住民センターなどを活動拠点として、「地区社協」や「校区福祉委員会」などの名称を冠した基礎組織が各地に設立されている。活動に必要な財源として、共同募金の配分金や住民会費、行政や社協からの助成金などが活用されているものの、恒常的に不足しがちなため、自主財源づくりはどの組織においても大きな課題となっている。

一方、中山間地域における支えあいは、これまで伝統的な人間関係が息づく集落を単位とする見守り支援やサロン活動が主流であった。しかし、高齢化・過疎化の進展によっていわゆる限界集落化が懸念される今日では、集落の福祉機能だけでは生活課題の増大に対応できなくなることが予想される。そこで市町村合併などを機に、旧村（旧小学校区）程度の小地域を単位に地域活性化や住民自治の強化を目的とする「地域運営組織」ないし「地域自治組織」（以下、地域運営（自治）組織）を設置する自治体が増えている。

人口減少により活動の担い手が特定の住民に集中しがちな中山間地域においては、地域運営（自治）組織の担い手が地域の支えあい活動の担い手を兼ねるケースは少なくない。そのため今後は、地域活性化の取り組みとともに支えあい活動や防災など、複合的・総合的に地域課題に対応できる小規模多機能型の基礎組織の設置が不可避になりつつある。社協による地域支援のあり方も、従来のような自治体や福祉関係者を中心とするネットワークから総合的なまちづくりを志向するより幅広いネットワーク形成を目指すことが必要になるだろう。

支えあう地域づくりに向けて

支えあい活動に対する期待の高まりを受けて、今日では社協だけでなく行政による住民活動への支援も不可欠になっている。そうしたなか、地域の支えあい体制づくりを推進する新たな手段として登場したのが「地域福祉計画」である。この計画は、社会福祉法第107条に規定される市町村の福祉計画であるが、他の計画と異なる大きな特徴として、「地域福祉に関する活動への住民の参加の促進に関する事項」の計画化が必須とされていることと、計画の策定過程に住民参加が必須の要件として位置づけられていることが指摘できる。住民参加による計画策定を通じて、住民が自らの役割を自身で決定するとともに、行政からの支援を受けつつ主体

的に役割を果たすことで，住民自治を基盤とする持続可能な福祉システムの構築を前進させる可能性がある。この計画が法制化されて以来，全国各地でユニークな計画づくりが行われているなかで，大きな成果を上げている自治体のひとつが鳥取県八頭町である。以下では，八頭町における「まちづくり委員会」を核とする地域福祉計画の実践事例を簡単に紹介したい。

　八頭町では，2012年度から「八頭町地域福祉計画（第1期）」によって支えあい体制づくりが進められ，2018年度からの第2期計画にも引き継がれている。その計画のなかで一貫して最重要課題として位置づけられてきたのが，基礎組織である「まちづくり委員会」の設置と機能強化である。中山間地域に位置する八頭町の支えあい活動の基本単位はこれまで「集落」であったが，第1期計画の策定に際して策定委員会では限界集落化に対する懸念が示されるとともに，増大する福祉ニーズへの対応として，14の地区（旧小学校区）レベルでの福祉機能の確立が求められた。そしてその実現に向けて地区単位での設立が進められたのが「まちづくり委員会」である。第1期計画を終えた2018年現在では9地区まで設置が進むとともに，廃止された保育園や公民館を専用の活動拠点として位置づけ，必要に応じて改修し活用している。

　八頭町では，この「まちづくり委員会」の誕生によって，住民主体の支えあい活動を推進するための基盤づくりが大きく前進した。従来多くの集落では，ふれあいきいきサロンを月1回程度開催するにとどまっていたが，まちづくり委員会の設置に伴い地区単位でボランティア活動組織が整備されたことで，毎週1回以上のまちづくりカフェ（集落が実施するサロンと区別するため「カフェ」と呼ばれる）の開催が可能になった（多い地区では週3回開催）。これにより，いままでサロンが存在しなかった集落の住民も気軽に集える場所が生まれた。さらに，まちづくり委員会と行政が協働し，行政の委託事業として週1回の100歳体操を柱とする介護予防活動も生まれた。まちづくり委員会の活動が徐々に地域に根づくことで，担い手不足のために継続困難となっていた伝統行事の保存活動や，大学・専門学校と連携した活動が開始されるなど，集落単位では実現困難な活動，さらに福祉の枠を超える活動も生まれるようになっている。

文献▷八頭町・八頭町社会福祉協議会，2018,「八頭町地域福祉推進計画」。
　　　山本主税他編著，2013,『地域福祉新時代の社会福祉協議会』中央法規出版。
関連項目▷16, 28, 29, 41, 46

46 持続可能な福祉システムの構築

竹川俊夫

高まる住民参加への期待

　地域福祉においては，かねてより生活課題の発見から課題解決に至る一連のプロセスへの住民参加が重視され，社会福祉協議会（以下，社協）による住民支援や共同募金などの民間財源が住民主体の福祉活動の促進に一定の役割を果たしてきた。しかしながら今日では，民間の自主的な取り組みに加えて，国や自治体が政策的に住民参加を後押しするとともに，専門的な福祉実践との連携を模索する動きが強まっている。

　例えば，高齢者介護においては，ケアマネジャーを中心に，在宅ケアに従事する保健・医療・福祉の各専門職の連携を強めつつ，支援を必要とする高齢者に介護・医療・予防・生活支援・住まいなどの必要なサービスを24時間・365日切れ目なく提供する「地域包括ケアシステム」の構築が課題になっている。そこでは専門職によるサービスとならんで，住民が主体となった介護予防活動や，介護保険外のニーズに対応する生活支援活動も重要な構成要素と位置づけられており，活動の担い手の発掘・育成や協働を促進するキーパーソンとして「生活支援コーディネーター」が各市町村に配置されている。さらに2017年の社会福祉法改正によって「地域共生社会」の実現が福祉政策の主要課題に位置づけられた。これにより，住民をはじめとする地域福祉の担い手には，福祉サービスを必要とする人とその家族が抱える多様な生活課題を全体的に把握し，行政や社協その他の専門機関との連携などによって包括的に課題の解決を図る役割が与えられるとともに，住民の活動拠点の整備や専門機関との連携の場づくりなどの条件整備が行政の責務とされた。また，住民参加や行政・専門機関との連携による福祉活動の発展を促すために，「地域福祉計画」の内容充実も大きな課題となっている。

地域の生活課題の把握と解決に向けて、住民の参加と協力を幅広く求めるこれらふたつの政策は、今後の地域福祉のあり方に大きな影響を与えることが予想される。しかしながら、参加は本来的に住民の自由意思に基づくものである上、強制力を有する政策の介入は社会保障・社会福祉に対する公的責任を曖昧にする危険性もあるため、手放しで歓迎されるべきものではない。にもかかわらず、なぜいまこれほどまで住民参加への期待が高まっているのだろうか。

その理由のひとつが厳しさを増す福祉財政にあることはいうまでもないだろう。表1は全国の市町村の目的別歳出決算額を合算して割合順に示したものであるが、自治体の福祉財源である「民生費」が約37％と突出して多い。高齢化に伴うサービス需要の高まりを受け、国の社会保障財政とともに市町村の福祉財政も毎年増加傾向にあり、自治体経営にとっては今後もさらに厳しい状況が続くと予想される。そのため、生活課題の把握からサービス提供に至るまで、住民やボランティアのマンパワーを最大限に活用することで、福祉への財政負荷を軽減してシステムの持続可能性を高めようとする意図が看て取れる。

表1 2016年度 市町村の目的別歳出決算額
(単位 百万円・%)

区分	決算学	割合
民生費	21,012,839	37.2
総務費	6,818,340	12.1
土木費	6,653,097	11.8
教育費	5,750,278	10.2
公債費	5,692,235	10.1
衛生費	4,714,936	8.3
消防費	1,841,786	3.3
商工費	1,763,581	3.1
農林水産業費	1,360,038	2.4
議会費	347,390	0.6
災害復旧費	303,578	0.5
労働費	108,701	0.2
諸支出費	128,077	0.2
前年度繰上充用金	252	0
歳出合計	56,495,128	100

出所：総務省「平成30年版地方財政白書」。

近年は福祉分野以外でも、住民以上に国や自治体の方が参加や協働に積極的で、地方分権改革や平成の大合併の流れを受けてコミュニティ政策に住民のマンパワーを組み込もうとする傾向が強まっている。そうした状況をふまえると、今後地域福祉が行政主導色の強い「政策型地域福祉」として「発展」してしまう可能性は否定できない。限られた財源を有効活用するために少しでもコストを削減しようとする努力は大切であるが、だからといって無償のマンパワーを活用すれば持続可能な福祉システムが実現できるというものでもない。

**あらためて問う
住民参加の意義** では地域福祉において住民の自主的な参加が重視されてきたのはなぜだろうか。その鍵となる考え方は「住民自治」の形成である。個人を対象とする福祉サービスが利用者の「自立」を目指すように，地域を対象とする地域福祉実践は地域の自立，すなわち「自治」を目指している。地方自治には国から自立した組織のあり方を意味する団体自治と，団体自治と関わりながら地域の課題を自ら発見して自ら解決する主体を意味する住民自治の2側面があるとされるが，主権者である住民の論理を団体自治に貫徹することが民主主義の原則である以上，地域福祉が目指すべきは「住民自治」の形成にほかならない。地域にある身近な生活課題を自ら発見し自ら解決するという地域福祉のアプローチが，住民自治の形成から団体自治の発展を志向するという点で，地方自治のゆりかごそのものである。

　たしかに，住民参加が進んで住民自身による課題解決の幅が広くなればなるほど，福祉コストを削減することができるかもしれない。しかし，それが国や自治体が政策として描いた部分的な役割を演じるだけの「動員」だったならば，無償のマンパワーによってコスト削減効果は期待できても，住民が自ら参加することの意義を感じ続けるのは困難かもしれない。逆に，地域における生活課題の発見から解決に至る一連のプロセスを「自分たちで決めて自分たちで実践する」ことができれば，コスト削減以外にも，やりがいや成長などの多様な意義を感じとれるとともに，ひいては地域の誇りの再生にもつながる。時には住民だけでは解決困難な課題に直面することもあるが，厳しい財政事情を省みながらどうすれば公的責任による解決が可能になるかを行政とともに考えることで，住民自治と団体自治が連動しながら，真に自助・共助・公助のバランスのとれた地方自治が可能になるのである。

当事者参加の促進 住民参加とあわせて地域福祉が重視するのは，支援を必要とする高齢者や障がい者をはじめ地域で生活課題を抱えて暮らす「当事者」の参加である。病気や心身の障害などの課題を抱える人々や生活困窮に直面している人々は，地域社会を構成する一員でありながら，実際には社会経済のしくみだけでなくコミュニティ活動からも排除されやすい。さらに，福祉サービスによる支援を受ける際には，専門職に対して依存的な状況におかれやすく，住民自治という観点では最も疎外されやすい人々といえる。彼ら「当事者」が社会経済から排除されたり一方的に福祉サービスに依存するという状況を克服し，時には社会を支える側の活動にも参加できるようになる

ことは，ノーマライゼーションや社会的包摂の理念が求めることでもある。それゆえ地域福祉における住民自治の形成過程には，当事者の主体的な参加も重視される必要がある。しかしながら，彼らが抱える心身のハンディキャップは参加を妨げる大きな要因となりうるため，福祉専門職が彼らの思いや権利を代弁したり，エンパワメントに向けた支援をすることも求められる。

社会関係資本の醸成　住民参加の意義を考える上で近年注目を集めているのが「社会関係資本（ソーシャル・キャピタル。以下，SC）」の概念である。アメリカの政治学者のR. パットナムが，他者への「信頼」やそれに基づく「互酬性の規範」，人と人とのつながりである「ネットワーク」をSCの要素として特定し，その機能や効果を明らかにしたことで研究は活発化した。特にSCのあり方が健康や福祉，防犯・防災など，広く社会に望ましい影響を与えていることが次第に明らかになると，地域福祉政策への応用にも期待が集まるようになった。多くの住民が地域福祉活動に積極的に参加することで醸成されるSCは，個人の健康やQOLの向上，安心・安全な地域づくりに効果を発揮すると同時に医療や介護などの社会コストを削減する可能性も秘めているからである。このような効果は専門職が提供する制度化されたサービスからは得がたいものが多い。そのため，行政や地域福祉の関係者は，住民の自発的な参加によって住民自治の形成を促進するための条件整備を進めつつ，同時にSCが豊かに醸成される地域づくりを目指す必要がある。

真の持続可能性とは　国や自治体が推進する地域福祉政策への「動員」によって財政圧縮効果がみられたとしても，住民参加の意義への理解がなければ，そのマンパワーはいずれ消耗しきるかもしれない。真の持続可能性を実現する鍵は，参加する住民が，自らが果たすべき役割の意義を理解しながら，活動を通じて自己の成長や地域の望ましい変化をつねに実感しあえることであろう。住民の役割は政策によって事前に決められるものではなく，課題解決に向けて必要な役割を自分自身で考え，創造し，実践できることが必要である。そしてそのためには，地域の「自己決定」を最大限に尊重し，対等に協力しあえる行政や専門機関の存在も不可欠である。特に社協には，つねに住民の立場に立って地域の自己決定を支援する重要な役割がある。

文献▷井岡勉・賀戸一郎，2016，『地域福祉のオルタナティブ』法律文化社。
　　　右田紀久惠，2005，『自治型地域福祉の理論』ミネルヴァ書房。
関連項目▷12，15，28，29，45

47 多民族・多文化社会の想像力

稲津秀樹

多民族・多文化社会の潮流　多民族・多文化社会化は，現代社会にきわめてありふれた潮流のひとつである。この背景には，冷戦体制崩壊以降に決定的となった，ヒト・モノ・カネ・情報などのグローバル化の影響が指摘される。「移動の時代」とも呼ばれるほどの人の越境移動の増大は，国民社会の構成員を流動的かつ漸次的に変化させる。先進諸国の人口問題をはじめ，労働，政治，教育，経済を考える際にも，移民，難民，留学生，観光客といった外国人の受け入れが議論される現状は，まさにこの潮流の表れであるといえる。

経済協力開発機構（OECD）による国際移民統計は，2016年に移民が向かった国々として，ドイツ（約172万人），アメリカ（約118万人），イギリス（約45万人）に次いで日本（約43万人）を挙げている。グローバル化の影響の下で，日本社会でも異なる民族，異なる文化を生きる他者との出会いを経験するようになっている。この潮流はどのような変化をもたらすのだろうか。ここでは，人間が自らの社会を思い描く際に用いる想像力の働きに着目しつつ，この潮流が「私たち」という集団の理解にもたらす変化について考えていこう。

集団としての「私たち」　そもそも，「私たち」という集団はどのように成り立っているのだろうか。人間は状況に応じてさまざまな単位や関係性による区切りをつくりながら生きている。家，村，学校，職場といった単位で区切られることもあれば，友人や知人，ジェンダー（社会的・文化的性差）や多様なセクシュアリティ（性）といった関係性のつくり方に応じて区切られることもある。ここでの主題である民族や文化も，例えば「アイヌ民族」や「オタク文化」というように，この種の「区切り」として用いられてきた典型的な語彙である。

区切ることによって，当該民族ではない別の民族，当該文化ではない別の文

化が想定される。重要なのは、この区切りによって「私たち（We）」という集団が編成される限り、「私たち」ではない異質な「彼ら（They）」との境界も創られ続ける点にある。いじめ自殺問題にあるように、集団の境界設定は、「私たち」を創るだけではない。それは「私たち」のなかから絶えず他者である「彼ら」を生み出し、差別や排除、場合によれば死に至る暴力をももたらす。

国民国家と想像の共同体　近代の主権国家の歴史にも、この種の境界設定を伴う差別や排除、そして暴力が駆動してきた。主権を持つ自国民（自民族）と、主権を持たない外国人（他民族）を分け隔てた上で序列化する集団の論理は、そのすべてではないにしても、植民地支配と世界大戦、その後も続く民族紛争とテロリズムといった、人間社会の差別や排除、暴力が生まれる際の基本原理を構成してきたといってよい。

　グローバル化の時代になって、私たちがこの考え方から自由になったかといわれればそうではない。「わが国（our nation）」という言い方のこと、あるいは日本国憲法の"people"が人民ではなく国民と訳されることを思い浮かべてみよう。すると、私たちが「私たち」という集団を思い浮かべる際にはいまも「国民」という単位に縛られていることに気づかされる。このときの「私たち」に、冒頭に述べた移動する人々が含まれているとは言い難い。彼らは「私たち」ではない「外国人」とみなされることで、公的な主体として不可視化されるのみならず、法権利体系の埒外におかれた存在とされてしまうのだ。

　この国民という集団単位が人間の想像の産物に過ぎないことを明らかにしたのは、人類学者のB.アンダーソンだった。彼は紛争の続く東南アジアに赴きながら、そこで国民というアイデンティティ（自己同一性）がつくられる理由を探究した。そして彼は見たことも会ったこともない人間同士が国民という集団を意識するために欠かせない近代的な条件として、小説や新聞といった活字印刷物の普及とその機能を見出した。これにより国民集団は原初的な共同体というよりは、あるときから、心のなかに実在するかのように人為的に構築された「想像の共同体」であることが明らかにされたのだった（アンダーソン 2007）。国民集団がこのように想像されたものであるならば、外国人との間を定める境界もまた、人間の想像力によって区切られたものといえる。

出会いが生み出す想像力　だが実際、多民族・多文化社会で生まれる出会いは、自国民と外国人の間の境界が想像上の不確かなものに過ぎないことに気づかせてくれる。例えば、スポーツやテレビ番組で、いわゆる

ハーフ，ダブル，ミックスと呼ばれる「日本人」の活躍を見聞きすることは珍しくない。有名人に限らず，私たちの日常にも多様な民族的背景からなる人々との出会いはいまやあたりまえにある。それは共通の起源や伝統，言語や文化，人種的特徴を持つ単一民族の「私たち」という国民的同一性の内実に疑問を投げかける。

　多民族・多文化社会の出会いは地域の生活にも新しい変化を生み出す。それはコミュニティの生活規範の変化として理解できる。食事をとっても，例えば筆者の勤務する大学の食堂では，イスラム圏からの留学生受け入れを契機にハラルフードが提供されるようになった。大学の近隣にも台湾料理店，ネパールインドカレー店がオープンしている。ほかにもイスラムモスクの運営，在日コリアン児童生徒の美術展覧会開催，アイヌ文化交流といった諸活動も行われている。このように食，宗教，芸術など，多様な民族的・文化的背景を有する人たちとの出会いを通じた生活の変化が，身近な地域には拡がっている。

　こうして多民族・多文化社会における人間同士の出会いは，一民族・一文化の社会観にとらわれない新しい変化を生み出していく。この出会いから生み出される想像力は，想像の共同体を支える民族観・文化観に宿る国民的想像力を問いなおすだけではない。それは，私たちが「私たち」自身の集団理解を新しく捉えなおす上で欠かせない批判的想像力ももたらしてくれるのである。

多民族・多文化社会の課題　多民族・多文化社会の課題は「多（multi）」という語の修飾するのが，民族と文化であることに明瞭に現れている。ここには「一」に対する「多」言い換えれば，単一民族，単一文化として想像された国民社会との対比が念頭に置かれている。ゆえに多民族・多文化社会の課題は，この国民的同一性とのせめぎ合いの過程において先鋭化してくるといえる。

　その課題は，第1に生活規範に基づくコミュニティが，他者の民族的・文化的な差異とせめぎ合う過程に生じる。それは排外と共生という，一見して相反する形式をとりながら地域に生起している。前者はヘイトスピーチやヘイトクライムの現場に典型的である。例えば2013年の大阪市には，在日コリアンをはじめとする旧植民地出身者の「国外退去」や「虐殺」を主張する人々が路上に現れた。後者はまちづくりの現場，特に1995年の阪神・淡路大震災以降の「多文化共生のまちづくり」活動に典型的である。多民族・多文化社会において被災者になる人たちは狭い意味での国民に限定されない。身近な地域の変化をか

たちづくる多様な民族的出自を持つ人がそこにはいるのである。排外行為が，想像上の自他区分によって他者の消滅を目指そうとする自己中心的暴力であるのに対し，共生は，地域の構成員としての顔の見える出会いを通じて他者との違いとともに生きる「私たち」のあり方を模索する活動といえる。

第2の課題は，政治的・経済的不平等の是正を目指す社会統合を実現しようとする公的議論において生じる。これについてはコミュニティレベルの問題に焦点化するあまり成員間の不平等をめぐる構造や制度が等閑視されているという批判が，日本でも議論されて久しい（梶田他 2005）。

例えば2006年以降，総務省は各地方自治体に「多文化共生推進基本方針」の策定を促している。これは，1990年前後より帰還移民として来日した日系ブラジル人，日系ペルー人など，中南米系の住民が多い東海地方の自治体が住民サービスを模索するなかで，国の制度に取り入れられた政策である。地方からの政策展開を通じて，「外国人」は「生活者」や「住民」と位置づけられるようになってきている。だが，国および地方の参政権も含む政治的権利を有する「市民」としての承認に至っていないなどの課題も多い。

このように多民族・多文化社会の想像力は，国民的同一性とのせめぎ合いを経ながら，地域生活や権利の担い手，あるいは政策対象としての「私たち」という集団理解そのものの再考を促していく。最後にこの課題の歴史性に触れておこう。日本が単一民族国家であるという理解は戦後日本に広まった「神話」に過ぎず，それ以前は天皇制の下での混合民族からなる帝国であるという理解が主流であった（小熊 1995）。つまり，多民族・多文化社会化と国民的同一性とのせめぎ合いは，かつて帝国として植民地拡張を目指した日本にとって新しい現象ではない。むしろグローバル化する現代に再認識された旧くて新しい現象とみるべきである。よって多民族・多文化社会の想像力を活かす際も，帝国時代の生活現実や政策論を反省的に学びなおす姿勢が求められる。

文献▷アンダーソン，B., 2007, 『定本　想像の共同体』白石隆他訳，書籍工房早山。
　　小熊英二，1995, 『単一民族神話の起源』新曜社。
　　梶田孝道他，2005, 『顔の見えない定住化』名古屋大学出版会。
関連項目▷1, 24, 30, 40, 42

48 地域づくりのための中間支援組織

東根ちよ

中間支援とは 　市民活動が結実する形で1998年に特定非営利活動促進法（NPO法）が施行されてから，早くも20年が経過した。この間，NPO法人の数は5万を超え，福祉，医療，教育，芸術，災害，まちづくりなどの各領域で大きな役割を果たしている。特に，私的領域と公的領域を横断するNPOは，社会の周辺部の当事者間でしか把握されていない新たな課題を顕在化させ，社会サービスを創り出す役割を担っており，複雑化する未曾有の課題を抱える現代社会で不可欠な領域となっている。このようなボランタリーセクターに関して，近年「中間支援」という言葉が使用されるようになっている。この中間支援を取り巻く動向からは，NPOの新たな展開を確認することができる。

　「中間支援」とは，NPOの活動を支援することを目的に，資金や人材などの資源提供者とNPOをつなぐ仲介者のことを指している。もともとはアメリカで「インターミディアリ（intermediary）」と呼ばれており，その訳語として1990年代から日本でも使用されるようになった。一方，2001年に内閣府が実施した「中間支援組織の現状と課題に関する調査」では，中間支援組織を，地域社会とNPOの変化やニーズを把握し，人材，資金，情報などの資源提供者とNPOの仲立ちをしたり，各種サービスの需要と供給をコーディネートする組織と説明する。日本では，資源提供者とNPOをつなぐ仲介者という意味にとどまらず，より総合的にコーディネートする役割が期待されているといえるだろう。

NPOを支援する組織 　このようにNPOをはじめとする市民活動の運営支援，団体同士や政府，企業とのネットワーク形成などを担う組織は中間支援組織と呼ばれる。1998年のNPO法の施行以降，このような中間支援組織が増加している。時には「NPOを支援するNPO」とも呼ばれ，

NPO や市民活動を支援するための取り組みを行っている。

　中間支援組織は内容，形態ともに実に多様である。例えば，自治体ごとに設置される NPO 支援センターやボランティアセンター，まちづくりセンターのように，地域を基盤とする中間支援組織がある。同時に，地域を限定することなく，資金調達，ファンディング，国内の法整備や政策立案への働きかけなど，特定の課題に特化して取り組む中間支援組織もある。例えば，認定特定非営利活動法人日本ファンドレイジング協会は資金調達という課題に特化した中間支援組織である。後述する「認定 NPO」として，NPO の資金調達に関わる人材育成や資格制度，寄付白書の発行などに取り組んでいる。

> ボランタリーの失敗

　近年，なぜこのような中間支援組織が求められるのだろうか。その背景として，ボランタリーセクターが抱える課題を理解することが重要である。というのも，2000年代に入りボランタリーセクターはたしかに広がりを見せたものの，次の4つの課題が表面化している。

　第1に，量的不足である。NPO は，未だ社会的に認知されていない課題を顕在化させ社会サービスを創り出す。一方，現代社会では政府にも企業にも対応できない課題やニーズが増えているが，寄付やボランティアで運営される NPO がすべてのニーズを満たすことはできない。つまり自発的な寄付やボランティアに依存するしくみでは，必要な資金や人材が安定的に調達されないという課題に直面する。

　第2に，NPO には偏重性がつきまとう。NPO は共通の関心に基づき人々が自発的に結成する組織である。そのため，社会のニーズに対して網羅的な対応ができず，ある特定のニーズに対応する組織が多くなり偏りが生じがちである。

　第3の課題が，資源提供者による過度な介入である。自発的な意思に基づくボランタリーセクターでは，寄付やボランティアを行う資源を多く持つ者が活動内容に影響力を持つ。その結果，NPO の内実が資源提供者の好む分野に偏り，本来必要とされる社会サービスが軽視される危険性がある。

　最後に，アマチュアリズムによる対応の限界がある。NPO では，アマチュアのボランティアが大きな役割を果たすことになるが，現代社会で生じる課題は複雑化しており，アマチュアのみで取り組むには困難な場合も多い。

　以上のような NPO の課題を，アメリカのボランタリーセクター研究者であるレスター・サラモンは「ボランタリーの失敗（voluntary failure）」と表した。このボランタリーの失敗を克服する試みとして，日本では，2001年から「認定

VI　コミュニティの持続可能性

特定非営利活動法人（認定 NPO 法人）制度」が導入されている。NPO 法人のなかでも特に公益性が高く，運営組織や活動が適正な法人が審査を経て認定 NPO 法人として認められる。認定 NPO 法人は法人税が優遇されるだけでなく，その法人に寄付をした寄付者も税制上の優遇を受けることが可能である。資源が不足しがちな NPO 法人に対する寄付を促すために導入された制度だが，5 万団体を超える NPO 法人のうち，認定 NPO 法人の数はわずか1000団体にとどまっている。

中間支援組織の機能　では，近年増加する中間支援組織は，ボランタリーセクターの課題を克服するためにどのような機能を担っているのだろうか。中間支援組織は内容，形態ともに多様だが，重要な機能については共通点を見出すことができる。

まず，ボランティアを行いたい人と求める人や組織が出合えるようにマッチングしたり，NPO と政府あるいは企業との協働を促進したり，寄付したい個人と活動団体をつなぐなどのコーディネートを担う。また，人材育成に取り組む中間支援組織も多い。市民活動の担い手や推進者の育成を目指した学習機会を提供したり，啓発活動を行う。近年では，参加体験型のワークショップや研究会を通じて担い手の専門性の構築を図っている。

そのほかにも，調査研究・政策提言（社会課題の解決につながる調査研究や NPO や市民活動に関する調査を行い，制度の制定・改善を促す），相談・情報提供（NPO の設立，運営・経営に関わる相談のほか，NPO に関心のある市民を対象に，ボランティア活動，講座・研修，助成金，行政施策の動向などの情報提供を行う），活動環境の整備（活動や話し合いの場を持たない団体に対して活動の場を提供する）などを担う。

プロボノの可能性　最後に，このような中間支援を取り巻く動向の新たな取り組みとして，個人が持つ知識や技術，経験を活かしてボランティアに取り組む「プロボノ」を紹介したい。プロボノはラテン語の「公共善のために（Pro Bono Publico）」という言葉に由来している。言葉だけをみれば，社会貢献活動全般を指すようにもみえる。しかし実際にはより限定的であり，社会的・公共的な目的のために個人の持つ知識や技術を提供するボランティア活動を指している。

プロボノは1990年代，アメリカ法曹協会が弁護士に対して年間50時間以上の低所得者への無償の法的サービスを推奨したことが発端となっている。日本でも2000年代に入り，第二東京弁護士会が所属会員に年間10時間のプロボノ活動

の義務化を行ったことで知られるようになった。

　また，知識や技術を持つ人材が集まる大都市では，プロボノを推奨する特定非営利活動法人サービスグラントが牽引し，企業が社員のプロボノ活動を社内研修や，企業の社会的責任を示す「CSR（Corporate Social Responsibility）」の一環として組織的に後押しする動きが急速に広がった。それ以来，特に資金や組織力の弱いNPOに対し企業の人材，知識や技術を提供するものとしてプロボノが普及している。

　一方，地方では少し様相が異なっている。例えば鳥取県では，中間支援組織である公益財団法人とっとり県民活動活性化センターが，地域の特性を見極めながら「とっとりプロボノ」をコーディネートしている。プロボノによる支援を希望するNPOや市民活動団体から申請があると，あらかじめ登録されているプロボノワーカー（プロボノを行う人）とのマッチングを行う。そして，4～5名のプロボノワーカーがチームを組み，約半年かけてプロジェクト形式で活動する。支援先のNPOが抱える課題に対して，各々が持つ知識や技術を持ちよりながら進められる。プロボノワーカーは公務員，会社員，自営業者，NPO関係者，地域おこし協力隊など，実に多様な顔ぶれである。

　とっとりプロボノの活動は，支援を受けるNPOにとっては活動を展開する上での心強いパートナーとなっている。また，プロボノワーカーにとってはプロボノ活動がスキルアップや学びの機会となり，定期的なミーティングの場は，時には楽しさを感じさせる空間としてプラットフォーム化している。さらにとっとりプロボノの特徴は，プロボノワーカーが，ボランタリーな活動との接点が少ない20～50代の有職者を中心に構成されており，地方においてボランタリーセクターに関わる人の層を広げていることである。そのため結果的に，専業主婦や定年退職者が主となる市民活動の担い手に対する既存のイメージを覆している。このように，大都市で行われるプロボノの活動をそのまま取り入れるのではなく，地域の状況にあわせてしくみをローカライズしていくことは，地方における中間支援組織が担う機能として見逃すことができないだろう。

文献▷サラモン，L. M. 他，1996，『台頭する非営利セクター』鈴木崇弘他訳，ダイヤモンド社。
　　　社会福祉法人大阪ボランティア協会編，2017，『テキスト市民活動論［第2版］』社会福祉法人大阪ボランティア協会。

関連項目▷10, 32, 41, 52

VI　コミュニティの持続可能性

📖 発展的学習・研究のためのブックガイド

40　鳥越皓之，1994，『地域自治会の研究——部落会・町内会・自治会の展開過程』ミネルヴァ書房．
　　鳥越皓之，2012，『水と日本人』岩波書店．
41　スコット，J.C.，1999，『モーラル・エコノミー——東南アジアの農民叛乱と生存維持』高橋彰訳，勁草書房．
　　松田素二，1996，『都市を飼い慣らす——アフリカの都市人類学』河出書房新社．
42　紙屋高雪，2014，『"町内会"は義務ですか？——コミュニティーと自由の実践』小学館．
　　土屋雄一郎，2008，『環境紛争と合意の社会学——NIMBY が問いかけるもの』世界思想社．
43　上野千鶴子，1994，『近代家族の成立と終焉』岩波書店．
　　筒井淳也，2016，『結婚と家族のこれから——共働き社会の限界』光文社．
　　牟田和恵編，2009，『家族を超える社会学——新たな生の基盤を求めて』新曜社．
44　仁平典宏・山下順子編，2011，『労働再審5　ケア・協働・アンペイドワーク』大月書店．
　　藤原千沙・山田和代編，2011，『労働再審3　女性と労働』大月書店．
　　本田由紀編，2011，『労働再審1　転換期の労働と「能力」』大月書店．
　　山崎憲，2014，『「働くこと」を問い直す』岩波書店．
45　沢田清方編著，1991，『小地域福祉活動——高齢化社会を地域から支える』ミネルヴァ書房．
　　山口稔，2000，『社会福祉協議会理論の形成と発展』八千代出版．
　　山田宜廣，2011，『住民主導の地域福祉行動——「地区社協」の住民力，地域力，福祉力』筒井書房．
46　日本福祉大学アジア福祉社会開発研究センター編，2017，『地域共生の開発福祉——制度アプローチを越えて』ミネルヴァ書房．
　　野口定久，2016，『人口減少時代の地域福祉——グローバリズムとローカリズム』ミネルヴァ書房．
47　小熊英二，1998，『〈日本人〉の境界——沖縄・アイヌ・台湾・朝鮮　植民地支配から復帰運動まで』新曜社．
　　塩原良和・稲津秀樹編，2017，『社会的分断を越境する——他者と出会いなおす想像力』青弓社．
48　嵯峨生馬，2011，『プロボノ——新しい社会貢献　新しい働き方』勁草書房．

VII

地域の活性化

新たなライフスタイルの提案・実践とその土台となる地域の創造を担う企業群の成長がみえてきている。

企業の社会的責任は，……顧客ニーズを満たしつつ，同時に企業が利益を上げ，社会的価値を創造していくことである。

49 地域に根ざした企業の戦略

馬場　芳・藤井　正

地域発の企業　鳥取県八頭郡の「有限会社ひよこカンパニー大江ノ郷自然牧場」（以下，大江ノ郷自然牧場）は，1994年に平飼いによる養鶏から事業をスタートした。養鶏農家戸数は減少傾向にあるなかで，鶏卵生産量は増加傾向にある。その理由として，大量の産卵を効率的に処理できる「ケージ飼い」による養鶏業の大規模化が挙げられる。なかには，数万羽単位の大規模な「ケージ飼い」もある。それに対して，大江ノ郷自然牧場創業者の小原利一郎社長は「のびのびと飼育された鶏が産む卵を消費者に届けたい」という強い想いから，鶏を放し飼いにする平飼いという飼育方法を選んだ。

平飼いはケージ飼いに比べて，飼育羽数が少なく，採卵などの作業の手間がかかるが，卵の質の高さを優先した。飼料も，添加物などを使用しないものを仕入れて使用した。こうして生産された卵は，「当日に採卵したものを送る」という同社のルールに則って東京などの顧客のもとへ直接発送された。これらの生産・流通手法によって，顧客から高い評価と信頼を獲得し，顧客と直接結ばれた継続的な販路を構築，拡大していったのである。濃厚で品質の高い平飼いの卵は「天美卵」と名づけられ，1個100円と高額ながら，ブランド化に成功している。同社の売り上げの約7割は，「天美卵」を主力商品とした通信販売によるものである。

もちろん，はじめから販売は順調だったわけではない。当初は役場などでの販売を試みたがなかなか売れず，訪問先の方に試食してもらうことも多かったという。そこで顧客動向の予測をいちからはじめて，鳥取県内で宅配による販売を行った。その後，新聞広告などを通じて東京をはじめとする都市部の富裕層向けの新たな市場開拓を目指した。全国展開のきっかけは，1996年にグルメ

雑誌『dancyu』で天美卵が紹介されたことである。それを契機に関東をはじめ関西や中部からも徐々に定期購入会員は増えていき，2018年には，全国で30万人の会員を獲得するに至った。

事業の展開　大江ノ郷自然牧場は，次々に新しい事業を創出しステージアップに挑んできた。同社の新たな経営のステージは，天美卵とそれを使用したバウムクーヘンなどのスイーツの直売所「ココガーデン」を2008年にオープンしたことから始まる。その店は，養鶏場を訪ねたいという会員の声に応え，会員をもてなす目的で，養鶏場に隣接し緑の山にはさまれた大江の谷に新設したものだったが，想定を大きく上回る来店者を呼ぶこととなる。堅実な収益を目指すならば，卵の通販事業だけに専念すればよい。しかし，小原社長は次のように述べる。「卵の通販事業だけなら，夢がない。私は地域を活性化させるために養鶏事業を展開している。この辺鄙な場所に多くの人がスイーツや卵かけご飯を食べるために訪れ，美しい景色を堪能してくれたら，こんな嬉しいことはない」。美しい景色と美味しいスイーツは消費者に感動を持って受け入れられ，インターネット上の情報や口コミで評判は広まっていった。開設1年後の2009年には5万人の来店者が訪れ，2012年にはカフェ増設やパンケーキなどのメニューの充実もはかられた。2015年には，全国6次産業化事業優良事例として農林水産省産業局長賞を受賞している。

また，通販方法についても，顧客の成長過程を分析し細分化された販売促進ができる顧客分析システムの開発導入を進めた。担当のグループ会社は2011年に経済産業省中小企業IT経営力大賞において「IT経営実践認定企業」と認定されている。現在の大江ノ郷自然牧場グループの事業は，鶏の飼育と採卵，行き届いた梱包発送を担う「牧場部門」とその通信販売と企画を担当する「コミュニケーション部門」が基幹事業となる。それに加え，スイーツなどの製造や開発を行う「製造部門」と店舗などでの直接販売やサービスにあたる「接客販売部門」の4部門で構成されている。

2016年には，スイーツやナチュラルフードのブース，体験スペースを備えた「大江ノ郷ヴィレッジ」がオープンし，多様化する来店者にあわせた商品やサービスの提供をさらに大きく展開している。山深い自然を背景としたラグジュアリーな空間とものづくりの臨場感が溢れるヴィレッジのデザインは，県内出身の建築家が手掛けたもので，社員のアイデアも取り入れられた。2017年には来店者が28万人となり，売り上げは5年前の2.5倍に増加した。雇用者（パート

を含む）も，2008年の30名から2020年8月末現在197名となっている（同社ウェブサイト）。

2017年には，鳥取県大山町で開催された「とっとりバーガーフェスタ」にご当地バーガー「YAZUバーガー」を出品してグランプリに選ばれた。八頭町の町名にちなんだ8つの食材は，天美卵，ベーコン，竜田揚げ，バンズは大江ノ郷自然牧場，白ネギは田中牧場，エリンギは北村きのこ園，トマトとレタスは町内産と地元の食材から調達して，若手社員のチームでアイデアを競わせ，最終的には全社員で投票をして優秀作品を決めフェスタに出展した。

地域に根ざした企業モデル　天美卵という1次産品からはじまった大江ノ郷自然牧場の事業展開をみると，商品開発や流通開拓などのスキルや知見，ノウハウを活用して新たな商品開発を展開してきたとわかる。また，地域内外にある異業種の企業との連携を新たな事業へとつないできた。さらに，商品開発のプロセスにおいて同社は各地の成功事例を熱心に研究し，自社独自の人材育成プログラムやセミナーを行い，ビジネスアイデアを社内で競わせ，人材を育成してきた。従業員ひとりひとりが新商品の開発や製造にも携わり，その意識が顧客の感動を呼ぶ接客へつながることで，こだわりの原材料・製造の過程がよく見えるような情報発信を可能としている。斬新なアイデアが現場で速やかに生まれやすい仕組みができ上がっており，そのような企業風土はUIターン者や地元出身の若者を惹き寄せている。

ところで小原社長が当初モデルとしたのは，三重県伊賀市の「伊賀の里手づくりモクモクファーム」である。ここはハムの製造販売，カタログ販売を行う「ハム工房モクモク」からスタートし，ウインナーの手作り体験へと発展し，伊賀に本拠地を置いたまま，各地に店舗や農場レストランを展開し多角化していった。本社のある伊賀市の施設は，農と食をテーマとする交流型の施設（農業公園）であり，地元の食材を使い，体験しながら農業や食について学べる場ともなっていて，そこでは現代的で新しい「労働と食」に関する充実を感じられるという。

島根県大田市の「群言堂」（株式会社石見銀山生活文化研究所）は，東京や阪神間のデパートなどにも出店するなど，服飾や雑貨で全国からファンを獲得している（森 2009）。起業から30年にわたり事業展開をしながらも，大森町の石見銀山の本店は動かさない。この群言堂も，業種は異なるが同様に地域に根ざし，こだわり続ける企業なのである。デザインや生産では，伝統的な「もの」，そ

の技術，そして職人を残すという企業方針をとる。つくる文化は美しい文化や風景に反映されるとし，地域を残すことにも心を砕く。本店のある大森の町にこだわり，町内の古い町家を次々と再生しつつ働き方や暮らし方まで提案し，Ｉターンの若者をはじめ，さまざまな人たちを惹きつけている。経営者の松場大吉・登美夫婦は，地域の再生と企業の事業展開をつなげていこうとしているのである。

　このように地域に根ざした魅力的な企業が着実にその社会的な地位を大きくしつつある。これらの企業は，現代社会において，企業だからこそ伝えられる暮らしの価値，労働の意味を発信する。またこうした「片田舎」の企業も，インターネットや会員販売システムなどを通じて全国のファンに，そして世界につながっている。その実践は，地域を魅力的で持続可能な場所へと地道に変革しつつあるともいえよう。大江ノ郷自然牧場やモクモクファームが展開する食を通じた地域の魅力の発掘と発信もそのひとつの面である。群言堂も加えた３者に共通するのは，雇用者の新しい働き方の提案と実践であり，それがＩターンを呼び，地域の再生や持続の原動力になりつつある。これはＩターン者による自己実現のための起業とは異なる，企業による雇用を通じた働き方や暮らし方の提案である。従来の経済成長優先の視点だけでは捉えられない，価値観の転換をふまえて新たなライフスタイルの提案・実践とその土台となる地域の創造を担う企業群の成長がみえてきている。

文献▷木村修他，2011，『新しい農業の風はモクモクからやって来る』商業界。
　　　経済産業省「中小企業 IT 経営力大賞経営力大賞」（http://www.meti.go.jp/policy/it_policy/it-keiei/award/　アクセス日2018年12月20日）。
　　　近藤清人，2018，『強い地元企業をつくる』学芸出版社。
　　　農林水産省「６次産業化の取組事例集」（http://www.maff.go.jp/j/shokusan/renkei/6jika/torikumi_jirei/h30/03.html　アクセス日2018年12月20日）。
　　　北海道厚真町，2017，「農業６次化で稼ぐ戦略会議」ローカルモーカル研究会 vol. 1 レポート「大江ノ郷自然牧場 小原社長講演記録」（http://throughme.jp/deau_atsuma_lmk2017-1/　アクセス日2018年12月20日）。
　　　森まゆみ，2009，『起業は山間から』バジリコ。
　　　リクルートサイト「大江ノ郷自然牧場の仕事について」（https://www.oenosato.com/recruit_w.html　アクセス日2018年12月20日）。

関連項目▷**18**，**32**，**54**，**56**，**59**

50 地域に活かすマーケティング

白石秀壽

地域活性化の事例　徳島県上勝町が地域活性化の成功事例として注目を集めている。上勝町は人口2000人に満たない小さな町で，65歳以上の高齢者が人口の47％に及び，総面積109.68km^{2}のうち85.9％を山林が占め，多くの中山間地域と同じく高齢化と若者の人口の流出といった社会問題に悩まされていた。上勝町の「株式会社いろどり」は，モミジ，柿，南天などの「葉っぱ」を「ツマモノ」として商品化し料亭に販売する「彩（いろどり）」というブランドを立ち上げ，成功をおさめた。この事例は誰も見向きもしなかった「葉っぱ」という地域資源を活用して新しい市場を創造し，地域での雇用を創出して地域を活性化させた事例としてよく知られている。

　この事例を参考にして，自分たちの地域でも「まだ誰もその価値に気づいていない地域資源を活用して，ビジネスにつなげよう」と思う人もいるだろう。そういう人はきっとその地域の特産品や観光地をいかに売り出すかに情熱を注ぐであろう。しかし，いろどりの事例に隠されたマーケティング的発想を理解せずに，手元にある地域資源を何とかして商品化しようという発想だけでは，失敗する可能性がある。ここでは，マーケティングとは何かを紹介した上で，いろどりの成功を裏づけたマーケティング要因を説明する。

マーケティングとは　マーケティングと売り込みは異なる活動である。これはマーケティング初学者が教わることであるが，初学者にとっては理解しにくいことかもしれない。マーケティングと売り込みとの混同は，ドラッカー以来，多くのマーケティング学者によって指摘されてきた（ドラッカー 2008）。ドラッカーが「マーケティングの理想は売り込みをなくすことである。マーケティングの狙いは顧客を知り尽くし，理解し尽くして，製品

やサービスが顧客にぴったりと合うものになり，自然と売れるようにすることである」と述べている通り，マーケティングとは，顧客のニーズを満たして，自然とモノが売れるしくみを作ることである。

マーケティングの基本は顧客志向である。顧客志向とは，顧客の立場になって考えることである。製品・サービスのもとになる地域資源だけに注目することは，顧客志向ではない。むしろ販売志向に近い。販売志向では生産者が起点であり，自社の製品・サービスを顧客にいかに売るかということを考える。販売（売り込み）が製品・サービスを捌いて現金に換えるという売り手のニーズを満たすことであるのに対して，マーケティングは製品・サービスによって買い手のニーズを満たすことなのである（久保田他 2013）。ここにマーケティングと売り込みの違いがある。端的に言えば，マーケティングとは，手元にあるモノを無理に売り込むのではなく，顧客のニーズを満たすことで，自然とモノが売れるしくみを作る活動と定義できる。とすれば，顧客の視点を欠いて，手元にある地域資源を何とかして商品化しようという発想は，マーケティングとはいえない。

顧客ニーズ　自治体であれば住民ニーズを満たすインフラや行政サービスを，メーカーであれば消費者ニーズを満たす製品を，観光地であれば観光客のニーズを満たすサービスを提供することを目指している。顧客ニーズの正しい理解はマーケティング的発想獲得の第一歩でもあるが，マーケティングと売り込みが混同されているように，顧客ニーズも正しく理解されていない。

製品・サービスと顧客ニーズの関係は，手段と目的の関係と同じである。このことを端的に指摘したのがセオドア・レビットである。彼が言うには，「顧客はドリルを欲しがっているのではなく，穴を欲しがっている。穴というニーズを満たす製品・サービスはドリルに限らない」(Levitt 1960)。つまり，製品・サービスは顧客ニーズを満たすための手段でしかない。

「顧客が欲しているのは，製品・サービスそのものではなく，製品・サービスを通じて得られる便益である」というレビットの指摘は，企業が顧客に提供する価値は自明ではないことを示した点で興味深い。レビットも例示しているように，鉄道会社が顧客への提供物を鉄道サービスと定義したとすると，鉄道会社は鉄道産業のなかだけで競争していることになる。しかし，この鉄道会社の発想は顧客志向ではない。顧客を起点として考えるならば，鉄道会社は輸送サービスを提供していると考えるべきであろう。とすれば，鉄道会社は，自動

車メーカー,トラック運送業者,あるいは航空会社などと競合していることになる。実際,1960年以降に,アメリカで鉄道会社が衰退した要因は旅客・貨物の需要が減少したためではなく,自社の事業を狭く定義してしまい,他業界の台頭を見逃してしまったためであった。このように製品の特長や機能,自社の保有する技術やノウハウ,そして業界に囚われて,企業が自社の事業を狭く定義してしまうことをマーケティング近視眼という。これを回避するためには,顧客の視点に立って,製品・サービスから得られる便益が何かを考えることが重要となる。

創造的適応 先述の通り,マーケティングとは,顧客ニーズを満たす製品・サービスを用意することを通じて,自然とそれらが売れるしくみを作ることである。とすれば,顧客の声に耳を傾けることが重要となる。しかし,顧客の声に耳を傾け,顧客ニーズを満たす製品・サービスを用意することだけがマーケティングではない。マーケティングでは,需要ないしニーズが先にあって,それに対して反応することよりも,顧客に積極的に働きかけることによって,新しい需要ないしニーズを生み出していくことの方が重要である。ハワードは,顧客を創造する積極的な働きかけを創造的適応と呼び,変わりゆく環境に創造的に適応することがマーケティングの本質であると述べている(Howard 1957)。何かを新しく創り出すという意味の「創造」と,与えられた状況にあわせるという意味の「適応」が組み合わさった創造的適応という言葉は,一見すると矛盾しているように思われる。しかし,このふたつの要素を組み合わせることこそがマーケティングの本質であるという。何らかの状況に消極的かつ受動的に対応するのではなく,積極的かつ能動的に働きかけることによって,新しい環境を作り出していくことこそがマーケティングの醍醐味なのである。市場環境がダイナミックに変化する状況においては,とりわけ創造的適応が重要となる。例えば,過疎化・高齢化の進行が著しい地域においては,創造的適応という発想はきわめて重要だろう。なぜなら,そうした地域は単に現状に対応していくだけでは,衰退の一途をたどるかもしれないからである。顕在化された顧客の声だけでなく,潜在的な顧客の声に耳を傾けることが重要なのである。

地域に活かすマーケティング 冒頭のいろどりの事例に戻ろう。この成功の裏側には,マーケティング的発想が隠されている(古川・薗部 2011)。いろどりを手掛けた横石知二は,1986年10月に大阪難波のがんこ寿司で若い女性が赤いモミジの葉を見て喜んでいる様子から,葉っぱビジネスを

思いついたという。上勝町の山々に散在する葉っぱは，高齢者も女性も扱いやすいから，ビジネスとしてうまくいくと思ったそうだ。しかし販売当初，自生するモミジの葉をパックして出荷しても，まったく売れなかったという。シミや穴があると料亭では使えないからである。ツマモノのエンドユーザーである料亭では，一定以上の品質のツマモノが一定量以上必要となる。そこで，横石は，板前の求めるツマモノの美しさ，色合い，大きさ，そして季節の表現方法といった顧客ニーズの理解に努め，高品質なツマモノを提供するしくみ作りに取り組んだという。

　ツマモノ市場が存在しない頃，料亭の板前たちはわざわざ山に入ってツマモノを入手しなくてはならなかった。いろどりが登場したことで，板前は，「わざわざ山に行かなくても綺麗なツマモノを入手したい」というニーズを満たすことができるようになった。このことは，レビットのドリルの格言を借りれば，「顧客たる料亭の板前は葉っぱを欲しがっているわけではなく，綺麗なツマモノを購入することで節約される労力や時間を欲している」と言い換えることができる。また，もし板前の声に消極的かつ受動的に対応していたとしたら，ツマモノ市場は生まれなかったかもしれない。なぜなら，板前にとって，ツマモノは自分で採取することが常識だったからである。潜在的な顧客の声に反応し，新しい市場を創造したことはまさに創造的適応といえるだろう。

　いろどりの事例を，誰も見向きもしなかった葉っぱを使って地域を活性化させた例とみなす素朴な解釈は，成功の裏側にあったマーケティング的発想を覆い隠してしまう。もし横石が顧客ニーズの理解に努めなければ，いろどりは成功しなかったであろう。顧客を起点として，顧客の立場で考える。それこそがマーケティング的発想の第一歩である。

文献▷久保田進彦他，2013，『はじめてのマーケティング』有斐閣。
　　ドラッカー，P., 2008，『マネジメント』上田惇生訳，ダイヤモンド社。
　　Howard, J. A., 1957, *Marketing Management : Analysis and Decision*, R. D. Irwin.
　　古川一郎・薗部靖，2011，「いろどり」古川一郎編『地域活性化のマーケティング』有斐閣。
　　Levitt, T., 1960. "Marketing Myopia," *Harvard Business Review*, 38 (4).
関連項目▷35, 51, 56, 59, 60

51 ソーシャルマーケティングの展開

白石秀壽

マーケティング概念の拡張　マーケティングというと，ビジネスに限定される印象がある。しかし実際は，ビジネス以外の社会活動にも適用できる。メーカーが製品・サービスを顧客に提供し対価を得るのと同じように，選挙戦では候補者が自身の政策を有権者に，大学の学生募集では教育内容を高校生に，募金活動では社会的主張を募金者に提供して，それぞれ投票，入学，そして募金という反応を引き出そうとしている（Kotler and Levy 1969）。営利組織だけでなく，自治体や NPO などの非営利組織によっても，マーケティングに似た活動が行われているのである。

とすればマーケティングとは何か。マーケティング研究者はその答えを交換概念に求めた。交換とは，何かを手に入れる代わりに，お返しをすることである。モノの売買の本質は交換にある。顧客は製品を手にし，その代わり企業に対価を支払う。市場取引は交換の特殊な形態でしかない。「50」では，マーケティングとは自然とモノが売れるしくみを作ることであると定義したが，交換を軸にマーケティング概念を拡張すると，マーケティングとは価値を創造する交換を実現するしくみを作ることであると再定義できる。

ふたつのソーシャルマーケティング　概念拡張の背景には，マーケティングと社会との関係が考えられるようになったことがある。社会との関係を考えるマーケティングを「ソーシャルマーケティング（social marketing）」という。直訳すると社会的なマーケティングである。この「社会的な」にはふたつの意味があり，それぞれに対応した「ソーシャルマーケティング」の潮流がある。ひとつはマーケティングの発想や手法を自治体や NPO などのビジネス以外の領域に適用させるフィリップ・コトラーに代表されるも

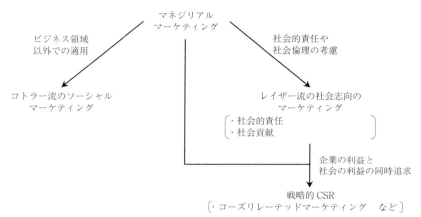

図1 「ソーシャルマーケティング」の誕生と展開
出所：筆者作成。

ので，もうひとつは企業のマーケティングに欠けていた社会的責任や社会倫理を導入するウィリアム・レイザーに代表されるものである。一般的には「コトラー流のソーシャルマーケティング」をソーシャルマーケティングといい，後者の「レイザー流のソーシャルマーケティング」を社会志向のマーケティング（societal marketing）という。近年では，後者の社会志向のマーケティングはさらなる展開をみせており，企業は社会志向のマーケティングの考え方を自社のビジネスに組み込んで，企業の利益と社会の利益を同時に追求しようとしているのである。これを戦略的CSR（corporate social responsibility）という。ここでは，マネジリアルマーケティング（ビジネス領域のマーケティング），「ソーシャルマーケティング」，そして戦略的CSRへと続く流れを解説する（図1）。

ソーシャルマーケティング　ソーシャルマーケティングが生まれたのは，アメリカで非営利組織の重要性が高まるに従って，社会的主張や社会的に望ましい行動を普及させるためにマーケティングの発想や手法を利用できないかと考えられたからであった。ソーシャルマーケティングは，元々はマーケティングを自治体やNPOなどの非営利組織の領域に適用させようとする試みであったが，いまでは環境問題，人権問題，貧困問題など，社会問題の改善・解決を目標とする。ただし，その主体は必ずしも非営利組織とは限らない。

いま輸血のための血液が不足し，それが原因で亡くなる人が多数いるとしよう。ある団体は献血者数を増やしたいと目論んでいる。マーケティングの発想

や手法を使って献血者を増やす。これがソーシャルマーケティングの一例である。しかし，この例に対してあなたは次の疑問を持つだろう。ビジネスの場合，製品・サービスとお金を交換するわけであるが，献血の場合には，何を血液と交換しているのか，と。その答えは社会的プロダクトである。社会的プロダクトとは，社会的アイデアや習慣のことをいう。もちろん，有形の対象物の場合もある。献血の例に戻ろう。輸血できずになくなる命がある。この客観的事実によって，人々は献血を肯定的に評価するであろう。あるいは，「献血は正しいことだ」という価値観を抱く人さえ出てくるかもしれない。このような客観的事実の認識，対象に対する評価，そして価値観のことを社会的アイデアという。社会的アイデアが受容されると，人々は献血センターに足を運び，献血を習慣化するかもしれない。ソーシャルマーケティングでは，ある主体が社会的アイデアや習慣を提案し，対象となる相手がそれを受容し，自らの考えを改めて行動を変化させることを目指すのである。その際，重要なことは，「**50**」で述べた通り，顧客の視点に立って考えることである。

> 社会志向のマーケティング

さまざまな社会問題を改善・解決する可能性を秘めたソーシャルマーケティングは，マーケティングの有効性を広く知らしめるものであった。他方で，マネジリアルマーケティングは世の批判にさらされていた。社会的責任や社会倫理の視点が欠けていたからである。1960年代，欠陥製品や公害問題などの暴露あるいはジョン・F.ケネディが提示した消費者の4つの権利によって消費者運動が台頭し，企業の社会的責任が問われていた。企業には自社のビジネスの社会への影響にも配慮することが求められる時代が到来したのである。そこで登場したのが社会的責任や社会倫理の視点を導入した社会志向のマーケティングである。社会志向のマーケティングでは，企業は製品・サービスを販売して終わりではない。例えば，優れた走行性能を持つ自動車を求める顧客に大排気量・高馬力の自動車を提供すれば，顧客を満足させつつ，企業は利益を上げることができるが，資源浪費や環境汚染の点からすれば，社会的利益が損なわれるといえる（芳賀 2013）。

社会志向のマーケティングには社会的責任と社会貢献のふたつの次元がある（和田他 2016）。前者は企業が本業を通して社会と関わるものであり，例えば環境に配慮した工場の運営が挙げられる。後者は本業とは関係のないプラスアルファの貢献であり，例えば自然保護や文化支援のための寄付あるいは教育や医療への奉仕活動などが挙げられる。これらは社会のなかで企業が存続し成長し

続けるために必要なことである。

戦略的CSRへ　社会志向のマーケティングが提唱された当時は企業のマーケティング活動の負の側面をいかにして抑制するのかが課題であった。それゆえ社会貢献も本業とは関係のない寄付や自然保護が主であり、そうした活動はコストとみなされてきた。しかし近年、企業の社会的責任（corporate social responsibility：CSR）を事業戦略の視点から捉え直し、本業に即して社会的課題を解決する取り組みが行われている。それを戦略的CSRまたはCSV（creating share value，共通価値の創造）という。

戦略的CSRが進んだ背景には、市場が成熟し、製品差別化が困難になったことがある。品質や価格に差がなければ、消費者は社会貢献を重視する企業の製品を選好するだろう。本業と社会的課題を積極的に結びつけることが、市場で有利な競争地位を築くことにつながるのである。その代表的な方法として、コーズリレーテッドマーケティングがある。これは社会に貢献するような特定の目的（cause）に関連づけたプロモーションである。例えばミネラルウォーターのボルヴィックは「売上1Lにつき、10Lの水をアフリカの井戸の開発によって供給できるよう、売上の一部をユニセフに寄付する」という1L for 10Lプロジェクトを実施している。寄付付き製品の販売は、欧米に比べて寄付文化が希薄な日本では特に有効であるという。社会貢献に関心はあっても、その参加の機会がない人にとって、一歩踏み出すきっかけとなりやすいからである。企業の社会的責任は、ビジネスによって獲得した利益を寄付や自然保護という形で社会に還元することではなく、顧客ニーズを満たしつつ、同時に企業が利益を上げ、社会的価値を創造していくことである。この考え方が広まりつつあるいま、顧客、企業、社会の3者の利益を同時追求していくしくみを作ることが肝要であろう。

文献▷Kotler, P. and Levy, S. J., 1969, "Broadening the Concept of Marketing," *Journal of Marketing*, 33 (1).
　　芳賀康浩，2013，「マーケティングにおける社会的価値」恩蔵直人編『エネルギー問題のマーケティング的解決』朝日新聞出版社。
　　和田充夫他，2016，『マーケティング戦略［第5版］』有斐閣。

関連項目▷**35，44，50，60，64**

52 官民連携と地域公共会社

光多長温

地域公共会社への動き 　高度経済成長時代の地域開発では工場誘致が主たる政策目標であり，そのために全国総合開発計画などの国の政策に則って工場用地造成を図り，工業用水や道路などのインフラを整備し企業誘致を図ることが柱であった。しかし，これからの地域創造時代においては，地域自らが事業を発案し，進めていくことが必要となる。

　人口3万3000人に過ぎない岩手県紫波町では，遊休状態にあった町有地を利用することで町と民間企業，住民とが協力して運営する複合施設を整備し，年間100万人近くの人々が来訪している。それまで町の名前を読める人さえ少なかったのが，一躍有名になった。ここで重要なことは官民連携による事業方式と事業を推進していく事業主体である。以下，今後の地域の事業主体について考えてみたい。

　地域創造時代においては，行政（官）が民間企業や住民団体など（民）と連携しつつ地域創造に資する事業を行うことにより，効果的な結果を出すことが可能となる。いわゆる官民連携である。

　日本における行政部門と民間との共同事業組織としては，「第三セクター」が大きな役割を担ってきた。これは，行政部門と民間企業とが共同で出資して新たな官民共同事業体をつくるものである。第一セクターたる行政，第二セクターたる民間に対して，官民共同事業体は第三セクター（以下，三セクという）と呼ばれた。1970年代以降に交通拠点の運営，大規模工業基地建設の事業主体として全国に創設され，1980年代以降は民間活力を活用した地域振興の推進主体として，特に地方におけるテーマパークやリゾート事業などにおいて中核的役割を担った。また，1990年代には疲弊した地方の経済対策のために三セクが

大きな役割を担うこととなり，補助金・交付金などが優先的に配分され，自治体の債務保証の下で巨大な公共施設を建設した結果，自治体は膨大な借金を負うこととなった。なかでも地域総合整備事業債は，地方自治体が単独で行う公共施設の整備とは異なり，地方債返済費用の75〜90％が交付税とされたことから全国で競うように利用され，三セクがその受け皿となった。しかし，個々の事業では経営に不慣れな自治体OBが役員の多数を占め三セク赤字の大きな要因となるなど，建設後の運営段階で膨大な赤字を出す施設が多かった。ピーク時には全国1万社に及ぶ三セクが設立され，膨大な借入金を負い，債務超過会社や破綻する会社も続出し，地方自治体が実質的な債務保証を行っているケースも多かったことから「隠れたる財政赤字」ともいわれた。

　このような経験を経て，2000年以降，真の意味での官民連携による新たな地域プロジェクトを推進する事業主体として，「地域公共会社（Local Public Company）」が大きな位置を占めつつある。この地域公共会社が出現した背景として，世界的な「官民連携（Public Private Partnership）」の動きがある。これは，行政が行っていた業務に民間の経営力・技術力を導入して行政の効率化を図るとともに，公共サービス業という新たな事業を創出していく考え方である。日本でこれの端緒となったのは，1999年に「民間資金等の活用による公共施設等の整備等の促進に関する法律」いわゆるPFI（Private Finance Initiative）法が成立し，当時ヨーロッパで先行していたPFI／PPP方式が導入されたことであろう。従来公共部門で行っていた上下水道，道路，空港などの公共施設の建設や運営に民間企業の経営力・技術力を活用するというものであり，その際，地域ごと，事業ごとに個々の事業を行う会社として「特定目的会社（Special Purpose Company：SPC）」が設立され事業にあたった。

　この地域公共会社は，「行政と連携しつつ，地域において必要とされる事業を行っていくことを目的として設立される法人」と定義され，次の特色を持つ。

　第1に，一般的な事業収益を目的とするものではなく，地域において必要とされる事業を行う「特定目的会社」である。設立時に事業内容を特定し，事業の拡大・多様化には一定の制約が設けられる。

　第2に，法人形態としては株式会社を基本とし，ビジネスモデルで地域貢献事業を行う。地方自治体が出資するケースや地元企業を含む民間企業のみが出資するケースがある。旧来の三セクのように，自治体の出資に対応して地元企業などが「お付き合い出資」を行うのではなく，事業ごとに事業目的と実施に

最も適した出資構成とする。

　第3に，三セクの失敗経験に鑑み，設備投資および借入金は限定的とし，運営に重点を置く。借入が必要な場合は返済財源を明確にしておく。

　第4に，民業圧迫とならないように，軌道に乗った段階で地元民間企業などに移管することが望ましい。

海外の地域公共会社　この地域公共会社は1990年代以降，ヨーロッパで行われた官民連携による行政改革から生まれてきた。1980年代，イギリスを中心に行財政改革・官民連携の大きな波が起こったが，この動きは1990年代以降，PFI／PPP（官民連携事業を総称しPPPといい，なかでも特に施設整備のウェイトが大きいものをPFIという）のさまざまな官民連携スキームに発展した。そして，個々のプロジェクトごとに事業実施のための特定目的会社が設立されたが，そのなかから地域に根ざし，かつ地域にとって必要な業務を担う数多くの地域公共企業が出現している。

　この流れは2000年代以降フランスにも伝播し，イギリスと同様のスキームが適用され，多くの地域公共会社が誕生してきた。フランスで特徴的なことは，この官民連携の事業主体に公共が出資する動きが付け加わったことである。そもそもフランスにおいては，公共的事業を行う際に官民共同出資企業が大きな役割を果たしてきたという歴史的経緯がある。これは，「経済混合会社（Social Economic Mixture：SEM）」と呼ばれ，日本の三セクのルーツともなる事業体である。

　現在のフランスにおいては，公共部門が特定目的会社に出資する際にふたつのタイプがある。ひとつは，民間企業による特定目的会社に公共部門が一定割合の出資（3分の1～2分の1程度）を行う形式であり，もうひとつは地方自治体100％出資の会社である。前者は，民間企業が主体となって公共的事業を行う際に，これの共同事業者として公共部門が入るスキームであり，公共部門の出資割合によって異なるが民間企業支援の意味が大きい。これに対して，地方自治体が100％出資の会社は，例えば上下水道など，住民生活に緊密に関係する事業や地域にとってきわめて重要な事業を株式会社モデルで行う場合に適用される。前者のタイプはイギリスも逆輸入するなどヨーロッパ各国に拡がっている。ただし，公共部門の出資比率は国により異なる。

　これら3つのタイプ，すなわち，①地域の特定の公共的事業のために設立された民間企業出資による特定目的会社，②この特定目的会社に公共部門が出資

した会社，③地方自治体全額出資の会社という3つのタイプを総合して広義の地域公共会社といい，③のタイプを狭義の地域公共会社という。

日本の地域公共会社 海外の動向に呼応するように，日本においてもPFI／PPPなど官民連携のさまざまなプロジェクトにおいて，数百社の地域公共会社が設立されている。最近の動きとしては，関西・伊丹をはじめ，仙台・高松・福岡・北海道（千歳など7空港一括）の各空港などで，施設の所有権は公的部門が保有したままで運営権を民間企業等に売却する，いわゆるコンセッション方式が実施に移され，事業ごとに特定目的会社が設立されている。このなかには自治体が出資をしているケースもある。

冒頭述べた岩手県紫波町では，長期的視点で事業全体の企画・調整を行う中核会社のオガール紫波株式会社は当初は町の出資が100％だったが，その後民間出資を受け入れ，整備・運営会社であるオガールプラザ株式会社などは民間企業中心の出資となっており，これらが一体となって全施設の整備・運営を行っている。また，兵庫県養父市では，地域の産業振興を目的として市の100％出資で株式会社やぶパートナーズを設立した。わが国における狭義の地域公共会社第1号である。同社は，市内企業の創業相談，地元産品の域外販売（輸出を含む），新商品開発（2022年度末実績，約25件），大都市でのアンテナショップの運営などを行っている。さらに，養父市が国家戦略特区に指定されたことを受け，進出企業とのタイアップ，出資などを行って域外企業がスムーズに養父市に進出することができるよう支援を行っている。経営者も民間からスカウトし，ビジネス感覚溢れるスタッフを採用している。本来行政が行うべき事業を民間企業のビジネス感覚で行っており，大きな成果を上げている。

このように，三セクの苦い歴史を持つわが国において，地域公共会社はダイナミックな動きを示しており，これからの地域創造の推進主体となっていくことが期待される。

文献▷川崎一泰，2013，『官民連携の地域再生』勁草書房。
　　　内貴滋，2016，『英国地方自治の素顔と日本』ぎょうせい。
　　　西村清彦監修，2007，『地域再生システム論』東京大学出版会。
関連項目▷3, 9, 10, 42, 48

53 中心市街地の役割の変化

山下博樹・東根ちよ

都心と中心市街地

大都市の中心部は都心とも呼ばれ，高層ビルが建ち並ぶ官庁街やオフィス街，デパートやブティックなどが立ち並ぶ商店街，あるいは映画館や飲食店が多く立地する繁華街など，多様な都市機能の集積により活力ある空間として維持・発展している。他方，中小規模の都市の中心部は，立地する都市機能の規模や性格の違いなどから大都市の都心に対して，中心市街地と呼ばれる。

都心に立地する都市機能は，一般的に高次の機能である。その特徴はより広域を対象とした行政や商業，集客を行う拠点となり高い中心性を有していることである。そうした都市機能は自ずと住民の日常生活とは必ずしも密接なものではない。例えばデパートで食品や生活雑貨を日常的に購入する人は少なく，近隣のスーパーなどを利用することが多い。つまり，都心はそこに勤務する人々以外には，非日常性が高く来街頻度の低い地域ということになる。

他方，中心市街地に立地する都市機能は，自治体の役所や図書館，病院などの公共的サービス，中心市街地の住民への日常サービスを提供する役割が強く，大都市の都心に比べて来街者の居住範囲は狭い。都心も中心市街地も，それぞれの地域の中心である背景としてそこが周辺地域から来やすくアクセスがよい場所であることが条件となる。多くの都心や中心市街地に鉄道の駅やバスターミナルなど公共交通の拠点が隣接していることが多いのは，その証左である。

中心市街地衰退とその要因

東京，大阪，名古屋などの大都市の多くは今日でも公共交通の利便性が高く，そのネットワークの強化が図られ続けている。そうした一部の大都市を除くと，ほとんどの地域でモータリゼーションの進展に伴い公共交通の役割は低下している。いまから50年以上遡

る高度経済成長の時代は,「自家用車」を所有することがある種のステータスであったが，今日ではすでに「マイカー」時代であり，地方では自動車なしには自由な外出もままならない地域も多い。マイカーの普及に伴い，居住や生活の範囲がそれまでの公共交通網の範囲から大きく拡大し，急速に郊外化が進展した。1974年に施行された大規模小売店舗法（以下，大店法）により強く規制されていた大型店の出店も，90年代に規制緩和・廃止されると，広大な駐車場を付設した郊外型のショッピングセンターやスーパーの立地が進んだ。この間のまちづくり制度変更の影響もあり，人々の生活の主要な舞台は中心市街地から郊外へと移り，旧来型の都市構造が大きく変容した。

　郊外化の進んだモータリゼーション社会では，多くの人が公共交通を利用していた時代に発展した中心市街地は，とりわけアクセスしやすい場所ではなくなり，むしろ駐車場所が少なかったり店舗間を歩いて移動することが必要な利用しにくい場所になった。その結果，今日では多くの都市で中心市街地への来街者数は大幅に減少し，中心市街地の衰退の大きな要因のひとつとなっている。

　他方，中心市街地に居住する人々にとっても，そこでの生活環境は快適なものではなくなりつつある。日常生活のさまざまな買い物に対応していた商店街では来街者の減少や経営者の高齢化・後継ぎの不在などにより空き店舗が増加し，シャッター商店街と揶揄されるようになって久しく，日常生活に必要なものを買い揃えることが困難になっている。また核家族化の進展により，子どもの世帯が郊外の新興住宅地に居住するようになると，中心市街地の高齢化率は中山間地並みに高くなり，コミュニティ活動の維持が困難になったり，少子化のために小学校が統廃合されたりするケースが相次いでいる。

　このような状況が長期的に続いた結果，今日の地方都市の中心市街地では空き店舗や空き家，駐車場などのいわゆる低未利用地の占める割合が高くなり，その対策は各自治体にとって喫緊の課題となっている。

| 活性化の取り組みとその限界 |

　1998年に施行された中心市街地活性化法（以下，中活法）による支援を受けて多くの都市が商店街の活性化事業やアーケードの付け替え，ファサードの整備などに取り組んだ。しかし，バブル経済崩壊後の不況とも重なり大規模な事業がしにくかったこと，事業推進の中心役を期待されたタウンマネジメント機関（TMO）の経験不足と独自財源不足などから，多くの都市で活性化の効果はほとんどなかった。その大きな原因に，1990年以後の大店法の規制緩和・廃止によって，大型店の立地

Ⅶ　地域の活性化

中心市街地の衰退要因	中心市街地活性化取り組みのタイプ
モータリゼーションの影響 　若年層を中心とした居住人口の郊外流出 　大型店の過度の郊外立地　など	中心市街地機能回復型 　商店街の活性化，空き店舗対策 　公共交通再編などによる利便性向上 　街なか居住の推進　など
中心市街地の内的変化 　居住者の人口減少，少子高齢化 　商店経営者の高齢化・後継ぎ不足　など	コンパクトなまちづくり推進型 　郊外開発の規制強化 　多機能な中心市街地への再生 　公共的施設の街なか回帰 　公共交通の結節性改善　など
まちづくり制度の影響 　大規模小売店舗法の規制緩和・廃止 　中心市街地活性化法による取り組みの不調 　郊外での大規模開発規制の遅れ　など	地域資源活用型 　街並み再生による交流人口増加　など
	リノベーション・機能変更型 　旧来の空間利用の変更 　子育て・福祉・NPO活動の拠点　など

図1　中心市街地の課題と活性化の取り組み
出所：山下（2016）を一部改変。

が各地で急速に進展し，多くの住民の消費活動の場はこうした郊外の大型店になったことがある。中活法による支援を受けた取り組みと並行して，郊外では大型店が増加し続けるという状況は，消費人口が増えない状況下では，火を見るより明らかな結果と最初から予想できたのである。こうした過度の郊外化にストップがかかるのは，2006年の都市計画法改正まで待たねばならなかった。大店法の規制緩和から都市計画法改正までの約15年間に進展した過剰な郊外化により，長年かけて形成されてきた全国の多くの都市の構造は，取り返しのつかない大きなダメージを受けることになった。

商店街の脱商店街化　シャッター商店街と化し，その主要な役割を郊外のショッピングセンターやスーパーに奪われた中心市街地の商店街は，地域住民ですら利用しにくい状況にある。経営者の高齢化や後継者の不在などの課題を抱え旧来の経営を維持できない店舗も多い。店舗が営業の場だけでなく経営者の生活の場も兼ねていることが多く，店はやめても住居として住み続けた場合，シャッター商店街の拡大を招く。商店街の非店舗化のケースは，こうした住居利用のほか，解体して初期投資が少なくて済む駐車場やポケットパークなど，次の土地利用への転換を期待する一時的利用も多い。

　経営者がかわって新たな店舗が経営されても，それまでとは異なる利活用が増え始めている。これまで表通りは商店街として小売店などが占めていたが，路地裏に立地することが多かった居酒屋などの夜間営業型の飲食店が，表通り

に進出するケースが増加している。また、郊外型ショッピングセンターと競合しにくいリラクゼーションなどの対個人サービス業の店舗や子育て、高齢者介護など中心市街地の居住者や従業者向けの施設、NPO などの活動交流拠点などによる空き店舗の多様な利活用がみられるようになった。

<u>低未利用地の拡大とリノベーション</u>　中心市街地では、居住者の高齢化、中心市街地の土地利用ニーズの低下などを背景に、近年空き家が急速に増加している。住民がいなくなった後、相続した家族らが使用することなく、ただ仏壇の保管場所などとして保有し続けられている家屋が多い。他方で売却する場合でも、新築志向の強い日本では中古住宅の流通は限られている。さらに建て替える場合も、藩政期からの市街地で宅地の形状がいわゆるウナギの寝床状に細長い土地割りだと、日当たりの悪い住宅となりやすい。こうした状況から、中心市街地には空き家・空き地が虫食い状に分布し、居住の場としての魅力をいっそう低下させている。

多くの課題を抱えている中心市街地の住宅地にも新しい潮流は生まれつつある。土地形状などの点で住宅として使いにくい中古住宅は、これまでのようにリフォームしても購入や賃貸のニーズは少ないが、建物を大規模に改修し、性能を向上させたり、価値を高めたりするリノベーションを施すことで、個性的なカフェやレストラン、ブティックなどとして再活用される物件も増えている。

以上のように、モータリゼーションに端を発した郊外化の進展によって、中心市街地はかつての役割の一部を郊外に奪われ、さまざまな点で衰退化の傾向を強めていた。空き家・空き店舗などの問題は、充分に解決できていないのが現状であるが、一部ではこれまでと異なる店舗の活用やリノベーションによる新たな魅力創造など、新しい潮流も生まれている。都市の顔としての中心市街地の役割は、変化しつつも失われることがないようにしなければならない。

文献▷山下博樹、2014、「中心市街地の活性化」藤井正他編著『よくわかる都市地理学』ミネルヴァ書房。
　　　山下博樹、2016、「まちなか居住の課題と取り組み」根田克彦編著『まちづくりのための中心市街地活性化』古今書院。
関連項目▷7, 34, 36, 37, 62

54 農山村での継業と社会連帯経済

筒井一伸

田園回帰と「継業」　田園回帰という社会的な潮流（「32」），特に狭義の田園回帰にあたる農山村への移住において移住者が自身の暮らしを成り立たせていく際にハードルとなるもののひとつに，生活を下支えする経済的基盤の問題がある。その見通しが立たず，移住を断念する移住希望者も少なからずいる。

他方で，見逃せない現実として後継者不足がある。都市でも人材不足はあるが農山村の後継者不足はより深刻である。それは農業を中心とする第1次産業のみならず，暮らしに欠かせない小売店やガソリンスタンド，農機具販売店や農産物加工所など，第2次産業，第3次産業でも経営者の高齢化などを理由にした休廃業の増加が深刻である。図1は企業の休廃業・解散と倒産の件数の全国推移を示したものであるが，倒産件数は減少傾向にあるものの，休廃業・解散件数は高水準で推移している。特に経営者の高齢化や後継者不足を背景とした休廃業・解散が目立ってきているとされる。そこで「農山村の後継者不足×農山村への現役世代の移住者増加」とこのふたつの現実とを掛け合わせて生まれたのが「継業」という考え方である（筒井他 2018）。

これまでも後継者不足という課題に対してさまざまな取り組みがなされてきた。例えば中小企業分野の「事業承継」は親族内，親族外（従業員など）による継承や第三者売却（M&A）を想定していて，税制優遇，民法特例，融資・保証制度など，まさに事業引き継ぎに特化した制度である。2014年度からは後継者不在の小規模事業者と承継希望者をマッチングする「後継者人材バンク事業」が中小企業庁など旗振りの下で開始された。農業分野における「農業経営継承」は2008年度から行われている。全国農業会議所と全国新規就農相談セン

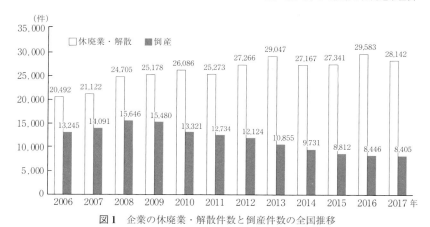

図1 企業の休廃業・解散件数と倒産件数の全国推移
出所：(株)東京商工リサーチ『「休廃業・解散企業」動向調査』より筆者作成。

ターが，農林水産省の助成を受けて後継者のいない農業経営を新規就農希望者などの意欲ある人材に引き継ぐ制度であり，「日本版ファームオン事業」とも呼ばれている。

これに対して継業は制度を示す概念ではないが，政策的には「まち・ひと・しごと創生基本方針2015（2015年6月30日閣議決定）」で取り上げられてから浸透しはじめている。この基本方針では「地域資源をいかしたコミュニティビジネスの振興」という項目で言及されていることからもわかる通り，事業承継など"事業だけ"を引き継ぐことを主眼とするものではなく，地域コミュニティとの関係が含意された「なりわい」を引き継ぐという点に特徴がある。

「なりわい」という考え方

では「なりわい」とは何か。漢字で表記する「生業」はその地の人々の生活を物質的に支えるために食物や何らかの形で商品になるものを生産することといえるが，今日の農山村を意識した使われ方としてカタカナやひらがな表記による「ナリワイ」や「なりわい」がある。これらの意味の差異は必ずしも明確ではないが，「なりわい」という言葉は，生活の糧を得る「仕事」，および自己実現を組み込む「働き」といった個人課題と明確に区別される（図2）（筒井他 2014）。なりわいの形態としては，就農をはじめ既存のなりわいへ参画をする「就業」，新たななりわいをつくりあげる「起業」，そして前述した「継業」が挙げられる。このうち起業では新たな経営基盤をゼロから立ち上げるため高いアントレプレナーの要素が求められるのに対して，継業は既存の経営基盤を活用できるというメリッ

Ⅶ　地域の活性化

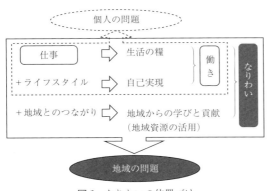

図2　なりわいの位置づけ
出所：筒井他（2014：60）の図に加筆して筆者作成。

トが指摘できる。

なりわいには、多様に存在する地域資源の活用の志向とともに、生活インフラとしての機能の含意もあり、なりわいの存立の可否を地域課題として強調する。例えば農山村における集落の小売店などの消失は、地域での生活が成り立たなくなることに直結する。そのため「買い物難民」や「SS（サービスステーション）過疎地」といった言葉を登場させて、地域課題としてフォーカスをあててきた。これらをなりわいとして捉えると、農山村におけるその消失は、単にひとつの事業がなくなるというだけではなく、地域コミュニティや個々の地域住民へも大きな影響をもたらすものであると理解できる。

このようになりわいという概念は、私的利益にとどまらない個人の動機と地域コミュニティとの相互作用のなかで地域において共有し得る財やサービスを生み出し、それらを組み合わせて生活の糧を得ていく経済的な活動を指すといえる。その際、地域において共有しうる財やサービスが何であるかは、社会連帯経済という考え方で説明ができる。

社会連帯経済をめぐる政策

社会連帯経済とは、私的な利益の追求を基本とする「通常の」資本主義経済とは異なり社会一般の利益の追求を目的とする経済である。イメージしやすい事例としてはソーシャルビジネスやコミュニティビジネス、ソーシャルイノベーションを志向する諸活動がそれにあたる。ただし完全にこれらと同義ではない。ソーシャルビジネスやコミュニティビジネスなど社会的な目的を持つ経済主体が単に集まっていることを意味するのではなく、ひとつの経済としてのしくみを持つことに特徴がある。

社会連帯経済は、環境破壊や社会的紐帯の崩壊、不平等の拡大など、今日の資本主義が持つ課題に抗う運動論としてスペインやブラジル、フランスなどで広がっており、アジアでも韓国などで広がりがみられる。なかでもフランスでは社会連帯経済関連法が2014年に制定されて以来、政策的、制度的な実践が進

められてきている。もともとフランスでは就労支援など社会的包摂に貢献する非営利部門の活動を「社会的経済」と呼び，協同組合やアソシアシオン（日本のNPOに近い存在）などがその活動主体として存在したが，2014年の法制化以降は市場経済との接続が強調されるようになり，社会連帯経済の主体の条件（①利益を生み出すが利益追求を目的としない市場型経済と非市場型経済が組み合わさっていること，②雇用主だけではなく従業員も含めたひとり1票制の原則など参加型で民主的なガバナンスであること，③地域ニーズや地域の雇用創出を重視すること）を満たした私的企業も含まれた。すなわち，法人形態は株式会社や有限会社であるが，被雇用者が資本の過半数を所有し，「民主的で利益を目的としない会社」などの条件を満たした企業である。また政府系金融機関が社会連帯経済の主体向け融資制度をつくるなど制度化の動きは加速している（立見 2018）。

　社会連帯経済は，このように全国レベルの政策展開の例がある一方で，先に述べた通りある社会における共通財ないしは共通善の維持，発展が目的であり，その共有が可能な近接性が重要となるような経済の形である。距離的に近いという地理的近接性だけではなく，主観的な近しさという関係的近接性もまた重要であり，この近接性を日本国内に置き換えて考えると地域コミュニティがひとつの単位となる。

　社会連帯経済の観点からするとなりわいは，共通善に基づく共通財の生産へと向かう活動であるといえる。経済主体と住民との議論のなかで，地域社会が必要とする共通善と共通財を特定していくことが必要で，具体的には生活インフラ，景観などの地域資源，地域アイデンティティなどに関する財などが含まれる。ただし注意したいのは，共通財の生産はローカルな地域のみで通用する財や善にとどまるものではなく，環境やエネルギーなどよりナショナルな空間やグローバルな空間とも連動するものも含まれることは念頭に置いておく必要がある。

文献 ▷ 立見淳哉，2018，「フランスにおける社会連帯経済の展開」『経営研究（大阪市立大学経営学会）』69(2)。
　　　筒井一伸他著，図司直也監修，2018『移住者による継業』筑波書房。
　　　筒井一伸他著，小田切徳美監修，2014，『移住者の地域起業による農山村再生』筑波書房。

関連項目 ▷ 19，32，40，51，52

55 農山漁村の新たな担い手

村田周祐

農山漁村の担い手とは　戦後から現在に至るまで，農山漁村は拡大する都市へ労働力を供給し続けてきた。そのため農山漁村をめぐる政策や議論は，過疎論から限界集落論を経た田園回帰論の軌跡に代表されるように，昔も今も「担い手」を軸に展開されてきたといっても過言ではない。

　現在，農山漁村の担い手をめぐる語り口は大きくふたつある。ひとつが農林水産業の成長・拡大が農山漁村の担い手の増加につながると主張する「拡大産業論」である。2015年の国勢調査によると，農林水産業の産業別就業者数は，農林業が206万8000人，漁業が15万4000人で，全産業に占める農林水産業の割合は約3.8％である。こうした現状は問題視され，企業参入や土地の集約化・大型化によって農林水産業の国際競争力を高めることが，結果的に農山漁村の担い手の増加に寄与するとされる。近年の「農地中間管理事業」「森林経営管理法」「漁業法改正」といった国家政策の登場は，拡大産業論の具体的な現れであろう。しかし，農山漁村の担い手を農林水産業の「労働者」としてのみ捉える語り口には，古くから批判が重ねられてきた。農山漁村の担い手は労働者のみならず「生活者」でもあることを忘れてはならないというのである。

　そこで，「消費者」との関係から「生活者」に目を向けようという議論が「交流・関係人口論」である（「31」「32」参照）。この議論は，経済やイメージの消費を目的とする「交流人口」のみならず，消費活動に加えて何らかの形でその地域に関わっていこうとする意思を持つ「関係人口」の増加の重要性を主張する。この主張の底流には，農山漁村の担い手不足の根本には「うちの子にはここに残ってほしくない」と生活者に語らせる「誇りの空洞化」が横たわっているという問題意識がある。だからこそ，その地域を肯定的に捉える消費者

との関わりのなかで，農山漁村の担い手が生活者としての誇りを取り戻していく必要があると主張されるのである。

　一見すると，交流・関係人口論と拡大産業論は対立する議論であるようにみえる。しかし農山漁村を俯瞰的かつ一括りに論じ，地域の個別性や歴史性をなおざりにする点は共通している。つまり，無条件に外部を受け入れる選択意思のない人々として農山漁村が語られるのである。しかし現実には，同様の制度や社会関係であっても，それぞれの地域で対応の仕方は異なる。拒否する地域，受け入れる地域，条件付きで受け入れる地域，さまざまな対応がある。もちろん，その条件の内容も地域によって異なる。地域の論理を把握しふまえることが，実際に地域と向き合う上で最も重要となるのではないだろうか。そこでここでは，ある漁村を舞台に，都会の若者を生活者や労働者として受け入れていく論理に着目していきたい。

大浦の論理　　千葉県鴨川市に「大浦」と呼ばれる漁村がある。大浦にある千葉県鴨川市漁業組合定置部（以下，テイチ）は，2018年8月現在，日本全国の沿岸漁業で最も若い漁労集団のひとつである。それは，1990年代後半から都会出身の移住サーファーを中心に若者を受け入れてきた結果である。1988年におけるテイチの船員は計38名で平均年齢57.3歳（最高年齢75歳）であったが，2018年6月には計27名で平均年齢41.3歳（最高年齢55歳）と船員の若返りが着実に進んでいる。このため，後継者不足に悩む現代の漁村や漁業において特出した現象としてメディアに多く取り上げられてきた。波がないときは漁業，波があるときはサーフィンという晴耕雨読の漁業版だというのである。ここでは，こうした移住者の視点からではなく，大浦の人々の視点から理解をしていきたい。

　大浦が移住サーファーを受け入れた背景には，高齢化と漁業後継者不足という生活課題が大きく横たわっていた。その上で，テイチに特徴的なことは，立場を超えてみんなが移住サーファーを受け入れた理由について「口利きがあったから」と口をそろえる点である。テイチ側から船員を募集するわけでもなく，乗船希望者が自らを直接売り込むわけでもなく，大浦の人々が媒介となる。逆に言えば，口利き以外でテイチの職を得ることは困難なのである。では，ここでいう口利きとは，いったい何を意味しているのであろうか。

　大浦の人々は，しばしば「おらがテイチ」という言葉を口にする。「おらが」は房州弁で「わが家の」を意味する。それほどまでに大浦の人々にとってテイ

Ⅶ　地域の活性化

チは地域生活の基盤なのである。例えば，テイチ以外の漁船の水揚げ手数料が売上高の4％に対してテイチは10％であり，大浦の経済的基盤である漁協や港湾を下支えしている。また，多種の漁獲魚種を丁寧に扱うテイチが存在することで大浦の魚価は高値で安定し，他の漁業者の生計も下支えしている。さらに，テイチは経済面を超えて大浦の地域生活を下支えしている。90年代には氏子の高齢化によって存続が危ぶまれた大浦八雲神社の神事とそれに必要な集金活動やしめ縄づくりもテイチが請け負っている。その他にも，海上安全の神である馬頭観音，豊漁の神である山住様，大黒講・天神講などのお宮の維持管理，さらには港湾の管理全般を担うテイチは，まるで大浦の青年団や雑用係である。

　つまり，テイチは漁労集団という生産組織を超えて，大浦の共同生活を下支えする生活組織として昔も今も存在し続けているのである。そうであるがゆえに，大浦の人々に選ばれたテイチの船頭は，大浦の「おらがテイチ」を預かっている存在となる。そのため，テイチの船頭は大浦の人々から口利きを頼まれれば，「おらがテイチ」としてその頼みを断らないし，断れないのである。大浦の人々からみれば，テイチが移住サーファーを受け入れる論理の源泉には，世代を超えて醸成された「おらがテイチ」という地域規範が存在しているのである。

生活者としてみる

　ただし，移住サーファー受け入れが始まった1998年以降，口利きの内実は徐々に変容している。以前は，口利きする人物もされる人物も大浦に関わる人間であるという条件を満たす必要があった。しかし，現在では口利き対象者が「ヨソモン」であっても，「こいつはいいやつだから頼むよ」と「仲間の仲間」として口利きが行われている。ただし，この口利きには一定の条件が整う必要がある。それは，口利きの対象者となる「ヨソモン」が，子どもを抱えているにもかかわらず収入が安定していないなど，何らかの生活上の困難を抱えていること，さらに，口利きされるテイチ側も船員の増員を望んでいる状況だということである。こうした双方の「生活」を成り立たせようとする生活実践として口利きは大浦に存在している。つまり，口利きとは，テイチを大浦の共同生活の基盤であり続けさせようとする地域規範の延長線上にあると同時に，仲間として「ヨソモン」の生活を成り立たせる生活実践に再編されているのである。そこには，「労働者」を超えて「生活者」として「ヨソモン」をみつめる大浦の人々の姿がある。

　こうした大浦の人々の姿は他の場面でも垣間見ることができる。彼らは，テ

イチに1年以上乗船した「ヨソモン」には出身地に関係なく漁業権を与え，大浦漁業の「労働者」として取り込んでいく。さらに「ヨソモン」とその家族を，各地区の氏子や住民組織に組み入れ，地域芸能や地域活動を担う「生活者」として受け入れていく。現在の大浦においてテイチとは，「ヨソモン」を取捨選択した上で，大浦の生活者に仕立て上げていく場として存立しているのである。

地域の論理をふまえる 　人口流出一辺倒であったこれまでとは異なり，交流・関係・移住人口に対応しなくてはならないのが現代の農山漁村である。現在の農山漁村では都市の暮らしとは異なる生き方を求めてやってくる人々を，生活者として根づかせていく試行錯誤が繰り広げられている。その具体例のひとつとして大浦をみたが，こうした試行錯誤は漁業・漁村に限らない。例えば鳥取県智頭町では，Uターンした20〜30代の若者らがIターン者を林業と地域生活の担い手に仕立て上げるために「智頭ノ森ノ学ビ舎」を2015年に立ち上げている。

　これからの農山漁村をめぐる政策や議論は，一方的に価値づける都市のまなざしに対応するなかで，そこで暮らす人々がどのように担い手を確保しながら地域生活を再編させているのかに視点を向けていく必要がある。なぜなら，そこにこそ地域の論理が立ち現れているからである。その際に大浦の人々から学ぶことは次の点ではないだろうか。すなわち，外部からの人の受け入れの営みを，労働者の受け入れという点だけで理解したり，消費者との関係からのみ理解したりするのではなく，生活者の視点から首尾一貫して捉えていく必要である。生活者の視点とは，「その土地でともに暮らす」という人間観や地域観から，地元・交流・関係・移住人口というカテゴリーを無効化していく営為と言い換えることができる。たしかにそれを「地域のエゴ」と呼ぶこともできるかもしれない。しかし，地域の論理への想像力を欠いた政策や活動は，地域生活の実態とはすれ違ったり，受け入れられなかったりするものとなってしまうのではないだろうか。

文献▷小田切徳美，2009，『農山村再生』岩波書店。
　　　村田周祐，2017，『空間紛争としての持続的スポーツツーリズム』新曜社。
関連項目▷9, 31, 32, 33, 54

56 観光の多様化と新たな観光戦略

馬場　芳

観光の多様化　日本の観光は，高度経済成長以後，観光資源の多様化，交通手段の発達と多様化，観光に求める旅行者のニーズの多様化に伴い，大きく変化した。温泉地での湯治や神社仏閣への参拝は古くから行われてきた観光の一側面であるが，海水浴やスキーなどのレジャー観光，リゾート開発によるさまざまなテーマパーク，さらにジオパークや文化遺産などの新しい観光資源が次々と開発，発掘されてきた。また，航空機利用の大衆化やマイカーの普及，新幹線や高速道路などの高速交通ネットワークの整備による旅行先の広域化が観光に与えた影響も大きい。観光の目的も職場や町内会などさまざまな団体での親睦的行事から，個人や友人との余暇活動としての性格が強まっている。そのため，団体旅行よりも，家族や夫婦，友人グループ，個人での旅行が主流になっている。

さらに，主に都会にある旅行会社が企画して参加者を目的地へ連れて行く従来の「発地型観光」に対して，地域振興への期待から観光客の受入れ先が地元ならではのプログラムによって旅行者を誘致する「着地型観光」も注目されている。着地型観光では，さまざまな体験型ツアープログラム（エコツアー・農林業体験など）が実施され，多様な観光客のニーズに応えている。

インバウンドへの期待　他方で，海外からの観光需要に目を向けると，インバウンド観光客（訪日外国人旅行者）の増加が顕著である。2003年の観光立国元年宣言に基づき，ビジット・ジャパン・キャンペーン（VJC）が開始されると，インバウンド観光客数は増加しはじめた。2007年には「宿泊旅行統計調査」が国土交通省によって開始され，目標値と達成年が設定された。同調査によると，2009年以降，中国，韓国，台湾からのインバウンド観光客が

増加傾向にある。2017年のインバウンド観光客の旅行中の消費総額は過去最高の3兆7476億円で，日本人の国内旅行者の旅行消費額を3倍以上も上回っている。

　このように近年のインバウンド観光客増加のなかで，訪問地や訪問目的なども多様化している。東京や京都などのポピュラーな観光地だけではなく，日本の原風景にふれるためにあえて観光化されていない地方を訪れたり，日本の生活スタイルを実際に体験したりする観光客が増えている。こうした新たな動きに伴い，長期の宿泊を伴う滞在による消費の担い手としてのインバウンド観光客を地域に呼び込むことが，地方創生につながるとして，効果が期待されている。

| 地方創生と日本版DMO |

　インバウンドなどの観光需要が増大し，国内旅行の形態が団体から個人中心へと変わりつつあるなか，受け入れ側では，それぞれの観光客の目的を明確にしたエリア別・テーマ別の旅行商品が企画されるようになった。これまでの国内旅行者を中心にした観光振興のあり方を見直し，訪日外国人旅行者を含めた受け入れ体制の見直しを進めていくことが必要となる。今日では域内周遊の促進と滞在時間の拡大に向けて，複数の自治体が連携して観光マネジメントを行う組織を立ち上げ，集客を図っている。

　この組織の役割として，地域に消費を呼びこむとともに，観光地経営の視点に立った観光地づくりを目指すことが求められる。また多様な関係者が横の連携を強化し，戦略的に取り組むための調整機能も重要となる。その機能を備えた観光地域づくりの舵取り役となる法人のひとつとして挙げられるのが，DMO（Destination Marketing / Management Organization）である。

　DMOは欧米で観光戦略の主体となっている組織で，2014年に指定された「まち・ひと・しごと創生総合戦略」のなかで，戦略策定，各種調査，マーケティング，商品造成，プロモーションなどを一体的に実施する組織として紹介された。その後，地方創生戦略のもとで，地域における総合的な取り組みを推進する主体として検討されるようになった。その結果，観光地域づくりとマーケティングを行う官民一体の観光地経営の主体として「日本版DMO」が立ち上げられた。

　日本版DMOには，それぞれの地域における①多様な関係者間の合意形成，②各種データなどの継続的な収集・分析に基づいた明確なコンセプトによるブ

ランディングや戦略の策定，③官民の関係者との間に立ち観光関連事業の効果的な役割分担・調整をした上での，地域一体となったプロモーションの実施，④安定的な運営資金の確保，といった役割や機能が期待されている。従来の観光振興組織のあり方を見直し，他の地域や国からの観光客に向けたマーケティング，そして受け入れ体制や組織マネジメント力を地域の多様な主体が参加し強化していくものである。日本版 DMO 登録制度は2015年11月に創設され，2018年7月時点で，198法人が登録されている。この日本版 DMO 設立のモデルとされたのが，株式会社南信州観光公社である。

南信州観光公社の取り組み 　南信州観光公社は，体験型観光による「旅の創造」を提供・運営する組織として2001年1月設立された第3セクターの株式会社であり，長野県南部の下伊那14市町村，上伊那1村と民間企業・団体が参画している。同公社は，主に体験プログラムの企画開発や受け入れ指導をはじめとする体験旅行のコーディネートを行っている。経営状況は，設立後3年間は赤字であったが，客数の増加に加え，それぞれの事業形態にあった参加を募り補助金に頼らない運営を実施して，2004年度より単年度で収支が黒字化しはじめた。

その背景には，地域資源の掘り起こしと地元の協力体制構築の必要性があった。「天竜川ラフティング」や「和菓子文化の探訪」など地域の自然や文化を活用した体験プログラムを地域住民の協力のもとで開発し，体験プログラムのなかでも農家民泊を含む農林業体験が6割超となっている。体験・農家民泊に携わる農家は400軒を超え，教育目的の旅行の場合だと1校につき農家40軒体制で宿泊を受け入れている。2016年より台湾，中国をはじめとしてインバウンドの教育旅行団体にも対応し，2016年は600人，2017年には850人を受け入れた。「ほんもの」にこだわったプログラムづくり，地域の事業者による適切なコーディネート，継続的な地域づくりのための観光人材の育成などに取り組んでおり，視察者や研修者も現場で働きながらサービスの極意を学べることも特徴である。

これからの観光戦略 　人口減少，少子高齢化が進むにつれ，国内消費の縮小は必至である。人口減少に伴う消費の減少を補うには，国内外からの観光客の消費行動に期待せざるを得ない状況があり，その意味で観光関連産業の役割は重要である。

今日の観光戦略として，まず注目されるのが ICT を活用したインバウンド戦略である。インターネットの普及が旅行流通に与えた影響は大きく，旅行販

売の多くは無形商品として旅行サイトの予約管理システムを介して取引される。宿泊先，航空券，現地でのオプショナルツアー，あるいはこれらのパックツアーなどが豊富に提供され，即時決済で予約・購入できる。旅行者は旅行中や旅行前後に準備する訪問先の情報の検索，手配，行動，旅行の記録を，すべてインターネットを活用して行うことができる。

　インターネットを活用して，ブログなど個人レベルで提供される観光情報は，とりわけ外国からの旅行者がはじめての訪問先を決定する際にたいへん便利であった。その結果，現地の住民でも見落としがちなちょっとした風景や見逃しがちな観光資源が注目を集めることも増えている。また，外国人旅行者の観光資源に対する事前認知度と，体験してからの好感度を比較してみると，情報収集による事前の認知度が高い観光資源ほどより高い好感度を示すことが明らかとなっている。こうした状況から，インバウンド観光客の誘致に取り組む自治体の最優先課題は，インターネット利用環境の整備となっている。

　今後，観光立国となるには地方創生に観光を活用することが不可欠となりつつある。これまで旅館やホテルなどの事業者のみが関わってきた観光から，地域の活力を生み出す観光へと変えていくことが求められている。一方，着地型観光のような，地域が主体となり，自然・文化・歴史・産業・人材などを活用する「観光まちづくり」が各地で進められている。そこで，これまで観光事業に関係のなかったさまざまな人々を巻き込み，多様な人々と協働しながら観光を推進していくための「プラットフォーム」の構築が必要となる。プラットフォームには多様なステークホルダーが参画するため，行政の支援も受けながら，合意を形成したり，連携して事業を推進したりする調整主体の役割が重要となる。南信州観光公社にみられたように，こうしたプラットフォームの構築により，地域内で資金が還流するしくみができれば，地域に一定の経済効果をもたらすことが可能になる。地元農家への収入還元や安定的な雇用の確保など，地域の多様な主体との協力体制の確立および観光関連従事者の育成，そして幅広く観光・集客サービス分野を担う企業との連携などが今後の課題となる。

文献▷石井淳蔵・高橋一夫編，2011，『観光のビジネスモデル』学芸出版社．
　　　観光庁「観光・消費動向調査」（http://www.mlit.go.jp/kankocho/siryou/toukei/shouhidoukou.html　アクセス日2018年12月10日）．

関連項目▷6, 49, 57, 63

57 スポーツと地域づくり

村田周祐

いまなぜスポーツなのか　私たちの毎日は，スポーツに興じる人々，スポーツを観戦する人々，スポーツを支える人々であふれている。「近代スポーツ（以下，スポーツ）」は，独自の価値観やイデオロギーを持つ19世紀後半のイギリスのエリート教育のなかで制度化された身体文化であった。その特殊な近代の身体文化は，瞬く間に世界中に広がり，私的な楽しみを実現する自由文化空間となって現代社会に深く根を下ろしている。

　スポーツが日常的になればなるほど，スポーツは私的な領域を超えた存在へと移行していく。例えば，現代のメディアにおいてスポーツは不可欠なコンテンツであるし，スポーツ庁設立（2015年10月1日）や2020年東京オリンピック・パラリンピック大会に代表されるようにスポーツは明確に国策に組み込まれている。スポーツ用品はその機能を超えてファッションや暮らしの一部ともなっている。スポーツジムやヨガスタジオは健康づくりのために通う人々で連日盛況であり，毎週どこかでスポーツイベントが開かれている。さらには，国連を中心に開発や平和のためにスポーツを活用していこうとするSDP（Sport for Development and Peace）運動が国際的に盛んとなっている。もはや現代において，スポーツを社会から切り離して論じることも，社会をスポーツから切り離して論じることもできないのである。こうしたスポーツ観や社会観のうえで，ここではスポーツから地域づくりの様相を描き出していきたい。

　戦後から，スポーツは地域づくりに大きくふたつの役割を期待され続けてきた。それは，①地域のつながりとしてのスポーツ，②地域経済としてのスポーツである。では，これらの役割を期待された社会背景をふまえながら，スポーツを切り口に戦後の地域づくりを概観していきたい。

57　スポーツと地域づくり

地域のつながりとスポーツ　スポーツで地域のつながりを取り戻す，創り出すという言説や実践が一般化したのは，戦後の高度経済成長期（1950〜60年代）の都市化とともにであった。それは，学校や職場が中心だったスポーツが地域社会へ拡張していく流れのなかでの提起でもあった。

　戦後の私鉄開発に牽引された大都市圏における都市拡大は，新住民のみが暮らす大規模団地やニュータウンのみならず，旧住民と新住民が混在する「郊外社会」を生み出していった。それは同時に，日中不在の父親たちに代わって母親たちが担う団地社会や農家とサラリーマン家庭が共在する混住社会といった，これまでにない生活構造を持った郊外社会に，どのようにして地域のつながりを構築するのかという新たな社会問題を生み出した。その解決のために登場したのが，市民ひとりひとりが主体的に地域社会を形成していくコミュニティという外来概念であった。そしてコミュニティ政策の主軸のひとつとなったのが，スポーツを通じて地域住民相互の接触を深め，郊外社会のコミュニティ形成に貢献することを目的とした「コミュニティ・スポーツ政策」であった。

　住民主体のコミュニティ形成を目的とするコミュニティ・スポーツ政策であったが，実際のところは，市町村単位でのスポーツ施設および組織の整備，小学校区のPTAや地域自治会を単位とした「ママさんバレー」「少年ソフトボール」「少女キックベースボール」などのスポーツ普及活動にとどまった。というのもコミュニティ・スポーツ政策は，スポーツのつながりが地域のつながりに移行するという前提で計画されていたからであった。たしかにスポーツは人と人を「楽しみ」で結びつける有効な契機である。しかし同時に，それはいつでも解消可能な「ゆるやかなつながり」でしかない。その気楽さがスポーツの特徴ともいえる。スポーツを楽しむという目的に特化した機能集団が，どのように地域のつながりや地域の担い手に移行していくのか。スポーツと地域を短絡的に結びつけて語ることは現在まで無批判に継承されているが，この問いを忘れた短絡的な言説や実践は避けるべきであろう。

地域経済とスポーツ　スポーツで地域経済を盛り上げるという言説や実践は，1980年代に登場した。「スポーツ・リゾート開発」と呼ばれた地域開発は，東京一極集中を問題視し，ホテルとスポーツ施設がセットになった大規模リゾート施設を建設することで地方経済の活性化を志向するものであった。「第4次全国総合開発計画」（1987年策定）に連なった「総合保養地域整備法（通称リゾート法）」（1987年施行）は，バブル経済が生み出した莫大

な民間資金を規制緩和によって地方に流入させ，地方経済の振興を目指した。

　都市への人口流出に直面する地方からの大きな期待と拡大する消費が結びついたスポーツ・リゾート開発は，大都市住民のための大規模なスキー場，ゴルフ場，マリーナ，リゾートホテルを地方に乱立させた。しかし90年代に入ると，スポーツ・リゾート開発はバブルの崩壊とともに多額の不良債権問題と自然環境破壊という爪痕を地方に残して瞬く間に終焉したのであった。

持続的スポーツツーリズム　2000年代に入り，スポーツと地域づくりは新たな局面を迎えている。一言でいうと，スポーツイベントで地域空間を観光空間に変容させる試みである。例えば，2007年に始まった東京マラソンはその典型であろう。マラソンというスポーツを取り入れることで，新たな施設の建設や投資をすることなく，300億円規模の経済効果を生み出す観光空間へと瞬く間に東京を変容させるのである。さらには観客やボランティアを巻き込んだ地域のつながりも創出しようというのである。つまり，コミュニティ・スポーツとスポーツ・リゾート開発への期待や役割をあわせ持つ，スポーツによる新たな地域づくりである。それをここでは「持続的スポーツツーリズム」と呼ぶことにする。

　まず，その特徴をコミュニティ・スポーツとの違いから示せば，「するスポーツ」のみならず観客などの「みるスポーツ」やボランティアなどの「支えるスポーツ」にまでスポーツのつながりを拡大解釈している点である。しかし，スポーツのつながりを無条件に地域のつながりに移行させる予定調和な世界観はコミュニティ・スポーツから無批判なままに継承されている。スポーツを一括りにせず，それぞれの競技種目の独自性をふまえて，理念からではなく現実から地域づくりと切り結ばれていくメカニズムの検証が必要であろう。

　次に，その特徴をスポーツ・リゾート開発との違いから示せば，「持続可能な開発」という理念をふまえている点である。スタジアムや競技場といった「スポーツ専用空間」を必要としない，ランニング，ウォーキング，サーフィン，スクーバなどの「エコスポーツ」を活用することで，自然環境や地域生活を保全し，さらに初期投資を抑えた持続的経営を志向している。平たく言えば，何も壊さないし新しく建設もしないので，お金はかからないし環境にも優しい。その上，どこにでもある自然や文化を観光資源に変換できるという強みを持つ。

　持続的スポーツツーリズムへの期待は，都市よりも，むしろ行政財源や観光資源に乏しい地方からの方が大きい。スポーツイベントが全国各地で年中途切

れることなく開催され続けているのは，その期待の現れであろう。ところが，持続的スポーツツーリズムの現場では，軋轢や問題提起も数多く報告されている。なぜなら，持続的スポーツツーリズムは「ここは何のための空間なのか」という，空間の定義をめぐる新たな社会問題を地域社会に引き起こすからである。同じ地域空間を生活空間と認識する人々とスポーツ空間と認識する人々の間で軋轢が生じているのである。私たちが日々暮らす生活空間が外部から一方的に意味づけられ消費されていく問題は，「ポケモン GO」に代表される「AR（Augmented Reality，拡張現実）」をめぐる問題と同質の構造を持っている。これからの私たちには，地域空間をそのまま利用する実践とそれを背後から支えている理念の再考が求められている。

暮らしなかの英知へ　紆余曲折がありながらも，スポーツによる地域づくりは，多くの人々を納得させる手段であり続けている。私たちには，開発を無条件に正当化させるスポーツの「力」を疑い，スポーツと地域づくりの関係を再考することが求められている。その点を強調した上で，あえてここでは再びスポーツと地域づくりの現場に目を向ける必要性を述べたい。

　スポーツを切り口に浮かび上がるのは，地域空間の意味や定義の錯綜が加速化する現代的状況のなかに地域づくりの現在があること，そしてそこには暮らしの場をこれからも暮らしの場とし続けていこうとする人々の姿があることである。生活空間のスポーツ利用をめぐる現場では，空間的に棲み分けたり時間的に棲み分けたり，棲み分け不可能ならばスポーツを暮らしの文脈に組み直したりする創造的営為が日々試行錯誤されている（村田 2017）。理念を批判し再考を促すのみならず，どのように現実的に対処していくのか，その実践的英知を最前線で模索する人々の営みから学んでいく必要があるだろう。

文献▷内田隆三，1999，「現代スポーツの社会性」『スポーツ文化を学ぶ人のために』世界思想社。
　　松村和則，1993，『地域づくりとスポーツの社会学』道和書院。
　　村田周祐，2017，『空間紛争としての持続的スポーツツーリズム』新曜社。
関連項目▷4, 8, 31, 39, 56

📖 発展的学習・研究のためのブックガイド

49　関満博・松永桂子編, 2009, 『農商工連携の地域ブランド戦略』新評論。
　　山本昌仁, 2018, 『近江商人の哲学――「たねや」に学ぶ商いの基本』講談社。

50　クリステン, C. M., ホール, T., ディロン, K., ダンカン, D. S., 2017, 『ジョブ理論――イノベーションを予測可能にする消費のメカニズム』依田光江訳, ハーパーコリンズ・ジャパン。
　　田村正紀, 2011, 『ブランドの誕生――地域ブランド化実現への道筋』千倉書房。

51　野中郁次郎・廣瀬文乃・平田透, 2014, 『実践ソーシャル・イノベーション――知を価値に変えたコミュニティ・企業・NPO』千倉書房。
　　コトラー, P., リー, N., 2007, 『社会が変わるマーケティング――民間企業の知恵を公共サービスに活かす』スカイラインコンサルティング訳, 英治出版。

52　石田哲也・野村宗訓, 2014, 『官民連携による交通インフラ改革――PFI・PPPで拡がる新たなビジネス領域』同文舘出版。
　　川崎一泰, 2013, 『官民連携の地域再生――民間投資が地域を復活させる』勁草書房。

53　戸所隆編著, 2016, 『歩いて暮らせるコンパクトなまちづくり』古今書院。
　　根田克彦編著, 2016, 『まちづくりのための中心市街地活性化――イギリスと日本の実証研究』古今書院。

54　廣田裕之, 2016, 『社会的連帯経済入門――みんなが幸せに生活できる経済システムとは』集広舎。

55　佐藤宣子・興梠克久・家中茂, 2014, 『林業新時代――「自伐」がひらく農林家の未来』農山漁村文化協会。
　　アーリ, J., 2015, 『モビリティーズ――移動の社会学』吉原直樹・伊藤嘉高訳, 作品社。

56　高橋一夫, 2017, 『DMO 観光地経営のイノベーション』学芸出版社。
　　西村幸夫編著, 2009, 『観光まちづくり――まち自慢からはじまる地域マネジメント』学芸出版。
　　矢ヶ崎紀子, 2017, 『インバウンド観光入門――世界が訪れたくなる日本をつくるための政策・ビジネス・地域の取組み』晃洋書房。

57　後藤貴浩, 2014, 『地域生活からみたスポーツの可能性』道和書院。
　　松村和則, 1998, 『山村の開発と環境保全――レジャー・スポーツ化する中山間地域の課題』南窓社。

VIII

地域と資源

資源の特徴は，その価値があらかじめ定まっているのではなく，利用しようとする人々との相互作用のもとにうまれることにある。

地域内循環を促す地産地消だけでなく，食にまつわる社会的・環境的な価値観を共有するための知産知消の考え方が不可欠である。

58 社会関係と資源

家中 茂

資源への問い 　一般に持続可能な地域産業や地域の内発的発展のためには，地域資源の活用が重要だといわれる（光多 2008）。そのような資源として，天然資源から文化資源，歴史的資源に至るまで実に多種多様な資源が挙げられる。よく「〜資源」とリスト化されるが，「〜」に入るのは，「〜のための」「〜である」「〜にある」という資源の属性を示していることが多い。例えば，観光資源は「観光のための」資源，文化資源は「文化である」資源，地域資源は「地域にある」資源というように。近年強調されるのは，自分たちの地域には資源がないからといって外部の資源に依存するのではなく，地域にある資源を発掘し磨く取り組みが大切だということである。このように地域のためには欠かせない「資源」であるが，そもそも資源とはどのようなものなのだろうか，その価値はいったいどのようにうまれてくるのだろうか。

資源化プロセス 　沖縄にとってサンゴ礁は重要な観光資源である。国内の他地域にみられない固有の自然環境とそのもたらすイメージ喚起力をもとに，国内有数のリゾート観光地として発展している。しかしながら，サンゴ礁が観光資源となったのは1980年代以降のことであり，それまでは船舶航行の支障になるからと掘削されたり，狭小な島で土地を確保するために埋め立てられたりと，資源としての価値は認められていなかった。それ以前，明治30年代から第2次世界大戦期まで，沖縄は国内有数のカツオ節生産地であり，当時サンゴ礁はカツオ漁の生き餌となる小魚の漁場であった。現在の観光客は，かつてはカツオ漁に使う生き餌のための「根」と呼ばれる漁場を，色鮮やかなダイビングスポットとして楽しんでいることになる。さらに遡って琉球王国の時代には，サンゴ礁で採れる夜光貝は螺鈿工芸の材料として中国や日本

との交易における重要な産物であった。

　同じサンゴ礁という自然でありながら、その資源としての現れ方は、時代に応じて、すなわちそれを取り巻く社会関係に応じて変わるものなのである。このことは資源として利用されるものにはすべからくあてはまり、「資源化プロセス」として捉えることができる。例えば石油も、それを必要とする産業社会や技術がうまれなければ、単に火のつく液体のままであっただろう。このように、そもそも何が資源なのか、そこにどのような価値があるのかは、取り巻く社会関係に規定されるのである。

　資源の特徴は、その価値があらかじめ定まっているのではなく、利用しようとする人々との相互作用のもとにうまれることにある。すなわち、「資源の価値は、素材それ自体にあるのではなく、人々の工夫によって初めて捉えることのできる潜在的価値にある」（佐藤 2016：63）のであって、そのことから、資源とは「働きかけの対象となる可能性の束」と定義される。

資源と生産物の関係　　資源とその生産物である財との関係について考えてみよう。その際、佐藤仁（2016）にならって、次のように資源の層と財の層というふたつの層に分けてみると理解しやすい。

　いま眼前にサンゴ礁の海があるとしよう。そのサンゴ礁から、漁業を通じて水産物を得るか、観光地としてダイビングスポットを得るか、それとも海水から天然塩を得るか。そのいずれかを、人はサンゴ礁のなかに可能性としてみる。資源とはそのように、水産物かダイビングスポットか天然塩かを生み出す可能性であり、人はそのいずれかの可能性を現実にしようとして資源に働きかける。そして、そのような「可能性の束」としての資源に人が働きかけて得られた生産物が「財」である。ここに挙げた水産物やダイビングスポットや天然塩が、サンゴ礁の海という資源から人の働きかけを通じて生産された「財」である（図1）。

　資源のなかにどのような可能性をみるかは、その時代や社会状況によって変わる。なかでも、生産物としてどのような財が市場で求められているかは、その大きな規定要因となる。また、資源からどのような価値を持つ財を生産するのかについては、資源を財へと変換する上での制度や技術が大きな意味を持つ。例えば、魚や貝、海藻は漁業権という制度によって漁獲の対象となるし、その水産物としての価値は漁獲技術や輸送システムに応じて変わってくる。

　財の層の支配的な社会システムは市場である。一方、漁業権の正統性が漁業

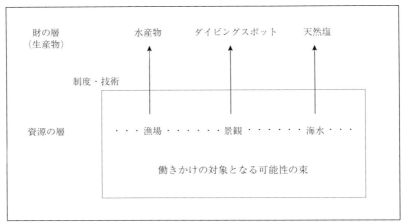

図1 働きかけの対象となる可能性の束としての資源
出所:「財の層と資源の層」(佐藤 2016:63)を参考に筆者作成。

慣行に基づく法体系にあることから理解されるように,資源の層では政府が大きな役割を果たしている。もっとも人々の生活のなかでは,市場を介さずとも直接利用される資源が生活の安定に大きく寄与している。例えば,戦中戦後の困難な時期に海を頼りに命を継いだという経験談は沖縄の離島でよく聞かれる。すなわち,資源化と商品化は必ずしも一致しているわけではない。このようなことから,より公正で持続的な資源利用を目指すのであれば,財の層の資源配分にとどまるのではなく,資源の層の資源分配にかかわる「資源化プロセス」にまで立ち入って検討することが重要となってくる。

開発援助や地域福祉の資源　「資源」という言葉は,近年は開発援助や地域福祉の領域でもよく使われる。持続可能な地域づくりという領域と開発援助や地域福祉という領域では,取り上げられる内容にずいぶん違いがありそうだが,しかし,そこには課題解決に向けて共通した発想の転換がみられる。ここでは,「ケイパビリティ・アプローチ」を手がかりに考えていこう。

開発援助において,これまで「貧困」は,財や所得の不足を基準にして論じられてきた。そこにみられるのは,生活に必要なものの不足に注目し,それを埋め合わせるという発想である。しかし,資源の層に注目すると,別の発想に立つことができる。すなわち,経済成長を通じて財やサービスの量を増やすという政策より,「いまある資源を活かす」とか「資源の活用を脅かしている諸

条件を取り除く」という発想である（佐藤 2016：63-64）。このように，資源の「不在」に注目するのか「存在」に注目するのかによって，その対応は大きく変わってくる。

　佐藤によれば，アマルティア・センによって提唱された「ケイパビリティ」とは，潜在的に達成可能な種々の機能の広がりを指し，その人に何ができて何ができないかという人間の能動的側面から貧困や開発を捉え直している。所得に代表される財やサービスの存在そのものは手段に過ぎず，発展がもたらされているかどうかは，それらを活用してどのような行為（doings）や状態（beings）を実現し得るかで決まるのである。そこで注目されるのが，手段を目的に転換する能力の有無である。すなわち，開発とは人々のケイパビリティを拡大することであって，「財の保有状態や財を利用して得られる効用ではなく，それらの財が人に何を可能にしてくれるか，という人間の自由に焦点を合わせる」（佐藤 2016：32）ことが重要なのである。

　日本の福祉政策においても1980年代以降，足りないものを充足するという発想から，当事者が持っている能力を評価し，その強みを伸ばすという発想への転換がみられるようになっている。地域包括ケアにおいては，個人の尊厳の尊重とその自立支援が基本とされ，そのために住民が相互にできることを持ち寄って，創意工夫の下に，あるものを活かそうとする「地域支えあい」が大切になっている。機能の衰えや喪失に対応するのに，施設型の福祉にとどまっていては，結果として，それまで暮らしてきた社会関係から切り離されてしまうことになる。そうではなく，訪問リハビリテーションや小規模多機能居宅型介護などを活用して残存能力を維持しつつ，地域の社会関係のなかで営まれてきたこれまで通りの生活を続けるという自立支援の取り組みが広がっている。このように地域福祉における資源の捉え方においても，当事者や地域に「潜在する力」に注目することが重要になってきているのである。

文献▷内堀基光他，2007，『資源人類学』放送大学教育振興会。
　　日本福祉大学COE推進委員会編，2005，『福祉社会開発学の構築』ミネルヴァ書房。
　　佐藤仁，2016，『野蛮から生存の開発論』ミネルヴァ書房。
　　光多長温，2008，「地域資源活用による地域づくり」藤井正他編『地域政策 入門』ミネルヴァ書房。

関連項目▷40，46，50，60，62

59 地域づくりと食の流通

大元鈴子

食の流通をめぐる課題　先進国における食をめぐる近年の課題として，著しい食料廃棄の増加，食料輸入によるフード・マイレージの増加，そして食料自給率の低下が挙げられる。一方，開発途上国では人口増加による食料不足や飢餓が起こっている。

　食料生産効率を高めるための機械化した大規模な農業形態を「工業型農業」と呼ぶ（図1）。大規模な工業型農業では，広大な農地で小麦，トウモロコシ，大豆などの作物を，単一品種栽培（モノカルチャー）により大量に収穫して生産コストを下げることで，安価に流通させている。しかし同時に，遺伝子組換え作物の導入や，農薬・化学肥料などの外部資材の大量投入による健康と自然環境への影響が懸念されている。

　工業型農業による大量の生産物は，ロング・フード・サプライチェーンと呼ばれる長距離の輸送を経て流通する。このような食の流通システムのなかでは，自らの作物がどのような経路でどのように消費されているかを農家自身が把握できず，また，消費者も誰がどこでどのように作ったものかを知るすべが提供されないまま消費している。このように，価値が価格以外では比べることのできない製品となることを「コモディティー化」と呼ぶ。別の言い方をすれば，私たちの命をつなぐ食べ物の「匿名性」が高く，また食料生産に起因する環境問題や社会的課題も長い流通経路のなかでうやむやになり，消費者に届く頃にはみえなくなっている。

食の地域化　近年，少数の多国籍企業によりコントロールされた食の流通システムに依存し続けることに危機感を感じる人々によって，さまざまな「オルタナティヴな食の生産と流通」が模索されている。オルタナ

図1　カナダの小麦農業で使用される大型機械
出所：筆者撮影。

ティヴとは，別の選択肢を持つということである。一般的に，大規模生産による大量流通・消費に対するオルタナティヴとは，小規模農業による生産物が，生産者と消費者の直接的関係性のなかで販売・消費されることだとされている。この動きは，食のグローバリゼーション（グローバル化）に対して，ローカリゼーション（地域化）と呼ばれることもある。欧米でこの動きが始まった1990年代初めには，小規模に多品種生産を行う個人経営の農家自らが生産地の近くで農産物を販売するような流通形態を表す言葉として，ショート・フード・サプライチェーンが使われだした。日本では，1970年代に「有機農業運動」における生産者と消費者の「提携」があり，その後2000年代になると有機農業に関する法整備がなされた。近年では，「地産地消」という言葉が普及し，地元で生産されたものを農産物直売所など地域内で販売・消費する，距離的な近接さを重視した取り組みも盛んである。農林水産省によれば，地産地消には地域内自給率を上げるという目的のほかに，生産者が生産のみならず加工・流通まで行う「6次産業化」を推進することで地域を活性化するという目的がある。地産地消の動きは鮮度の良さや価格の安さに加え，食の安全に不安を感じる消費者が誰が，どこで作った農作物かを知ることができるというメリットから広まりを見せている。

　近年，ショート・フード・サプライチェーンの考え方は，生産地と消費地の物理的近さのみならず，生産地における環境保全の取り組みなどを，生産物の特徴のひとつとして消費サイドに伝達するような流通とも結びついている。

　オルタナティヴな食の生産と流通の実現は，生産規模においては大規模から

小規模へ，流通規模においては長距離から短距離へ，という文脈で議論されることが多い。しかしながら，距離によるオルタナティヴなサプライチェーンの定義は，国土の広さや個人的感覚によって大きく違い，あまり意味をなさない。また，生産方法や環境への配慮など生産者のさまざまなこだわりに共感する消費者が，必ずしも同地域内に多数存在しているとは限らない。その上，情報の発信と共有の仕方もインターネットの普及により大きく変わった。このような背景から，オルタナティヴな食の生産と流通をよりいっそう現実的に展開するための「中規模の流通」（大元 2017）が各地で起こってきている。通常，流通とは，生産から消費まで一方向の流れをいう。しかし，中規模の流通は，流通経路全体で生産物の地域性を価値として共有し，生産地の地域課題の解決に消費側も関与するような双方向の流通である。

地産地消から知産知消へ

ここまでみてきた食の地域化には，ふたつの意味がある。ひとつは，「地産地消」や「顔の見える生産物」といった，距離や直接販売を重視する地域化である。もうひとつの，より広義の食の地域化では，物理的な距離にとらわれず関係性の深い流通経路を作り上げ，生産地および生産者の特徴が，生産物が消費者に届くまで保持される。現在主流となっている食の流通が，「フードチェーン」と呼ばれるのに対して，広義の食の地域化は，「オルタナティヴな食ネットワーク（alternative food network）」と呼ばれ，生産から消費への一方向しか持たないチェーンではなく，多方向に広がりを持つネットワークとして機能する。このネットワーク内では，モノとお金の受け渡し以外にも，環境的・社会的に「持続可能な食」という共通の価値を実現するための活動が展開し，生産者と流通業者だけではなくさまざまな主体がネットワークに参加する。つまり広義の地域化は，「大規模・小規模」，あるいは，距離的に「近い・遠い」という二項対立で食の流通を考えるのではなく，現在の工業化されたフードシステムとは別の持続可能なやり方で，生産と消費を再び結びつけるプロセスである（大元 2017）。

「知産知消」（窪田 2009）は，この広義の食の地域化に通じる考え方である。生産者と消費者の物理的距離に関係なく，消費者は産地や生産者など，その食べ物の背景を知った上で消費し，生産者は消費者がどこにいてどのような理由で生産物を選ぶかを知り生産物の特性を発信する，そのような双方向の関係性のことである。私たちの食卓は，地域外や海外から運ばれてくる食物に大きく頼っている。国内で生産された食べ物のみならず，バナナやチョコレートなど，

主に熱帯地域の開発途上国から輸入する食べ物にも広義の食の地域化をあてはめることができる。ここでは，顔の見える直接的な関係により構築される信頼関係や価値観の共有が，認証制度やエコラベルなどにより補強されることもある。例えば，公正な賃金や労働環境を保証するしくみである「フェアトレード認証」も知産知消と考えることが可能である。フェアトレード認証は，開発途上国や小規模の生産者が搾取されることのない公正なオルタナティヴ流通のしくみとして広く普及している。

地域づくり
と食の流通 中規模の流通，広義の地域化，そして知産知消では，生産者と消費者および加工や流通業者が，生産地域の自然環境や社会的・文化的な背景を含めた価値の共有を継続的に行っている。現代の地域と食の関係は，狭い範囲での「地産地消」を目指す取り組み，すなわちスケールのダウンサイジングだけでなく，地域外の主体とも価値と課題を共有し，経済的にも環境的にも持続可能な地域をつくる取り組みとして広がっていく。例えば，加工会社が中心となって始めた活動として，株式会社井ゲタ竹内（鳥取県境港市）による「もずく基金」がある。これは，沖縄県恩納村でモズク養殖を行う漁業者，その産品である井ゲタ竹内のモズク製品を販売する全国670万世帯の会員を有する生活協同組合，そしてその利用者という4者が協働する恩納村の里海づくりである。健全なサンゴがある海ではモズクの成長が良好であるという生業由来の知識に基づいて漁業者が進めるサンゴの再生活動に，消費者が参加するしくみができている（大元 2017）。

現代において持続可能な食の生産－流通－消費の関係を構築するためには，地域内循環を促す地産地消だけでなく，食にまつわる社会的・環境的な価値観を共有するための知産知消の考え方が不可欠である。これは，国内で生産される食だけでなく，海外から輸入される食についても同じことがいえる。現在主流となっている，効率的に安価な食料を流通させるグローバル規模の流通のオルタナティヴとして，認証制度の活用などのさまざまな試みが展開されている。

文献▷窪田順平，2009，「モノがつなぐ地域と地球」窪田順平編『モノの越境と地球環境問題』昭和堂．
　　　大元鈴子，2017，『ローカル認証』清水弘文堂書房．
関連項目▷**32, 51, 60, 61**

60 国際認証とローカル認証

大元鈴子

環境配慮とエコラベル

近年，ノートやティッシュペーパー，あるいは，スーパーで売られる魚にエコラベルをよく見かけるようになった（図1）。これらのエコラベルは，国際的な資源管理を目的とした認証制度（国際資源管理認証）のしくみにより持続可能と認められた証である。私たちが日常生活で利用する資源には，適切な管理がなされずに枯渇したり，重大な環境破壊を引き起こしたりしているものが多くある。資源の管理を難しくしている原因として，グローバル化により国際的に取引される資源の量と種類が増えたこと，国境をまたぐ森林資源や水産資源など，そもそもの所有権が曖昧な資源（例えば，マグロなどの回遊魚は世界の海を移動する）の管理主体が特定できないことなどが挙げられる。

　国際資源管理認証制度は，「基準」と呼ばれる一定のレベルを示す項目に照らしあわせて林業や漁業などの生産活動を審査し，そのレベルに合致する活動とそうではない活動を区別するしくみになっている。合致する活動に与えられた「お墨付き」を示すのがエコラベルである。

　国際的に資源を管理するための認証とそれに付随するエコラベル制度は，1990年代後半に登場したが，そのアプローチはそれまでの資源管理の方法とは大きく異なっている。従来の資源管理は法律や条約といった国家ないし国家間の取り決めに頼っており，その制定と合意に時間がかかりすぎ，何もできずに状況が悪化し続けることが多かった。これに対して，認証制度は任意のしくみで強制力はないが，環境に配慮する生産者が自主的に審査を受け，認証を取得することで比較的短期間のうちに持続可能性を証明することができる。そして，認証の証であるエコラベルが表示されている商品を選択的に購入することで，

資源管理に消費者が参加する。消費者の選択が市場への需要という形で資源管理を促進することから「市場メカニズムを利用した資源管理」といえる。

国際認証によるエコラベルは，それが表示される製品に，世界中で認知されるユニバーサル（普遍的）な価値を与えることで，グローバル市場において環境配慮という価値を流通させるしくみである（大元 2016）。代表的なものに森林の持続可能な利用を目的とした「FSC（Forest Stewardship Council，森林管理協議会）認証」，水産物が枯渇しないように管理するための「MSC（Marine Stewardship Council，海洋管理協議会）認証」，そして，近年生産量が大幅に伸びている水産養殖の管理のための「ASC（Aquaculture Stewardship Council，水産養殖管理協議会）認証」などがある。消費者は，生産地に行かずとも製品の持続可能性を確認できる。

しかしながら，とにかくエコラベル商品を選べば大丈夫，という消費行動は，生産地で起こっていることに無頓着な企業と消費者を生み出す，という批判もある。また，市場需要に基づく資源管理を推進する認証制度に対する根本的な疑問もある。すなわち，現在の市場が根本的には効率と低価格を重視する大量生産・大量消費のしくみである限り，その市場原理に基づいた持続可能な資源利用は矛盾するという指摘である。

ローカル認証　生産地がみえない流通という大きな問題点を解消するひとつのしくみに「ローカル認証」がある。ローカル認証とは，特定のローカルな範囲内で適用され，地域特有の課題の解決に寄与するという特徴を持ち，食の地域化，知産知消，中規模の流通（「59」）などの考え方とも共鳴する。地域資源の価値や地域課題への取り組みを生産地域内外の主体と共有する手段ともいえる。

ローカル認証は，世界的に適用される国際認証とは違い，その適用範囲が何らかの合理的な地域性で区切られている。物理的な範囲以外のローカリティ（地域性）の表現として，行政区，自然環境条件からみた気候区，ワイン生産などで使われる土壌区や，河川に流入する雨が降った範囲である流域といった単位が使われている。

ローカル認証には，フラグシップ種と呼ばれるシンボルとなる動物を冠したものが多い。兵庫県豊岡市には，「コウノトリの舞」というローカル認証がある。これは，「コウノトリも住める豊かな文化・地域・環境づくり」というキャッチフレーズのもと，稲作農家が，国内では一度絶滅し，再放鳥により野

生復帰を果たしたコウノトリの餌場づくりを行うことをサポートするための認証制度である。コウノトリは頻繁に水田で餌をとる。無農薬や低農薬でコメ作りを行えば，その結果カエルやドジョウなどコウノトリの餌となる生物が増える。この水田で作られたコメやその加工品にはエコラベルが付され全国で販売されている（図2）。このコメは，認証の内容に共感する国内外の消費者に選ばれていることから，「知産知消」（「59」）の取り組みであるといえる。

アメリカ北西海岸地域では，「サーモン・セーフ」というローカル認証が広まりをみせている。サーモン・セーフ認証の適用範囲は，ワシントン州とオレゴン州の境を流れるコロンビア川の「流域」である。このローカル認証は，農業による土地の利用を適正に管理することによりコロンビア川に生息するサケ科魚類の保全を行うことが目的である。サケ科魚類の保全には水質，水量，水温の管理が必要であることから，農薬の不使用や魚毒性の低い農薬への切り替え，適切な量の農業灌漑，川の水温の上昇を抑えるための河畔林の緑覆率などに関連する認証基準がある（大元 2017）。認証を取得した農産物およびそれらを原料とするビールやワインは，サケの保全を支援したい都市部で暮らす消費者に選ばれている（図3）。また，サーモン・セーフは，ワイン用のブドウ畑，果樹園，ホップ畑などの農地以外にも，会社や大学の敷地，ゴルフコースなどに対する基準も設定している。そのほかにも，ポートランド市は，市の政策の一環として消防署などの市の施設がサーモン・セーフ認証を取得している。

ローカル認証と地域ブランド

地域の食資源の特徴を発信する方法としては，ローカル認証のほかに，「地域ブランド」がある。食の地域ブランドから連想するものに「夕張メロン」「神戸ビーフ」「鳥取砂丘らっきょう」などがある。これらは，生産地域と生産物の特性が強く結びついており，名称から当該産品の生産地を特定できる生産物である。日本では，2014年6月に制定された地理的表示（GI）保護制度により，このように特定の地域名がつけられた生産物の呼称が登録され，知的財産として商標権などと同じように法的に保護されるようになった。この制度では，申請者がその産物の名称，生産地，特性，生産方法，産地との結びつき，生産実績（おおむね25年以上）などの満たすべき基準を含む申請書を農林水産省に提出し，登録されればGIマークを添付することができる。これは，生産物の生産地を明確にし，その優位性を保護するフランスの法律（AOC法）に似た制度で，例えば，シャンパーニュ＝アルデンヌ地方で特定のブドウ品種を使用し，特定の製法でつくられた

図1　MSCエコラベル付魚の切り身　　図2　「コウノトリの舞」　　図3　「サーモン・セーフ」

出所：筆者撮影。

スパークリングワインのみが「シャンパン（Champagne）」という呼称の使用を許されるのと同じ考え方である。その地域の自然条件や伝統と結びついた品質を有する歴史ある生産物が対象となり、それらの真正性を確かめられるという点で地域ブランドには消費者保護の役割もある。一方、「ローカル認証」は、地域が伝統や歴史だけではなく、現在進行中の環境配慮や地域課題解決への貢献を地域内外に発信するために使えるしくみである。さらに、ローカル認証は、科学的根拠を伴う認証基準を持ち、その点で一般的な地域ブランドとは一線を画している。

　認証制度の適用範囲は、グローバルからローカルまで幅広いが、現在の経済的しくみのなかに徐々に持続可能性を浸透させていく役割を担っている。特にローカル認証は、匿名性が否めない国際認証に比べて、限られた地域の特徴を充分に反映させ、人々の地域資源に対する価値観を転換し、それぞれの地域に合った持続可能性に向けた文化を築く土台となるものである。

文献▷大元鈴子，2017，『ローカル認証』清水弘文堂書房。
　　　大元鈴子他，2016，『国際資源管理認証』東京大学出版会。
関連項目▷50，51，58，59

61 国際制度を活用した地域づくり

大元鈴子

ユネスコエコパーク　豊かな自然を持つ地域の活性化といえば、外部から持ち込まれたテーマと資本によるリゾート開発のような大規模事業が主流だった時代がある。しかし、持続可能性が強く意識される現代においては、地域づくりのために自然を「開発」するのではなく「保全」する取り組みが重要だと考えられるようになっている。ユネスコによるエコパーク登録もそのひとつである。「生物圏保存地域（日本では通称ユネスコエコパークという。以下、エコパーク）」は、生態系の保全と持続可能な利活用の調和を目指す制度である。日本では1980年に屋久島（後に口永良部島を含め拡張）、大台ヶ原・大峰山（後に大杉山を含め拡張）、白山、志賀高原が登録されたが、当時の候補地の検討や登録手続きは国の関係省庁によるトップダウン方式だったこともあり、登録地域による積極的な利活用には至らなかったという歴史がある。

宮崎県綾町は、林業の衰退により町の人口が急激に減少するなかで1960年代末から照葉樹林を伐採の対象から保全の対象へ、また基幹産業を林業から自然に配慮した農業へと転換した歴史を持つ。この過程で、「自然生態系農業」と呼ばれる綾町独自のローカル認証（「60」）を設立し、いまでいうところの有機農業を町全体で推進するなど、過去50年にわたって、地域資源の持続可能な利用を実践してきた。この綾町が2012年、国内では実に30年ぶりにエコパークに登録された。綾町の住民はエコパークへの登録を、過去50年の取り組みに対する評価であると捉えている。それには、プロスポーツチームのキャンプのための環境整備や照葉樹林からの伏流水を活かした産業としての酒造会社の誘致など、周辺の自然環境を活かした積極的なまちづくりが含まれる（図1、図2）。また綾町は、それまでに登録された国内のエコパークとは違い、登録に向けた

申請作業も担った。綾町以降も日本各地でエコパークへの新規登録が続いており，2019年現在，只見，南アルプス，祖母・傾・大崩，みなかみを含め全部で9ヶ所のエコパークがあり，すべての登録地でその運営は自治体が担っている。

国際登録制度の活用 　何らかの基準に基づく審査を経て，その場所や活動を登録・認証することで地域資源の価値を広く発信するような国際的なしくみには，「国際資源管理認証」（「60」）のほかに，国際機関が運営する国際登録制度がある。その目的は，世界的にみて唯一無二であったり，国際的なモデルとなるような地域をリストアップしたりすることにある。国際資源管理認証は，定められた一定の基準をクリアすればすべての申請が認証されるが，国際登録制度は，登録数に制限がある制度もあり，同じような場所や取り組みは認定されないという違いがある。

　例えば，ユネスコの「世界自然遺産」はよく知られている。世界自然遺産は国家間の条約に基づき世界的に貴重な手つかずの自然を保護する制度である。登録に向けては，環境省が候補地を絞り込んで推薦の手続きを進めるトップダウンの性格を持ち，登録後は経済活動や自由な資源利用が制限されることも多い。2005年に登録された北海道知床半島でも，沿岸の漁業者が登録による規制を懸念して，登録への反対を示していた。しかし，規制による保全ではなく，漁業者の自主管理による利用・保全がモニタリングデータの蓄積の役割を果たすとして評価され登録に至っている（松田 2016）。これは，地域にすでに存在するシステムが「国際標準化」するプロセスだといえる（大元・中川 2016）。登録後も，さまざまな要求を受けることもあるが，世界自然遺産に登録されれば地域の知名度は格段に上がる。

　近年，手つかずの自然をそのままに保護する国際登録制度以外にも，人間の営みが加わることで維持されてきた景観を，生態的機能と社会的・経済的・文化的活動が結びついている「ワーキングランドスケープ（Working landscape）」として登録する制度が増えている。前述のエコパークも，制度開始当時は「生態系保全」を重視する性格が強かったが，現在では，エコパークの3つの機能である，生物多様性の保全，経済と社会の発展，学術的研究支援を通じて，登録地が持続可能な開発の具体的事例を示すことに重きを置く仕組みへと変化してきた。その登録地は，核心地域（core area），緩衝地域（buffer zone），移行地域（transition area）にそれぞれゾーニングされ，登録地内（移行地域）に農業活動や居住地などを含むという特徴もある。世界自然遺産は手つかずの自然をそ

図1　綾町で有機農業を営む農家
出所：筆者撮影。

のまま保存するためのしくみだが，エコパークは，地域資源の価値を持続可能な活用という実践を通じて発信するためのしくみである。

　そのほかにもワーキングランドスケープを登録する国際登録制度として，2002年に始まった「世界農業遺産（GIAHS：Globally Important Agricultural Heritage Systems）」がある。これは，国連食糧農業機関（FAO：Food and Agriculture Organization of the United Nations）が運営する制度である。同じ「遺産」でも世界自然遺産とは異なり，こちらは「進化する遺産であり，それゆえに，持続可能な農業を体現した遺産」で，それを維持してきた人々を含めた登録制度だという特徴がある（武内 2013）。その認定基準は，①食料生産と生計の保障への貢献，②生産に関わる生物多様性の高さ，③天然資源に関する地域的・伝統的知識の保持，④文化・価値体系と社会的組織の存在，⑤人と自然との相互作用で培われてきた景観（筆者訳）となっており，日本における里山や里海のコンセプトとよく似ている。佐渡島は2011年にこの認定を受けているが，棚田のような農業景観だけではなく，トキの野生復帰に関連する活動や農業文化なども評価されての登録である。佐渡島の稲作には，「朱鷺と暮らす郷づくり認証」と呼ばれるローカル認証が導入されており，世界農業遺産を活用した地域課題の解決と地域づくりの中核にすえられている。

制度を活用した地域づくり　　国際資源管理認証や国際登録制度は，既存のしくみを活用し自然資源の持続可能な利用ならびに地域振興の促進を目的にしていることから「制度を活用した地域づくり」を導くものといえる。国際認証制度でも国際登録制度でも，国際的な制度は，その地域を世界的な価値基準で評価するため，認証・登録後は世界的な価値を得ることができる。

つまり，国際的な価値づけを新たに地域に取り込むことで地域の価値を内外へ発信するための手法である。しかしながら，特に世界自然遺産では，生活の場を絶えず外部からの視点や価値基準にさらすことにもなる。そのような国際的価値判断に対し，地元住民が反対運動を行うことも多い。一方，エコパークや世界農業遺産などのワーキングランドスケープを登録する制度では，これまでの活動を国際的規格に沿った形に読み替えたり，また，国際的価値を地域課題の解決に活かしたりするなど，地域ごとにユニークな活用をする余地がある。この点において，知名度はそれほど高くはないが，地域にとって使いやすい制度だということができる。制度を活用した地域づくりにおいて要となるのは，制度の本質と地域資源の特性を理解し，外部の専門知識を活かすことのできる人材や機関が地域内に存在することである。

図2　綾町産のサツマイモから作られた焼酎

出所：筆者撮影。

　国際的な認証・登録制度ではカバーしきれない地域性や地域課題については，地域自らが「ローカル認証」（「60」）のようなしくみを設計・運営することで，地域の価値を内発的に形成していくプロセスもある。また，綾町や佐渡島では，国際的な制度への登録にローカル認証が大きく貢献した。つまり，世界的に評価される価値の形成は，地域での長年にわたる地域価値の創造の積み重ねなのである。ここでは，自然資本を対象とした諸制度についてみてきたが，文化遺産を扱う制度についてもまた同じことがいえる。

文献▷大元鈴子・中川千草，2016「国際的環境保全制度の地域による使いこなし」『環境社会学研究』22。
　　　武内和彦，2013，『世界農業遺産』祥伝社。
　　　松田裕之，2016，「地域からの発信と世界の目」大元鈴子・佐藤哲・内藤大輔編『国際資源管理認証』東京大学出版会。

関連項目▷**32，56，60**

62　空き家・空き地問題とその利活用

山下博樹

人口減少と空き家問題　2000年代早々に日本では国全体で人口減少局面に突入した。人口減少は，高度経済成長期以後の地方圏では一貫した傾向であったが，全国的な動向として人口減少が報告されたのは，近代化以後はじめてのことであった。経済的にも社会的にもこれまでの成長・拡大時代のさまざまなシステムの維持が困難になることから，人口減少はこれまでにない新たな課題の要因となった。市街地の土地利用の面からみれば，人口減少により土地利用ニーズの低下は容易に予測できる。長期的に人口減少傾向にありながらも世帯数は増加し続けている地域もあるが，その背景には独居老人の増加以外にも世帯分離の影響があるといわれている。

　人口減少時代に土地利用ニーズの低下により空き家や空き地などの低未利用地が増加するのは致し方ないことではあるのだが，日本ではその割合がとりわけ高い。総務省の「住宅・土地統計調査」によると2018年時点での全国の空き家は約849万戸，空き家率は13.6％で過去最高であった。

　ここでは都市での空き家などの低未利用地の増加の背景を概観し，そうした空き家の近年の利活用の特徴や課題について紹介しよう。

空き家増加の背景　人々が居住する上で，転居や自宅の建て替えなどの際に移転先として一定数の空き家は必要である。しかし，近年の空き家の増加はその許容範囲を大きく超えている。住宅として使用されていた建物が空き家化する要因には大きく次の4点が考えられる。①日本では高度経済成長期以後，都市を中心に核家族化が進行し，子どもが自立した後の住宅は高齢者のみとなり，一定期間後には空き家になりやすい。②日本の戸建て住宅は木造の割合が多く老朽化しやすい。そのため30～40年で大規模なリフォーム

や建て替えなどのニーズが発生する。③ところが日本では新築志向が強く，中古住宅のリフォームや建て替えをせず，別の土地に新たに新築住宅が建てられることが多い。④空き家になっても，土地価格の上昇への期待，仏壇をはじめ遺品の管理や相続の問題などから，売却や他人に貸すことを躊躇するケースが多く，中古住宅として流通する物件が少ない。これらの空き家化の要因は全国的に共通するが，大都市ではマンションなどの集合住宅の割合が高く，戸建て住宅以上に複雑な権利関係がある影響で，建て替えもスムーズに進まないケースが多い。バブル経済期の地価高騰で大都市圏では急速にマンションが増加した。今後それらの老朽化が進むと空室が大量に発生することが予測されている。

空き家分布の傾向 こうした空き家の地理的分布は均等ではない。例えば前記の空き家化の要因①を地方都市にあてはめてみよう。地方都市は大都市に比べ日常生活での自動車利用の頻度が高く郊外化しやすい環境にあるため，子世帯が独立しそうした郊外住宅地などに転居すると，中心市街地の生活利便性の高い地域でも中山間地域並みに高齢化が進んでしまう。すると親世帯が亡くなれば子世帯に使用されずに空き家となったり，解体され月極駐車場などの低利用地になることが多い。古い都市の中心市街地は，間口が狭く奥行きの長いいわゆるウナギの寝床と呼ばれる形状をした土地が多く，建て替えをしても日当たりが悪く，活用しにくいことも背景にある。また中心市街地は，地方都市であっても郊外に比べれば地価が高く，そうした土地に空き家・空き地が多いことは，自治体にとっても税収面や学校・病院などの公共施設の維持の面で課題が多い。そのため，近年は中心市街地活性化の一環としてまちなか居住を推進し，新築の住宅やアパートなどを建設したり，中心市街地への転入に経済的支援を行ったりする自治体も増えている。

　高度経済成長期以後に拡大した大都市圏や地方都市の郊外にも高齢化の波は確実に及んでおり，開発時期に同世代が大量に入居したニュータウンや郊外住宅地は，いまやオールドタウンとなりつつある。こうしたニュータウンや郊外住宅地では，最寄り駅から徒歩圏内にある利便性の高い地域と，バスや自動車でのアクセスが必要な地域とでは，空き家率に差異が生じている。東京や大阪の郊外にも，すでに人口が減少しはじめている自治体がある。これらの一部の地域では，行政サービスの維持に必要な税収確保のために，子育て世帯の優遇などの措置を用意して近隣の自治体との間で住民を奪いあっている。

Ⅷ　地域と資源

賃貸経営の落とし穴

以上のような人口減少に伴う土地利用ニーズの低下によって，それまで住民が生活していた住宅が空き家となるケース以外に，サブリース賃貸物件の増加が空き家増に拍車をかけている。サブリースとは転貸や又貸しを意味するが，不動産賃貸では転貸を目的とした一括借り上げを指すことが多い。テレビCMでも連日目にするように「一括借り上げ」によるアパートなどの賃貸物件が，近年全国各地で増加している。これは，アパート用地となるまとまった土地の所有者が，固定資産税などの節税を目的に不動産会社と契約し，土地を担保に金融機関からの借り入れで建設する。不動産会社はその土地に自社物件を建設し，完成後25年間などの一定期間物件はずっと借り上げ，運営・管理を引き受けるシステムである。土地所有者は物件のオーナーとなるが，入居者の管理やトラブル対応などの業務は不動産会社が行い，入居率を心配する必要なく一定の保証金を収入として得ることができる。不動産会社にとっては土地購入や建物建設の負担が軽減されるメリットがあり，今日では大手不動産会社の多くがこのシステムに参入している。

　しかし，こうしたサブリース賃貸物件の建設は，必ずしも地域の人口増加など入居者ニーズの動向に対応したものではなく，土地所有者と不動産会社の利益のために行われている事業で，賃貸の需要と供給のバランスは考慮されていない。そのため，限られた入居希望者の奪い合いが横行し，新築物件への転居を防ぐための家賃の値下げが必要となり，土地所有者への保証金の減額や，それに応じない場合にはサブリース会社との契約解除に発展するなど，各地で多くの問題が発生している。また，新築から数年で入居者に転居されて空室の目立つ物件も増えるなど，近年の空き家増加の大きな要因のひとつとなっている。

「負動産」と空き家条例

このように人口減少による土地利用ニーズの低下だけでなく，節税対策などの取り組みも増えた結果，空き家・空き室が増加し，その管理が所有者の負担になりつつある。長年空き家となり手入れが行き届かない家屋は老朽化も早く，倒壊の危険がある物件も少なくない。こうした老朽化した空き家の多くは所有者が遠隔地に住んでいたり，不明であったりすることも多く，空き家の撤去がスムーズに行われないなどの問題も増えている。こうした課題に対応する各自治体の空き家条例制定に続き，国も2015年に空き家対策特別措置法を制定した。「土地は値下がりしない」という土地神話は過去のものとなり，現在では「負動産」と揶揄されるようになるほど，不動産の維持・活用が困難な時代になりつつある。

空き家の利活用

このような空き家の増加に対応する動きもある。住宅としての再利用のニーズがない物件をリノベーションし、店舗や飲食店、オフィスなど別用途へ利活用する例が注目されている。リノベーションはリフォームに比べ大規模な改修工事が必要だが、機能や用途の変更や付加価値を与えることが可能で、建て替えに比べれば少ない費用で済ませることができる。古民家を活用したカフェやレストランなど、個性的な店舗へのリノベーションが増加することで地域の活性化にも一役買っている事例が増えている。

政府は2020年の東京オリンピック・パラリンピック大会開催に際して予測される宿泊施設不足対策として、アパートやマンションの空き室や空き家を一定の条件のもとで観光客の宿泊に用いる民泊の推進に取り組んでいる。しかし、オリンピック開催による需要に対応可能な地域は東京周辺に限られており、地方圏をはじめとした自治体では市街地での周辺住民の居住環境悪化などへの懸念から現状では慎重な対応が多く、必ずしも積極的に取り組んでいる自治体は多くない。同じ民泊でも、市街地以外の農山村では農家民泊に熱心に取り組む地域が増えている。ただし、これは学校の教育活動の一環として農業体験と農家への宿泊をセットにする取り組みなどが中心で、空き室・空き家などの利活用策としての民泊とは一線を画すものといえよう。

空き家の増加は日本だけの問題ではない。スローシティを目指すイタリアの小さな村々では村内に点在する空き家をホテルの部屋に見立て観光客に貸し出す"アルベルゴ・ディフーゾ（ホテル分散型観光地域）"の取り組みで、村の活性化に取り組んでいる（島村 2013）。2018年、イタリアの民間団体アルベルゴ・ディフーゾ協会が、江戸時代の宿場町の風情が残るまちなみを活かした岡山県矢掛町の取り組みをアジア第1号のアルベルゴ・ディフーゾと認定した。工夫を凝らした海外の空き家活用の取り組みも今後注目を集めることだろう。

文献▷島村菜津，2013，『スローシティ』光文社。
野澤千絵，2016，『老いる家　崩れる街』講談社。
山下博樹，2016，「まちなか居住の課題と取り組み」根田克彦編著『まちづくりのための中心市街地活性化』古今書院。
由井義通他，2016，『都市の空き家問題　なぜ？どうする？』古今書院。

関連項目▷2, 7, 36, 53

63 景観・歴史を活かしたまちづくり

藤井　正

景観と社会的記憶

　景観とは，地理学でも建築学（後藤 2007）でも，視覚的な風景とともにその場所の地域性を示すものとされる。「景観」という言葉は，「生態学」の訳者でもある植物学者の三好学によるドイツ語の landschaft の訳語であり，植生など視覚的な特徴とともに，空間的なまとまりが持つ生態学的システムの特性も含まれるものとなる。例えばビオトープは，植物生態学的（バイオロジカル）な最小の空間単位（トープ）であり，ドイツ地理学の景観学派による造語である。この考え方は，景観の語源となったドイツ語の landschaft が地域という意味も元来有することに起因する。これは，「地域における人々の生活又は生業及び当該地域の風土により形成された景観地で我が国民の生活又は生業の理解のため欠くことのできないもの」という文化的景観（文化財保護法）の考え方とも通底する。例えば世界自然遺産では，原生林とともに，その源流を含む流域全体の水質保全など，対象地域内部における生態学的な関係性（全体性）が論じられる。同様に建築学の景観論でも，景観など文化遺産において，茅葺屋根の茅の生産や吹き替えの技術や社会システムといった景観を支える社会的な「全体性」が求められる（西村 2008）。さらに文化財としての景観は，その特性として，映画のセットのような偽物ではなく本物であることという真正性，あるいは歴史性が論じられている。

　このように景観には，その風景を作り上げる自然のメカニズムと社会的・文化的なメカニズムが存在する。多くの写真家のモチーフとなってきた北海道美瑛町の「丘の町」の景観は，農業効率化のための平坦化をあえてしない畑作によってつくられ，維持されている。したがって，逆に地域社会にとって景観は，その社会の特徴を顕在化するシンボルとなり，コミュニティへの愛着やアイデ

ンティティを代表し深める表象となる。つまり，個人の記憶において特定の場所を代表する要素であるとともに，コミュニティ共通の「社会的記憶」を象徴する要素ともなるのである。地域におけるこうした社会的記憶の顕在化は，市民に共有された過去に通じる「なつかしい未来」として地域に歴史的個性を与え，将来の方向性を構成することとなる（「1」参照）（後藤 2007）。

景観の機能と様相 景観の構成は，まずその〈形態〉（平面的な土地区画とその上の施設の形）と〈はたらき〉に分けられる。そして〈はたらき〉には景観の要素である建築物や施設などが持つ本来の目的である「機能」と，その町の雰囲気を構成する〈はたらき〉，建築家の原広司が言う「様相」のふたつの面がある。景観は，これらの機能と様相の両面において社会との相互関係をつくる。建築が当初の役割である機能を終えたのち，外観保存を行うことでまちの雰囲気を構成する建物の様相は変えずに，内部の機能だけを転換することは近年よくみられる。滋賀県長浜市の中心でシンボルとなってきた黒壁1号館のように昔の銀行の建物が街の再生・活性化の拠点施設となっている。また倉吉市では，鳥取県における登録有形文化財（後述）第1号の和洋折衷の元銀行建築が福祉団体が経営するレストランとなっている。

近代の建築や都市計画においては，建築物や施設はその機能から語られたが，考え方の転換で，いまでは上記のように社会的記憶が集積するものとして，あるいはハイデンのいう「場所の力」（後藤 2007）を持つものとして，その景観の様相面からも注目される。著名な景観は，国家的な文化財あるいは世界遺産としての価値を有することとなるが，そのような景観でなくとも1996年の文化財保護法改正で導入された「登録有形文化財」が物語るように，コミュニティの社会的記憶をまとめるという社会的な役割・効果（場所の力）を持ち得るのである。

さらに景観は，歴史まちづくり法に定義される，祭など伝統文化を反映した人々の活動と，その場としてのまちなみである「歴史的風致」とも深く関わる。このような点で景観を活用したまちづくりは，地域の歴史の活用とも重なる。なお，「景観まちづくり」という言葉に対して建築学者などからいくつも解釈が示されている。そのなかでも，景観の物理的側面だけではなく，シンボルとしての景観や景観をめぐる社会的な活動の効果が注目されている。また，歴史性だけでなく，生活環境の豊かさの向上にも「景観まちづくり」という言葉は使われている。

VIII　地域と資源

景観をめぐる政策の展開

景観に関わる政策の早いものとしては,「風致地区」の指定が1919年制定の都市計画法に遡る。ここでは「風致」とは都市における良好な自然景観とされ,いわば都市環境の保全のための建築物への規制地区の指定であった。具体的には,河川や水路に沿った地区,緑のなかに寺社が並ぶ京都の東山山麓のような歴史的な地区,郊外の良好な住環境を持つ住宅地などである。また,1980年の改正で地区計画というミクロスケールの規制制度が都市計画法に導入され,民間の建築協定を裏付ける公的規制として景観や住環境の保全に適用されるようになった。

これらは景観や環境を守るための制度であるが,景観形成や住環境の整備に「街なみ環境整備事業」が有効な役割を果たした例もある。鳥取市鹿野町(2004年に鹿野町は鳥取市に合併)では,1994年から「祭りの似合う町」をテーマとして住民と行政が一体となって「街なみ環境整備事業」による景観整備を展開した。この活動などを基礎としてまちづくり活動の中核となる「いんしゅう鹿野まちづくり協議会」が2001年に発足し,空き家活用から始まるさまざまな事業へと発展した。歴史的でも文化財でもなかったまちなみが,景観整備をはじめて10年後には魅力的な伝統的町家のまちなみを形成することとなった。廃校となった鹿野小学校校舎に2006年には東京から「鳥の劇場」がやってくるなど,芸術に関するまちづくり活動にも広がっていった。まちづくり組織としては鳥取市との合併時には第3セクターの会社が,2007年には株式会社が住民の出資で立ちあがる。後者は1933年に稚蚕共同飼育所として城趾の堀の前に建築された木造建築を買い取り,外観は残し内部は改修してカフェとしてオープンしている。こうした景観まちづくりにより,鹿野町では町の内外にまちづくりのネットワーク形成が進み,魅力的な景観を基礎とする人々のつながりは新たな移住者も呼んでいる。

景観に関する制度の整備としては,1966年の古都保存法制定に続き,1975年の文化財保護法改正による重要伝統的建造物群保存地区制度の制定が重要な画期となった。そして21世紀に入ると農村部なども含めた地域づくりにおいて景観が大きく注目されるなか,2004年には景観法が制定され,また文化財保護法の再改正により重要文化的景観の指定が始まる。指定第1号が滋賀県近江八幡市の水郷であるように,この「文化的景観」はまちなみに限定されず,奥出雲たたら製鉄及び棚田や智頭の林業景観,四万十川流域の文化的景観なども含まれる。さらに2008年に歴史まちづくり法(「地域における歴史的風致の維持及び向

上に関する法律」）が制定された（「**5**」も参照）。加えて京都市や金沢市などでは，条例で進めてきた景観施策とこれらの景観法などとの整合性もはかりながら，金沢市の「こまちなみ」などオリジナルな景観条例も展開している。

今後の都市整備との関係　人口減少下の都市ビジョンとして，多極型のコンパクトシティが多くの都市で都市計画マスタープランに取り上げられている。この枠組みを最初にうたった富山市は，多極型コンパクトシティを「団子と串」にたとえた。団子がコンパクトな市街地群であり，串はそれらを結ぶ公共交通にあたる。最近では，その団子を三色団子にたとえている。つまり，コンパクトな市街地群それぞれに個性を与えようとしている。例えば，富山市と合併した八尾町はそうした核（団子）のひとつを構成するが，その風情が全国的に知られ人気がある「風の盆」の踊りに代表される歴史的・文化的な魅力を有する。このように人口減少に伴い市街地の縮小をはかるコンパクトなまちづくりでは，それぞれの縮小の中心となる核地区の選定にあたって，利便性や施設の集積度とともに個性ある歴史などを持つことが住民のコンセンサスを得る上でも需要な要素となる（藤井他 2014）。これは，日本では「地域まるごと博物館」などの施策として展開されてきた，フランス起源のエコミュージアムの枠組みにも通じる。エコミュージアムでは，コアとサテライトという体系でその地域の全体像と各地区の個性を発信するが，活性化が求められる中心市街地はコアにあたり，その地域全体の魅力を把握や発信ができる場所と位置づけられる。この性格づけは，中心市街地が商業中心から多様な中心性を持つ場所へと変化していく（「**53**」参照）なかで，郊外が代替できない地域の歴史的核となる中心市街地の都市の顔としての役割を再確認し強化するものとなろう。

文献▷石原武政・西村幸夫，2010，『まちづくりを学ぶ』有斐閣。
　　　後藤春彦，2007，『景観まちづくり論』学芸出版。
　　　鳥越皓之他，2009，『景観形成と地域コミュニティ』農山漁村文化協会。
　　　西村幸夫，2008，『風景論ノート』鹿島出版会。
　　　藤井正他編著，2014，『よくわかる都市地理学』ミネルヴァ書房。
関連項目▷**1，5，38，56，64**

64 アートを活かした地域創造

竹内 潔

アートと地域　産業構造の転換によって工場や倉庫が廃墟となった工業都市，郊外化の進展で空洞化した中心市街地，過疎化が進んで空き家が増加する農山漁村など，従来の活気を失った空間を舞台に，アートを用いて地域活性化を試みようという取り組みが，近年，広がりを見せている。よく用いられる手法は，オープンスペースや，空き家，空き地などの低未利用空間で現代美術（コンテンポラリーアート）の作品を展示するというもので，都市か農山漁村かを問わず，ごく小規模なものから，国内外の多数の作家に呼びかけて大規模に行う大型の国際芸術祭まで実にさまざまな取り組みが行われている。

　多くの場合，作家はその地域に一定期間滞在し，その土地・空間ならではの作品の制作を行おうとし（またはそのように依頼されて），そのために地域の調査（リサーチ）を行い，地域の人々ともさまざまな形で交流することになる。これらの取り組みでは，地域住民が気づいていない地域の価値がアーティストという他者の視点で提示されたり，アーティストとの協働や交流を通じて地域の人々が励まされ，その後にさまざまな活動を展開していくきっかけとなったりする。そして，そのような作品や地域のありようを目の当たりにすべく国内外から来訪する人々によって活況を呈しているプロジェクトもある。

　このようなアートを用いた企画のことを広く「アート・プロジェクト」といい，なかでもアーティストの滞在型制作プロジェクトおよびその拠点は「アーティスト・イン・レジデンス（AIR）」と呼ばれる。地域活性化などの効果を期待して開催されるアート・プロジェクトは，そのプロジェクトに地域名を冠することが多いため，「地域アート」と称されることもある。

地域アートの具体例　いくつかの例をみてみよう。地方自治体や地元の企業が多額の負担金を支出して展開する大型の国際芸術祭の代表例として知られているのが，豪雪地帯である越後妻有地域（新潟県十日町市・津南町）で2000年から3年に1度の周期で開催されている「大地の芸術祭　越後妻有トリエンナーレ」や瀬戸内海の島々を舞台として2010年からやはり3年に1度開催されている「瀬戸内国際芸術祭」（香川県）である。日本の原風景ともいわれる里山あるいは美しい海を臨む島々にアート作品が展示され，自然と人為が調和したその風景は，多くの人々の心をとらえている。このように自治体が数億円規模の予算を投じるイベントは，日本国内で20以上のプロジェクト（それぞれが3年に1度程度の開催）が進行しているといわれている。

　こうした大型の芸術祭だけでなく，小規模のアート・プロジェクトも全国で行われている。例えば，茨城県南部で行われている「取手アートプロジェクト」は，東京藝術大学の取手キャンパスが設置されたのを契機に1999年から開始され，すでに20年の歴史がある。2002年から2016年にかけて開催された「アサヒ・アート・フェスティバル（AAF）」は，全国各地のアート・プロジェクトを民間企業がメセナ事業として支援をするもので，その支援先は15年間で延べ600件にのぼる。

　アート・プロジェクトが地域の取り組みの発展に重要な役割を果たした例もある。徳島県神山町では，国際交流事業として行った青い目の人形アリスのアメリカへの里帰り事業をきっかけに国際文化村を目指した取り組みを開始した。これが，海外アーティストを招いて滞在制作をしてもらうアーティスト・イン・レジデンス事業へと発展した。現在では，アーティストの受け入れで培ったノウハウを活かしICT企業のサテライトオフィスが開設されるなど，アーティスト以外の創造的人材も集まる地域となっている。神山町の場合，都市にはない豊かな自然環境を背景に，地域ぐるみで滞在者・移住者をもてなす体制をつくって創造的人材を惹きつけ，地域の価値を高めている。神山町では，このような挑戦を「創造的過疎」と呼んでいる。

アートと地域の相克　さまざまな期待のもとに地域でアート・プロジェクトが展開されていることをみたが，アートと地域の関係がいつも予定調和で良好な関係となるわけではない。例えば，アートを地域活性化の手段として利用することには批判もある。一部のアートに人々を惹きつける力（動員力）があることは確かだが，そのことに目を奪われると，作品の価値

が動員力で測られるということになりかねない。アートが観光資源となって生み出される経済的価値は、アートに備わっている本質的で内在的な文化的価値の一部が経済システムの上で顕在化したにすぎない。そのことを見誤り、短期的な経済効果のあるアートばかりが支援の対象となれば、それ以外のものが芸術的・文化的に価値があるにもかかわらず顧みられないこととなり、長期的には社会にとって損失となることが懸念される。

政府は2017年6月に閣議決定された「経済財政運営と改革の基本方針2017」で、「『文化経済戦略（仮）』を策定し稼ぐ文化への展開を推進する」「文化産業の経済規模（文化GDP）の拡大に向け取組を推進する」と宣言し、さらに内閣官房および文化庁は同年12月に「文化経済戦略」を策定して発表した。経済政策の文脈でも文化に対する一定の投資が期待できる一方、経済戦略としての性格上、アートの本質的価値よりも道具的価値を利用した経済への貢献が強調されていることに注意する必要がある。

同じく2017年6月に改正された「文化芸術基本法」を受け、2018年3月に閣議決定された「文化芸術推進基本計画（第1期）」では、文化審議会文化政策部会の議論でアートの「本質的価値」を重視すべきと指摘し、第1に本質的価値、次いで社会的・経済的価値を掲げるという構成となった。アートの「本質的価値」を見失うことなく、社会的な要請（経済・社会への貢献）にも応えていくにはどうしたらよいかという点が、文化政策の現代的課題となっている。

価値観揺るがすアート　アート・プロジェクトに現代美術（コンテンポラリーアート）が用いられることが多いのは、現代美術家たちが美術館という近代的制度の枠を超え、野外やまちなかの公共空間で活動を展開することで芸術と社会との関係を模索してきたことと関係がある。近代的制度としての美術館をあえて極端に表現すれば、巨匠の絵画のようなそれ自体で芸術的に完成している作品を独立して展示する施設である。作品に対する干渉を排除した美術館の象徴は、白い壁面に囲まれた箱であり、「ホワイトキューブ」と呼ばれる。ホワイトキューブとしての美術館は、そこに作品を置くことで置かれたものを美術品たらしめる強力な装置ともなっている。現代美術の一部にみられる運動は、このような美術館の権力性に対抗し、何が美しいかは、美術館に置いてあるかどうかではなく観る者の主観によって決められるべきではないか、あるいは、美術館に収めることのできない「美しさ」がある、ということを訴える運動ともいえる。

そうした「アート」における運動と，閉塞感の漂う「地域」との接点に「地域アート」があるといえよう。右肩上がりの成長を良しとする価値観でみると，人口減少社会に突入した日本の未来は暗澹たるものにしか映らないが，「地域アート」は，それに代わる価値観があるのではないかということを垣間見せてくれているといってよいだろう。

　しかし，ここでアートと地域との相克が生じうる。最近でも，公立美術館の展覧会で，政治的中立性に問題があるとして現代彫刻作品のひとつが撤去される事件があった。そのような政治的な問題をはじめ，性器の表現をめぐるわいせつ性の問題，暴力的な表現の問題など，観る人によっては不快感を覚えてしまう作品も存在する。地域でアートと出合う場合，そのような作品とどう向き合うことができるのか，私たちひとりひとりの感性が試されることになる。このような問題は，美術に限らず，演劇などアートの他の分野でも生じている。

　最後に，教育とアートの関係についても触れておきたい。近年，文化団体や文化施設の地域貢献事業として，小中学校などにアーティストを派遣するアウトリーチ事業が盛んになっている。文化団体・文化施設にとっては，それによって自らの存在意義を示し，予算獲得にも結びつく事業である。しかし，価値観を揺るがすようなアートが学校に届けられているだろうか。学校側はそのようなものを受け入れる覚悟を持っているだろうか。単に児童生徒が束の間楽しむだけの気軽なエンターテインメントとみなしていないだろうか。届ける側もその姿勢に迎合していないだろうか。

　文化政策の歴史を振り返ると，主体的に創造・発信をするアート（文化芸術）と受動的に知識や社会的規範の習得を目指す教育は原理的に相反するものとして切り離していく流れがあった。両者の再接近の背景には，近年の教育改革における主体性や創造性の重視がある。今後，アートの本質を活かす形で創造的な教育が広がり，地域創造につながっていくことが期待される。

文献▷熊倉純子監修，2014，『アートプロジェクト』水曜社。
　　　澤村明編著，2014『アートは地域を変えたか』慶應義塾大学出版会。
　　　藤田直哉他，2016，『地域アート』堀之内出版。

関連項目▷5, 38, 58, 63

VIII 地域と資源

📖 発展的学習・研究のためのブックガイド

58 鹿熊信一郎・柳哲雄・佐藤哲編，2018，『里海学のすすめ――人と海との新たな関わり』勉誠出版。

佐藤仁，2016，『野蛮から生存の開発論――越境する援助のデザイン』ミネルヴァ書房。

松井健編，2007，『資源人類学6　自然の資源化』弘文堂。

60 佐藤哲・菊地直樹編，2018，『地域環境学――トランスディシプリナリー・サイエンスへの挑戦』東京大学出版会。

鷲谷いづみ，2006，『地域と環境が蘇る水田再生』家の光協会。

61 松田裕之・佐藤哲・湯本貴和編著，2019，『ユネスコエコパーク――地域の実践が育てる自然保護』京都大学学術出版会。

62 野澤千絵，2016，『老いる家　崩れる街――住宅過剰社会の末路』講談社。

野澤千絵，2018，『老いた家　衰えぬ街――住まいを終活する』講談社。

米山秀隆，2012，『空き家急増の真実――放置・倒壊・限界マンション化を防げ』日本経済新聞出版社。

63 金田章裕，2012，『文化的景観――生活となりわいの物語』日本経済新聞出版社。

西村幸夫，2018，『まちを想う――西村幸夫　講演・対談集』鹿島出版会。

原広司，2007，『空間――機能から様相へ』岩波書店。

64 吉田隆之，2015，『トリエンナーレはなにをめざすのか――都市型芸術祭の意義と展望』水曜社。

終 地域創造への展望

藤井　正

地域創造への構造的な動き

　いまや地域づくりは，行政が主体となる政策中心のものから，多様な主体が関わるものとなっている。また，新たな視点から地域の自然や文化，人材などの広い意味での資源を活用し，地域の魅力発信によって交流人口を含む多様な担い手を確保し，まったく新たな要素を持ち込むのではなく，歴史的要素の継承を含む枠組みが動き出している。こうして地域を組み替え，新たな地域価値を創造し地域社会をめぐる循環経済を築こうとする取り組みが進んでいる。そして，転換期の地域政策，持続可能なコミュニティ構築，ソーシャルビジネスの展開を3つの柱としたプロセスがいま進行中の地域創造である。

　行政・経済・文化は，現在の地域の動きの基本構成であり，その土台は，いうまでもなくコミュニティを中心とする生活にある。こうした構造は，序章に示した本書の各項目間の関係図でも顕れている。新たな地域政策は行政と経済にまたがる活動を展開し，地域の経済循環を進めようとするソーシャルビジネスは，地方では食をめぐる資源化や商業・マーケティング，地域に根ざした企業の事業展開から展望できる。

　また，これからの地域創造を考える上で避けては通れないのは，人口減少と社会全体のグローバル化である。人口減少を「希望」につなごうとする研究も展開するが，行政面では，人口減少による基礎自治体の力の衰退と地方分権や基礎的な行政サービスの提供方法の問題とが立ちはだかる。経済面では，地産地消からグローバルネットワークを視野に入れた「知産知消」（「**59**」）への展開が，今後の地域の持続可能性を支える可能性をもつとして注目されている。文化面では，市場縮小にともない創造都市・アートによるまちづくりの重要性

が増す。このように地域の人口減少への対応策は，行政・経済・文化のすべてにおいて動き出しつつある。もちろん基礎的なコミュニティや生活面でも，その動きは地域福祉の多様な活動に関係するのはもちろん，働き方・家族の問題とも深く関わる。本書の各項目を関連づけて考えることで，こうした時代の転換と課題，新たな方向性が顕在化してくる。

<u>地方創生・地方分権と自治体戦略</u>　自治体のあり方をめぐっては，本格的な人口減少期に突入した今，国と自治体の双方においてさまざまな動きがある。

国主導で始められ，全国のほぼすべての自治体が人口対策と地域活性化の総合戦略を策定して取り組む地方創生（まち・ひと・しごと創生）は，2019年に第1期5年間の最終年度を迎え，第2期に向けての検討が進む。そこでは人口流出抑制のため中枢中核都市圏の機能強化や地域協働の高校改革なども掲げられる（『地域魅力創造学識者会議　報告書』2018年12月）。国の財政支援を受けた各地の努力は少なからぬ成果を挙げてきたが，東京圏への人口流出は一向に減速せず出生率回復の兆しもないなど，人口対策は困難な課題である。社会増減も自然増減も有効な対策がなければ，自治体同士で人口を奪い合うほかない。

地方分権改革も続く。機関委任事務廃止などの成果を上げた第1次分権改革後の減速は否めず，メディアや国民の関心は著しく低下したものの，第2次分権改革は自治体から提案を募集して続けられている。しかし，団体自治の面で財政自主権を確立する見通しはなく，住民自治拡充における本格的な進展もない。分権の新しいステージを求める声の一方で，人口減少・財政逼迫や自治体・住民の意識を考えればもはや分権は得策でないとの指摘もある。

総務省の「自治体戦略2040構想研究会」は，高齢者人口がピークを迎える2040年頃から逆算して地方行政のあり方を検討し，地方分権を人口や行政需要が増大した時代のものとして「自治体行政というOS」の書き換えに言及した。同報告を受けて始まった第32次地方制度調査会では，フルセットのサービスを一元的に提供する市町村行政からの脱却と都市圏などの圏域マネジメント，都道府県・市町村の二層制の柔軟化，公共私のベストミックスなどが検討課題として挙がる。希望的観測を排して，起こりうる未来を直視した議論となるかもしれない。

公共私の協力という点では，地方分権とは異なる文脈で，すでに公共サービス提供機能の地域運営組織への委譲は進んでおり，国もその動きを後押しする。

背景には受け皿となる組織の成長があるが,行政が財政的に担えなくなった部分を住民組織に押しつける事態も起きている。

　これらの取り組みを統合するような大きな設計がどこかにあるわけではない。各自治体には,人口減少の抑制に取り組みつつ「賢く縮む」戦略が必要となる。行政には多様な動きを自らの地域の将来ビジョン実現につなげるしたたかさが,住民には身近なコミュニティを越えた意識の覚醒が求められる。

地域の企業と若者　　鳥取県の地域企業「大江ノ郷自然牧場」(「49」),伊賀市の「伊賀の里モクモク手づくりファーム」,島根県大田市の世界遺産・石見銀山にある「群言堂・他郷阿部家」を訪ねて興味深く思うのは,なぜこんなに若い人たちが働きに集まってくるのかということである。現代の貧困が顕在化する「労働と食の問題」にかかわるこれらの企業の活動は,地方の資源から豊かで楽しめる食や商品を生み出すことによって,自己実現にむけた働き方を実現している。内山節は,生活することと一体の「仕事」と収入を得るための「稼ぎ」を区別する。その現代における「仕事」の可能性が地域の企業のこうした「稼ぎ」の形態のなかに見出される。「半農半Ｘ」にみられる,自ら農業を営み現金収入に依存せず生活費を抑えながら自己実現に進むという選択肢のように一人で出来る素晴らしいこともあるが,人々が集まって働く企業体だからこそ出来ることもある。

　大切なことは,自己実現のプロセスをサポートしてくれる人たちのネットワークの可能性を見つけ創り出していくことである。それは,地域づくり支援のネットワークにも重なる。夢を実現できる場所を探し,生活のための「稼ぎ」を得ることから自己実現にむけた起業へと転じる。起業の形態はいくつもあるだろうが,例えばコミュニティの持続可能性を支える「継業」(「54」)は,地域を持続可能とする。あるいは,上でも触れたように各地で発展しつつある地域に根ざした企業(「49」)のあり方も,「稼ぎと仕事」の統合・両立をめざす若い世代にとって魅力的に映っているのだろう。それらはライフスタイルにそったUIJターンのシナリオを提示すると考えられる。

　もうひとつ,地域に根ざした企業の基盤となっているのがネット販売や通信販売であることは,地域の企業では広報部門が経済以上の新たな意味をもってきていることを示している。ともすれば価格競争に陥ってしまう「不特定多数」を対象とするのでなく,「特定多数」を対象に商品の価値を伝えていくこと(これは上記の「知産知消」にも通じる)が重要である。伊賀の里モクモク手づ

くりファームの会員制のカタログ販売，大江ノ郷自然牧場の卵の直送販売，群言堂・他郷阿部家の茅葺き社屋の葺き替えに際してのクラウドファンディングの顧客やサポーターにも，地域の企業による社会的な活動がうみだす「共創」の関係が見出されるといえる。

<u>グローバル化のなかでの地域の輝き</u>　現在，さまざまな方面で持続可能な開発目標（Sustainable Development Goals：SDGs）をめぐる取り組みが活発化している。SDGs は，2015年9月の国連サミットで採択された「持続可能な開発のための2030アジェンダ」に記載された2016年から2030年までの国際目標で，政府や大企業をはじめ，ESD（Education for Sustainable Development，持続可能な開発のための教育）に続いて教育分野でも SDGs への貢献が問われている。本書では，企業の社会貢献に関してはソーシャルマーケティングの項目（「51」）で論じてはいるが，直接的には SDGs との関係に論及していない。しかしながら，SDGs への貢献では，途上国などの地域環境や地域社会への各事業の貢献をめぐる諸関係（実質的な効果や影響）が問題となる場合も多い。これは，SDGs では社会的包摂や循環型経済の展開，持続可能な社会の構築が基本目標とされる点からも明らかであろう。したがって，事業の SDGs への貢献がいかに美辞麗句で飾られていても，評価に際しては，その事業の地域への実際の貢献あるいは影響の実態分析と考察による裏付けが欠かせない。本書で扱っている現在の地域の課題把握の着眼点やアプローチの方法は，その土台となる有効性を有するものとなることは間違いない。さらに地域の課題解決が地球市民として SDGs への貢献にも資するものであるという意識，ローカルとグローバルが結びついているという認識も，グローバル化の時代に求められる「地域のキーパーソン」の重要な資質のひとつとなろう。

このように，「小さな地域」の現状を見る目こそが，グローバルな観点での SDGs の本質的あるいは実質的評価につながる視点となるのである。これは地域づくりの面においても，地域の個性を支えるグローバルネットワーク，身近なコミュニティ＋グローバルなネットワーク（インターネット経由）という組み合わせに通じるものである。本書で紹介されているように，新たな価値付けを伴う地域産品の「認証制度」による広範な流通，アートの活動拠点構築から展開する「小さな世界都市」（兵庫県豊岡市）といった形で地域の活動は「インターローカル」な展開を見せている。地域の個性は魅力となって，直接に世界につながる時代になりつつある。

法令略語一覧

「アイヌ文化振興法」→「アイヌ文化の振興並びにアイヌの伝統等に関する知識の普及及び啓発に関する法律」(30)

「空き家対策特別措置法」→「空家等対策の推進に関する特別措置法」(62)

「育児・介護休業法」→「育児休業，介護休業等育児又は家族介護を行う労働者の福祉に関する法律」(44)

「育児休業法」→「育児休業等に関する法律」(44)

「古都保存法」→「古都における歴史的風土の保存に関する特別措置法」(63)

「自治体財政健全化法」→「地方公共団体の財政の健全化に関する法律」(13)

「市町村合併特例法」→「市町村の合併の特例に関する法律」(20)

「障害者差別解消法」→「障害を理由とする差別の解消の推進に関する法律」(30)

「大規模小売店舗法」→「大規模小売店舗における小売業の事業活動の調整に関する法律」(36, 53)

「大店法」→「大規模小売店舗における小売業の事業活動の調整に関する法律」(36, 53)

「男女雇用機会均等法」→「雇用の分野における男女の均等な機会及び待遇の確保等に関する法律」(44)

「地方分権一括法」(1999年成立)→「地方分権の推進を図るための関係法律の整備等に関する法律」(12, 20, 28)

「地方分権一括法」(2011年以降成立の第1〜8次)→「地域の自主性及び自立性を高めるための改革の推進を図るための関係法律の整備に関する法律」(20)

「中活法」→「中心市街地の活性化に関する法律」(36, 53)

「中心市街地活性化法」→「中心市街地の活性化に関する法律」(36, 53)

「部落差別解消推進法」→「部落差別の解消の推進に関する法律」(30)

「ヘイトスピーチ解消法」→「本邦外出身者に対する不当な差別的言動の解消に向けた取組の推進に関する法律」(30)

「民活法」→「民間事業者の能力の活用による特定施設の整備の促進に関する臨時措置法」(14)

「歴史まちづくり法」→「地域における歴史的風致の維持及び向上に関する法律」(63)

関連項目

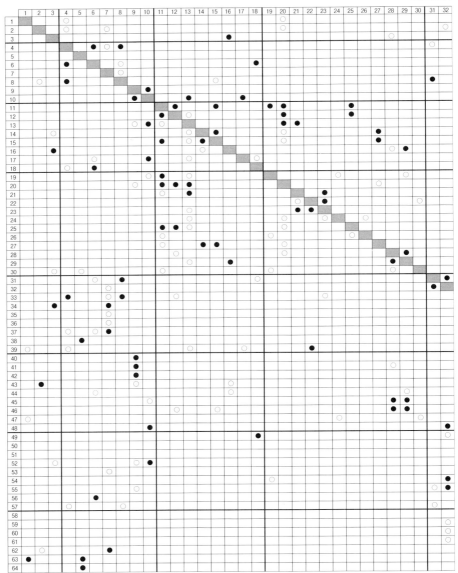

注：各行の●○は，その行の項目が「関連項目」として挙げる項目（5個以内）を示す。●は，指定した項目からも関連項目（一方向の関係）を示す。

出所：小野達也作成。

一覧表

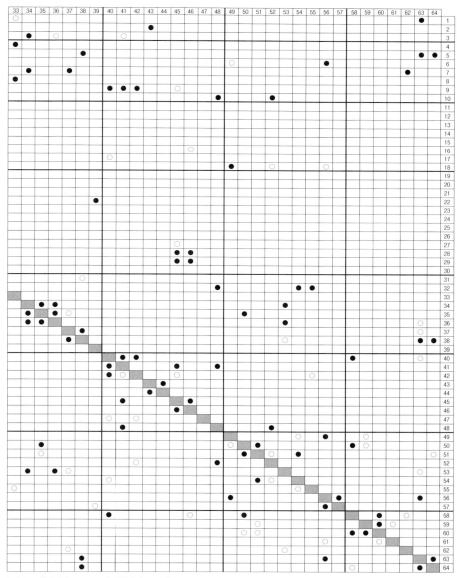

目として指定されていること（双方向の関係）を示し，○印は，指定した項目からは関連項目として指定されていないこと

索　引
（＊は人名）

あ　行

アーティスト・イン・レジデンス（AIR）
　　27, 164, 272
アート・プロジェクト　272
アイデンティティ　268
アイヌ文化振興法　130
アウトリーチ　275
空き地　264
　　――・空き家　23
空き店舗　229
空き家　264
　　――条例　266
　　――対策特別措置法　266
アクセシビリティ（近接性）　33
アクセス　33
アソシアシオン　233
アソシエーション　41
新しい公共　61
新しい人権　14
アドボカシー　45
アプローチの多様性　9
綾町　260
アルベルゴ・ディフーゾ（ホテル分散型観光地域）　267
アンカー　8
家　41
伊賀の里手づくりモクモクファーム　212, 213, 279
育児・介護休業法　190
石見銀山生活文化研究所　212
移住　138, 230
　　――サーファー　235
　　――者　230, 235
出石町　161
一括借り上げ　266
一般意志　107
1票の格差　113-115
移動権　16

移動困難者　149
移動販売　149
命の価値　103
命の道路　103
イメージマップ　8
入会　174
インターセクショナリティ（交差性）　130
インターネット　106
インターミディアリ　204
インナーシティ問題　159
インバウンド観光客　238
インフラ　15
エコスポーツ　244
エコツーリズム　136
エコトープ　8
エコミュージアム　271
エコラベル　256
江戸　158
エビデンス　94, 103
沿岸漁業　235
演劇　160
煙都　159
煙突のない大都市　159
欧州文化首都　163
大浦　235
大江ノ郷自然牧場　210, 279
大型店　155
大きな政府　51
大坂　159
大阪市　158
オープンカバナンス　85
オールドタウン　265
オフィス　22, 33
オヤコの関係　41
オルタナティヴな食の生産と流通　252
恩納村　255

か　行

外観保存　269

索　引

外国人登録法　131
外部人材　140
外部評価　93
皆保険・皆年金体制　71
買回り品　154
買い物弱者　150, 151
買い物難民　149-151, 232
外来型開発　78
核家族　184
　　——化　227
格差　47
学際的　6, 8
革新系首長　109
河川法　25
過疎　20, 38, 234
　　——地域　135
　　——法　38
家族　41, 184
　　——政策　186
価値観の転換　213, 276
活性化　211, 269
活動地域　7, 8
合併特例　32
　　——債　118
カテゴリー化（範疇化）　129
カテゴリーキラー　155
ガバナンス　84
過密　20, 38
神山町　273
環境共生都市　160
環境都市　34
環境負荷　160
関係人口　140, 234
観光戦略　240
観光まちづくり　241
官民連携　143, 222
寛容性　162
官僚　51
議会基本条例　110
機関委任事務　53, 56, 57
機関対立主義　108
起業　213, 231, 279
企業城下町　159
企業の社会的責任　219, 221

企業風土　212
企業別労働組合　189
期日前投票　112, 113
技術受容モデル　152
基準財源需要額　67
基準財政収入額　67
北九州市　34, 159
機能　269
機能地域　7
城崎温泉　160
基盤産業　78
寄付　205
基本的人権　14
義務的経費　116
義務論　96
逆都市化　159
旧来型の都市構造　154
京　158
供給　74
行政改革　59
行政経営　60
行政の文化化　27
行政評価　60, 92
業績測定　93
協同組合　233
共同占有権　174
業務核都市　22
挙家離村　36
漁業組合　235
漁業法改正　234
近代家族　184
近代的所有　172
近代都市　158
空間　6
　　——スケール　6
　　——の開発　166
組　41
＊クラーセン, L.　159
グリーンツーリズム　136
クルマ依存型都市　147
グローバル化　2, 84, 129, 200, 277, 280
黒壁　269
群言堂　212, 213, 279
ケア　187

計画経済　76
景観　268, 269
　――の構成　269
　――法　26, 270
　――まちづくり　269
継業　230, 279
経済協力開発機構（OECD）　200
経済的価値　274
ケイパビリティ　251
京浜工業地帯　20
劇場法　27
結合関係　6, 7
結節地域　7
限界集落　178, 234
兼業化　21
原子力災害　169
健全財政主義　63
現代美術　272
減反政策　36
建築学　268
減分主義　59
憲法　50
講　42
広域中心都市　159
広域ブロック（地方圏）　23
郊外化　148, 154, 159
公共　61
工業　28, 34, 158
工業型農業　252
公共交通　15
　――基盤型都市　147
公共事業　38, 101
公共性　180
公共政策　61
公共の福祉　14
合区　113-115
　――選挙　112
後継者人材バンク事業　230
合計特殊出生率　10, 186
合成の誤謬　103
高速道路網　21
交通　32
　――結節地　148
高度経済成長　34, 56, 190

向都離村　38
功利主義　96, 103
効率　92, 100
合理的無知　105
交流人口　234
交流の鏡効果　137
高齢者保健福祉推進10か年戦略（ゴールドプラン）　125
高齢者向けの宅配サービス　152
コーズリレーテッドマーケティング　221
コーディネート　204
顧客志向　215
国際資源管理認証　256
国際登録制度　261
国勢調査　11
国土計画　20, 22, 159
国土形成計画　23, 136, 138
国土政策　20
国土総合開発法　23
国土のグランドデザイン2050　23
国立社会保障人口問題研究所　13
国家戦略特区　225
古都保存法　25, 270
子ども会　42
コミュニティ　40, 140, 172
　――形成　243
　――・スポーツ政策　243
　――ビジネス　231
　――ワーカー　195
　――ワーク　194
コモンズ　174
　――の悲劇　174
雇用　34, 211, 213
コンセッション方式　144, 225
コンテンポラリーアート　272
コンドルセの陪審定理　105
コンパクトシティ　160, 271
コンパクトなまちづくり　23, 157

さ　行

サービス業　32
サービス経済　21
サービス化　28
サーモン・セーフ　258

索 引

財　249
災害　108
　——資本　168
財源均衡化機能　67
財源保障機能　67
財政再建団体　34
財政の肥大化　62
財政力指数　38
最大多数の最大幸福　97
在宅福祉　121
祭礼　41
サステイナブルシティ　160
札幌　22, 159
サブリース賃貸物件　266
差別禁止法　130
産業革命　20, 158, 159
産業構造の高度化　28
産業の空洞化　30
産業立地　20
3大工業地帯　20
三位一体改革　89, 117
地上げ　160
ジェンダー　186, 200
ジェントリフィケーション　160
事業仕分け　95
自警団　42
資源　248, 277
　——化　249
自己実現　213
事後評価　93
市場　74
　——均衡　75
　——経済　76
　——の失敗　51, 77
自然環境の要素　6
自然共生地域　23
自然増減　11
事前評価　93
持続可能な開発　244, 280
　——のための2030アジェンダ　35, 280
持続的発展　81
自治会　41
自治組織　40
自治体　52, 218

　——経営　60
自治体財政健全化法　60
市町村合併特例法　89
市町村制　32
市町村地域福祉計画　122
実質地域　7, 8
実践コミュニティ　175
私的権利を有する者　173
私的所有　172
支店経済　22, 159
市民　86
　——活動　45
事務事業評価　94
社会関係資本　142, 174
社会＝空間弁証法　8, 158
社会貢献　206
社会志向のマーケティング　219
社会資本　142
　——整備　22, 143, 144
　——ABC論　145
社会増減　11
社会的記憶　269
社会的共通資本　6, 142
社会的孤立　127
社会的排除　123
社会的包摂（ソーシャル・インクルージョン）
　　122, 123, 163
社会と空間の相互規定関係　8
社会福祉　70
　——関係八法改正　121
　——協議会　192
社会保障　70
社会連帯経済　232
シャッター商店街　227
集権的分散システム　65, 91
重工業化　20
集合知　107
終身雇用　189
集積　30, 34
住宅・土地統計調査　264
集団の論理　201
18歳選挙権　112
周辺地域（補完地域）　33, 39
住民基本台帳人口　12

287

住民参加　22
　　──型在宅福祉サービス　46
住民自治　52,54,55,278
住民主体　243
住民組織　40
住民自治組織　180
住民投票　55,57,101,111
重要伝統的建築物群保存地区　25,270
重要文化的景観　270
熟議　105
主権者教育　113
首長主義　55,108
出入国管理及び難民認定法　131
首都移転　22
需要　74
障害者差別解消法　128
障害者による文化芸術活動の推進に関する法律　27
生涯未婚率　187
城下町　158
商業都市　159
条件不利地域　134
少子化　186
少子高齢化　11
小地域福祉活動　192
商店街の非店舗化　228
消費者　234
商品開発　212
情報公開　109
消防団　42
消滅可能性都市　12
ショート・フード・サプライチェーン　253
植民地主義　129
食糧・農業・農村基本法　134
ショッピングセンター　146,155
人口減少　2,10,35,277
人口推計　13
人口政策　187
人口置換水準　10
人口密度　147
新産業都市　20
真正性　268
新全国総合開発計画　21,38
親族　42,178

スタグフレーション　63
ステークホルダー　9
スポーツ　242
　　──ツーリズム　244
　　──・リゾート開発　243
スローシティ　35
生活規範　172
生活圏域　23
生活行動　8
生活困窮者自立支援制度　123,127
生活再編　43
生活者　234
生活組織　175
生活の質　160
生活の知　9
生活保障　176
生業　268
政策評価　60,92
政策分析　93
生産主義　134
政治主導　51
政治的社会化　113
生存権　14
生態系　7
正統的周辺参加　175
青年団　42
政府の失敗　51,84
性別役割分業体制　184
政務活動費　110,111
政令指定都市　22,159
世界自然遺産　261,268
世界都市　22,159
世界農業遺産　262
セクシュアリティ　200
世帯　13,185
　　──分離　13
セロン　104
選挙区　111,113-115
選挙制度　110,112,115
全国総合開発計画　20,23,38
仙台　22
全体性　268
戦略的 CSR　221
総合開発　22,159

索　引

総合計画　58
総合的分野　8
総合保養地域整備法　39, 136, 243
相互扶助　40
創造階級　162
創造性　162
創造的過疎　273
創造的適応　216
創造的復興　167
創造都市（論）　27, 160, 162
　　——ネットワーク　163
創造農村　165
想像の共同体　201
相対主義　99
装置型産業　20
増分主義　63
総有　173
ソーシャル・イノベーター　140
ソーシャル・インクルージョン　123
ソーシャル・キャピタル　174
ソーシャルマーケティング　218
ソーシャルビジネス　277

た　行

大規模小売店舗法（大店法）　155
大規模小売店舗立地法　156
第5次全国総合開発計画　22
第3次産業　21, 32, 159
第3次全国総合開発計画　21
第三セクター　222
大都市圏　33
第2次臨時行政調査会　64
太平洋ベルト　21
第4次全国総合開発計画　22, 136
対流促進型国土　23
タウンマネジメント　156
　　——機関（TMO）　227
多極型のコンパクトシティ　271
多国籍企業　22
多自然居住地域　134, 135
他出子　178
多数決　105
多選　110
脱工業社会　28

棚田　270
多文化共生　131
　　——推進基本方針　203
　　——のまちづくり　202
多文化主義（マルチカルチュラリズム）　128
多民族・多文化社会化　129, 200
多様性（ダイバーシティ）　128, 162
男女雇用機会均等法　190
団体自治　52, 54, 55, 57, 278
地域　6
地域アート　272
地域アイデンティティ　8, 9
地域運営組織　40, 183, 195
地域おこし協力隊　137, 140
地域概念　7
地域開発　20, 117, 243
地域学　6, 8
地域格差　20
地域課題　7
地域観　8, 9
地域間格差　67
地域規範　236
地域共生社会　123
地域共同管理　174
地域協働の高校改革　278
地域経済の循環構造　79
地域公共会社　223
地域構造　7
地域支えあい　251
地域サポート人材　137, 140
地域資源　231, 248
地域自主組織　183
地域自治組織　195
地域社会資本　142
地域性　268
地域政策　2, 3, 20, 277
地域創造　3, 277
地域づくり　9, 244
　　——インターン　137
地域特性　6
地域内再投資　80
地域における歴史的風致の維持及び向上に関する法律　270
地域の構成要素　6, 7

289

地域のつながり　243
地域の論理　237
地域福祉　72
　　——計画　195
地域ブランド　258
地域文化　41
地域包括ケア　251
地域まるごと博物館　271
小さな拠点　23,149
小さな政府　84
小さな世界都市　161,280
地価　147
地区計画　270
知産知消　254,277
地産地消　254
智頭ノ森ノ学ビ舎　237
千葉県鴨川市　235
地方議会　52
地方公共団体　52
地方交付税の「補助金化」　69
地方財政危機　116
地方自治　50
地方自治体　52
地方自治法　52
地方創生　90,278
地方都市　34
地方の時代　21
地方分権　22,53,88,278
　　——一括法　57,88,89,90
　　——改革　55,57,110
着地型観光　238
中央集権　53
中央地方関係　50,55
中間支援　204
　　——組織　140,204
中間団体　181
中規模の流通　253
中京工業地帯　20
中山間地域　134
　　——等直接支払制度　134
中心市街地　226,271
　　——活性化　148
　　——活性化協議会　156
　　——活性化法　156

　　——の衰退　154,227
中心-周辺論　39
中心性　33
中心地　8
　　——理論　34
中心都市　33
中枢管理機能　30
中枢中核都市圏　278
昼夜間人口比率　33
超学際研究　3,9
長時間労働　188
町内会　41,180
地理学　6,268
地理的表示（GI）保護制度　258
通販事業　211
定言命法　96
定住　21
　　——自立圏構想　136
低未利用地　227,264
デジタルデバイド　149
田園回帰　23,138,230,234
伝統的建造物群　25
東京一極集中　22,159
道具的価値　274
等質地域　7
同族　42
統治機構　50
登録有形文化財　269
特定非営利活動促進法（NPO法）　40,47
都市　32,34
　　——の人口規模　32
　　——化　159
　　——空間　146,158
都市計画　269
　　近代——　159
　　——法　156,270
　　——マスタープラン　158
都市圏　8
都市整備　8
都市-農山村交流　136
「都市の発展段階」説　159
都市ビジョン　8,158,160
都心　226
土地改良事業　36

土地区画整理事業　159
土地所有の二重性　173
土地利用　264
独居老人　264
鳥取県智頭町　237
鳥取市鹿野町　270
トナリ関係　42
共働き　186
豊岡市　160, 257
鳥の劇場　270
トロッコ問題　97

な　行

内発的発展　80, 248
内務省　56
長浜市　269
仲間集団　42
ナショナリズム　129
ナショナル・ミニマム　56, 67
なつかしい未来　269
なりわい　140, 231
ニーズ　215
二元代表制　108, 110, 111
21世紀の国土のグランドデザイン　20, 22, 135
2020年東京オリンピック・パラリンピック大会　242
二層の広域圏　23
担い手　234
日本国憲法　50, 201
日本的雇用システム　189
ニューパブリックマネジメント（NPM）　51, 60, 85, 94
人間活動の要素　6
人間の復興　169
認証制度　256, 280
認知地域　7, 8
認定NPO　205
ネットスーパー　150
年功賃金　189
年序集団　42
燃料革命　36
農業基本法　25, 36, 164
農業経営継承　230

農業構造改善事業　36
農業・農村の多面的機能　134
農山漁村　234
農山漁村滞在型余暇活動のための基盤整備の促進に関する法律　136
農村工業化　38
農地中間管理事業　234
農林水産業　234
ノーマライゼーション　121

は　行

排他的独占的権利　172
場所の力　269
働き方　213, 279
バブル経済　22, 31, 160, 243
バリアフリー　122
班　41
晩婚化　10
阪神工業地帯　20
阪神・淡路大震災　46, 166
反転可能性　183
反都市化　22, 159
半農半X　279
美瑛　268
ビオトープ　268
東日本大震災　167
非婚化　10
被災市街地復興特別措置法　166
ビジョン　7
必要性　92, 100
100条調査権　109
費用対効果　92
費用便益比　102
費用便益分析　94, 98
標本調査　106
広島　22
ファミリー・フレンドリー　190
風景　268
風致地区　270
フードチェーン　254
フェアトレード認証　254
フェミニズム　130
福岡　22, 159
複合差別　130

福祉国家　71
福祉事務所　124
福祉社会　71
富国強兵　20
不在者投票　113
復興　166
　──計画　166
　──災害　167
物流　21
負動産　266
普遍的人権　130
部落会　41
部落差別解消推進法　128
プラザ合意　64
フリコの関係　41
ふるさと納税　90
プログラム評価　93
プロボノ　206
＊フロリダ, R.　160, 162
文化経済戦略　274
文化芸術基本法　27
文化芸術振興基本法　27
文化芸術推進基本計画　274
文化財　24
　──保護法　24, 268-270
文化資源　163
文化施設　26
文化政策　24
文化多様性条約　164
文化多様性宣言　163
分割政府　109
文化的価値　274
文化的景観　25, 26, 268, 270
平成の大合併　89, 117, 161
ヘイトクライム　202
ヘイトスピーチ　128, 202
ベバリッジ報告　71
ポスト生産主義　134
ポピュリズム　107
ボランタリーセクター　47
ボランタリーの失敗　205
ボランティア　46, 205
ホワイトキューブ　274
本家分家　42

本源的所有（論）　41, 173

ま 行

マーケティング　214
マーケティング近視眼　216
マイカー　227
マイノリティ集団　129
前川レポート　30
まちづくり協議会　40
まちづくり3法　156
まちづくり組織　270
街なみ環境整備事業　270
まち・ひと・しごと創生　90
緑のふるさと協力隊　140
宮城県刈田郡七ヶ宿町湯原　177
民意　104
民主主義　51, 86, 101, 105, 111, 112
民主的正当性　86
民泊　267
無作為抽出　106
無償労働　188
無党派　57
　──首長　109
むらの領域　173
メンタルマップ　8
モータリゼーション　146
目標管理型政策評価　95
最寄り品　154

や 行

夜間人口　33
有効性　92, 100
有償労働　188
優生保護法　131
ユネスコエコパーク　260
様相　269
予算　58
　──サイクル　58
ヨロン　104

ら 行

来街頻度　226
ライフスタイル　146, 213
＊ランドリー, C.　160, 162

292

索　引

リノベーション　229
リバブルシティ　35, 160
流通開拓　212
両立支援　190
臨海工業地帯　20, 159
歴史性　7, 268
歴史的核　271
歴史的風致　26, 269
歴史的風土　25
歴史まちづくり法　26, 269, 270
老人会　42
労働運動　45
労働者　234
労働集約型　21
ローカライズ　207
ローカリゼーション　253
ローカル認証　160, 257
ロードサイド型商業　155
6次産業化　211
ロング・フード・サプライチェーン　252

わ　行

ワーキングランドスケープ　261
ワークライフバランス　188
ワンストップ・ショッピング　155

A-Z

CSR　207, 219
CSV　221
DMO　239
GDP　63
ICT　240
Iターン　213
NPO（特定非営利活動法人）　40, 44, 204, 218
PDCA　60
PFI／PPP方式　223
SDP（Sport for Development and Peace）　242
SDGs　35, 280
Uターン　21
UIターン　138, 212

293

《執筆者紹介》（あいうえお順，＊は編著者）

稲津秀樹（いなづ・ひでき）　30，39，47
　　1984年　生まれ
　　2013年　関西学院大学大学院社会学研究科社会学専攻博士課程後期課程修了，博士（社会学）
　　現　在　鳥取大学地域学部准教授
　　専　門　社会学，カルチュラル・スタディーズ

大元鈴子（おおもと・れいこ）　59，60，61
　　1979年　生まれ
　　2012年　ウォータールー大学大学院環境学研究科地理学専攻博士課程修了，博士（地理学）
　　現　在　鳥取大学地域学部准教授
　　専　門　地理学，フードスタディーズ

＊小野達也（おの・たつや）　2，11，13，20，21，23，24
　　編著者紹介参照

佐藤　匡（さとう・まさし）・11，26
　　1975年　生まれ
　　2005年　明治大学大学院法学研究科公法学専攻博士前期課程修了
　　現　在　鳥取大学地域学部准教授
　　専　門　憲法学，法律学

塩沢健一（しおざわ・けんいち）　12，25，26
　　1978年　生まれ
　　2008年　中央大学大学院総合政策研究科博士後期課程修了，博士（総合政策）
　　現　在　鳥取大学地域学部教授
　　専　門　地域政治学，住民投票の実証分析

白石秀壽（しろいし・ひでとし）　17，35，50，51
　　1988年　生まれ
　　2016年　慶應義塾大学大学院商学研究科後期博士課程修了
　　現　在　鳥取大学地域学部准教授
　　専　門　マーケティング

竹内　潔（たけうち・きよし）5，38，64
　　1980年　生まれ
　　2013年　政策研究大学院大学大学院政策研究科政策専攻修士課程修了
　　現　在　鳥取大学地域学部准教授
　　専　門　文化政策

竹川俊夫（たけがわ・としお）16，28，29，45，46
　　1967年　生まれ
　　2007年　同志社大学大学院文学研究科社会福祉学専攻博士後期課程修了，博士（社会福祉学）
　　現　在　鳥取大学地域学部教授
　　専　門　地域福祉論，社会福祉政策論

多田憲一郎（ただ・けんいちろう）6，14，15，18，27
　　1960年　生まれ
　　1996年　京都大学大学院経済学研究科博士後期課程修了
　　現　在　鳥取大学地域学部教授
　　専　門　地域経済学，地方財政学

筒井一伸（つつい・かずのぶ）8，31，32，54
　　1974年　生まれ
　　2004年　大阪市立大学大学院文学研究科地理学専攻修了，博士（文学）
　　現　在　鳥取大学地域学部教授
　　専　門　農村地理学，地域経済論

馬場　芳（ばんば・かおり）49，56
　　1974年　生まれ
　　2002年　京都大学大学院経済学研究科博士後期課程修了，博士（経済学）
　　現　在　鳥取大学地域学部准教授
　　専　門　経済学

東根ちよ（ひがしね・ちよ）10，43，44，48，53
　　1986年　生まれ
　　2016年　同志社大学大学院総合政策科学研究科博士後期課程修了，博士（政策科学）
　　現　在　大阪公立大学現代システム科学域教育福祉学類准教授
　　専　門　社会政策

＊藤井　正（ふじい・ただし）1，4，37，49，63，終
　　編著者紹介参照

丸　祐一（まる・ゆういち）　3, 19, 22, 42
　　1974年　生まれ
　　2006年　千葉大学大学院社会文化科学研究科博士課程単位取得退学
　　現　在　鳥取大学地域学部教授
　　専　門　法哲学

光多長温（みつた・ながはる）　33, 52
　　1943年　生まれ
　　1967年　東京大学経済学部卒業
　　現　在　公益財団法人都市化研究公室理事長，鳥取大学地域学部元教授
　　専　門　地域経済学

村田周祐（むらた・しゅうすけ）　9, 41, 55, 57
　　1977年　生まれ
　　2012年　筑波大学大学院人間総合科学研究科博士後期課程修了，博士（学術）
　　現　在　鳥取大学地域学部教授
　　専　門　村落社会学，スポーツ社会学

＊家中　茂（やなか・しげる）　序, 40, 58
　　編著者紹介参照

＊山下博樹（やました・ひろき）　3, 7, 34, 36, 53, 62
　　編著者紹介参照

《編著者紹介》

家中　茂（やなか・しげる）
　1954年　生まれ
　2000年　関西学院大学大学院社会学研究科博士課程後期課程単位取得満期退学，博士（文学）
　現　在　鳥取大学地域学部特任教授
　専　門　村落社会学，環境社会学
　主　著　『地域学入門』（共編著）ミネルヴァ書房，2011年
　　　　　『林業新時代』（共編著）農山漁村文化協会，2014年

藤井　正（ふじい・ただし）
　1957年　生まれ
　1982年　京都大学大学院文学研究科博士後期課程中退
　現　在　鳥取大学名誉教授，追手門学院大学地域創造学部教授
　専　門　人文地理学，都市地理学
　主　著　『地域政策入門』（共編著）ミネルヴァ書房，2008年
　　　　　『よくわかる都市地理学』（共編著）ミネルヴァ書房，2014年

小野達也（おの・たつや）
　1959年　生まれ
　1992年　オックスフォード大学大学院応用統計学修士課程修了
　現　在　鳥取大学名誉教授，追手門学院大学地域創造学部教授
　専　門　政策評価論，応用統計学
　主　著　『評価論を学ぶ人のために』（共著）世界思想社，2007年
　　　　　『社会・政策の統計の見方と活用』（共著）朝倉書店，2015年

山下博樹（やました・ひろき）
　1964年　生まれ
　1990年　立命館大学大学院文研究科博士課程前期課程地理学専攻修了
　現　在　鳥取大学地域学部教授
　専　門　都市地理学，リバブル・シティ論
　主　著　『乾燥地の資源とその利用・保全』（共編著）古今書院，2010年
　　　　　『歩いて暮らせるコンパクトなまちづくり』（共著）古今書院，2016年

新版 地域政策入門
——地域創造の時代に——

2008年10月20日	初版第1刷発行	〈検印省略〉
2009年 3月10日	初版第2刷発行	
2019年 5月30日	新版第1刷発行	
2024年 2月20日	新版第4刷発行	

定価はカバーに表示しています

編著者	家藤小山	中井野下	達博	茂正也樹
発行者		杉田啓三		
印刷者		坂本喜杏		

発行所　株式会社　ミネルヴァ書房
607-8494　京都市山科区日ノ岡堤谷町1
電話代表　(075)581-5191
振替口座　01020-0-8076

Ⓒ家中・藤井・小野・山下ほか, 2019　冨山房インターナショナル・新生製本

ISBN 978-4-623-08483-8
Printed in Japan

よくわかる環境社会学	鳥越皓之・帯谷博明 編著	B5判 228頁 本体2200円
現場から創る社会学理論	鳥越皓之・金子 勇 編著	A5判 258頁 本体2800円
はじまりの社会学	奥村 隆 編著	A5判 306頁 本体3200円
地域学入門	柳原邦光ほか 編著	A5判 332頁 本体3000円
食と農の社会学	桝潟俊子・谷口吉光・立川雅司 編著	A5判 280頁 本体3200円
生活環境主義のコミュニティ分析	鳥越皓之・足立重和・金菱 清 編著	A5判 572頁 本体8500円

——— ミネルヴァ書房 ———

http://www.minervashobo.co.jp/